Renate Winkler
1989

Über das Buch Eine kurzgefaßte Geschichte der Alten Welt ist seit vielen Jahren ein Desiderat der Wissenschaft.

In dem Werk werden nicht nur die griechische und römische Welt, sondern auch die Entwicklungen im Alten Orient behandelt. Zur Darstellung kommen die Kulturen des alten Ägypten und des babylonischen Kulturkreises, die Hethiter sowie Syrien als ein wichtiges Zwischenland. Nach einem Abriß der Geschichte des alten Perserreiches folgt die griechische und römische Geschichte, wobei besonders die Kulturgeschichte herausgehoben wird. Die Entwicklung der römischen Kaiserzeit ist berücksichtigt, ebenso die spätantike Geschichte von Constantin bis zur Völkerwanderung. Der Eintritt der Germanen in die Geschichte und die Ausbreitung des Islams bilden den Schluß.

In knapper Form ist die Geschichte der Alten Welt von Menes, dem Begründer der I. ägyptischen Dynastie, bis Mohammed geschildert: eine Zeit von nicht weniger als 3700 Jahren, die als Fundament unserer heutigen Zivilisation angesehen werden darf.

Eine Zusammenfassung der wichtigsten modernen Geschichtswerke sowie Kartenskizzen und Register ergänzen den Band.

Der Autor Hermann Bengtson, geboren 1909 in Ratzeburg, studierte Geschichte, Klassische Philologie und Altorientalistik an den Universitäten Hamburg, München und Pisa. In München 1935 zum Dr. phil. promoviert, erlangte er an der gleichen Universität den Grad eines Dr. phil. habil. und wurde 1940 Privatdozent der Alten Geschichte an der Universität Heidelberg. Nach München umhabilitiert, erhielt er 1942 einen Ruf als planm. außerord. Professor an die Universität Jena. Er verließ Jena im Jahre 1945 und wurde 1949 apl. Professor in München. Von 1952 bis 1963 war er ord. Professor der Alten Geschichte in Würzburg (1959–1960 Rektor der Universität), 1963 folgte er in gleicher Eigenschaft einem Ruf nach Tübingen, 1966 nach München. Hier wurde er 1977 emeritiert.

Er hat mehrere Bücher veröffentlicht, darunter die Studie zur hellenistischen Staatsverwaltung mit dem Titel »Die Strategie in der hellenistischen Zeit« (3 Bände 1937, 1944, 1952), die »Griechische Geschichte von den Anfängen bis in die römische Kaiserzeit« (im ›Handbuch der Altertumswissenschaft‹), 1950, jetzt in 5. Auflage 1977 (nebst Sonderausgabe, jetzt in 7. Auflage 1977), den »Grundriß der römischen Geschichte«, jetzt in 3. Auflage 1982 (nebst Sonderausgabe, jetzt in 6. Auflage 1988). Dazu kommen einige Monographien, von denen hier der »Antonius« (1977) und der »Augustus« (1981), ferner die »Kleinen Schriften zur Alten Geschichte« (1974) und die »Herrschergestalten des Hellenismus« (1973) genannt seien. Auch eine »Einführung in die Alte Geschichte« (9. Auflage 1989) hat er geschrieben. Er ist Verfasser des 1. Teils des »Großen Historischen Weltatlas« mit Karten zur Geschichte des Altertums (6. Auflage 1978, mit einem Erläuterungsband). Für die Fischer Weltgeschichte hat er den 5. Band über die Griechen und Perser (1965) geschrieben (122. bis 124. Tausend 1987).

Bengtson ist Mitglied mehrerer Akademien und Ehrenmitglied der Society for the Promotion of Hellenic Studies in London.

Hermann Bengtson

Geschichte der Alten Welt

Fischer Taschenbuch Verlag

Originalausgabe
Veröffentlicht im Fischer Taschenbuch Verlag GmbH,
Frankfurt am Main, Dezember 1989

Umschlaggestaltung: Buchholz/Hinsch/Hensinger
Gesamtherstellung: Clausen & Bosse, Leck
Printed in Germany
ISBN 3-596-24426-9

Inhalt

Vorbemerkung

Eine kurzgefaßte Geschichte des Altertums wird seit vielen Jahren in der wissenschaftlichen Literatur vermißt. Sie ist aber notwendig, weil den Spezialgeschichten das verbindende Band fehlt; zudem behandeln diese in der Regel nur die Geschichte der Griechen und Römer, nur wenige auch die Geschichte des Alten Orients, ohne die ein Verständnis der Universalgeschichte der Alten Welt nicht möglich ist. Es gibt das »Handbuch der Geschichte der Staaten des Altertums« von dem Göttinger Historiker A. H. L. Heeren. Das Vorwort der 1. Auflage ist am 23. September 1799 datiert. Heerens Buch ist seinerzeit viel gelesen worden; im Jahre 1828 ist eine fünfte, verbesserte Auflage erschienen. Heerens Staatengeschichte beginnt mit den altorientalischen Reichen, den Assyrern, Medern, Babyloniern, Ägyptern, Karthagern und Persern; sie führt bis zum Untergang des weströmischen Reiches (476). Heeren konnte sich im wesentlichen eigener Vorarbeiten bedienen. Er hatte ein Werk mit dem Titel »Ideen über die Politik, den Verkehr und den Handel der vornehmsten Völker der Alten Welt« geschrieben, das in zwei Bänden 1793 und 1796, gleichfalls zu Göttingen, erschienen ist. Als er 1812 den ersten Teil des 3. Bandes über die Griechen veröffentlichen ließ, hat Barthold Georg Niebuhr diesen einer scharfen Kritik unterzogen. Die Rezension mag der Grund gewesen sein, daß Heeren auf den Abschluß seines Werkes, auf den Band III 2, verzichtete.

Heeren, Schwiegersohn des Philologen Christian Gottlob Heyne, dem er eine auch heute noch lesenswerte Biographie gewidmet hat, stand in der Göttinger Tradition. Diese hatte in den Historikern Johann Christoph Gatterer (1727–1799), August Ludwig Schlözer (1735–1809) und in dem Kirchenhistoriker Ludwig Timotheus Spittler (1752–1810) bedeutende Gelehrte aufzuweisen; sie waren ohne Ausnahme universalhistorisch orientiert.

Auch Niebuhr hat uns Zeugnisse universalhistorischen Denkens hinterlassen. In seinen Vorlesungen an der Universität Bonn im

Sommer 1826 und dann, in erweiterter Form, im Wintersemester 1829/30 und im Sommer 1830, hat Niebuhr die antike Universalgeschichte im Zusammenhang behandelt. Er hielt sich dabei an die Geschichte des Pompejus Trogus, die Historiae Philippicae in dem Auszug des Justin. Pompejus Trogus lebte in der Zeit des Augustus, Justin gehört in die Zeit des 2. oder des 3. Jahrhunderts n. Chr. Die Vorlesungen hat Marcus Niebuhr, der Sohn des Historikers und Staatsmannes, in den Jahren von 1847 bis 1852 zum Druck gebracht. Sie sind noch heute eine interessante Lektüre.

Eine moderne Universalgeschichte, aufgebaut auf eindringender Kenntnis auch der Sprachen des Alten Orients, hat Eduard Meyer geschrieben. Sie ist in fünf Bänden in den Jahren von 1884 bis 1902 erschienen und reichte von den ältesten Kulturen Ägyptens und Mesopotamiens bis in das Zeitalter Philipps II. von Makedonien. Die archäologischen Neufunde veranlaßten den Verfasser, eine Neuauflage erscheinen zu lassen; sie reichte bis zur Thronbesteigung des Assyrerkönigs Tiglatpilesar III. im Jahre 745 v. Chr. Auch diese Auflage bedarf seit längerer Zeit einer Revision. Dies läßt die Besprechung erkennen, die Walter Otto der Neuauflage gewidmet hat (HZ 146, 1932, S. 205ff.).[1]

An die Darstellung Eduard Meyers hat in seinem letzten großen Werk Ernst Kornemann angeknüpft. Es führt den Titel »Weltgeschichte des Mittelmeerraumes von Philipp II. von Makedonien bis Muhammed« und ist in zwei Bänden in München 1948 und 1949 erschienen. Hier ist die Darstellung bis in die Spätantike herabgeführt, das Werk endet mit einem Ausblick auf den Hohenstaufenkaiser Friedrich II., den Kornemann als einen stark von der Antike geprägten Herrscher gesehen hat. Kornemanns Werk hat das Verdienst, die universalhistorische Idee wieder zur Geltung gebracht zu haben.

Heute kann es jedenfalls keinen Zweifel daran geben, daß der Alte Orient in einer universalhistorischen Darstellung zu seinem Recht kommen muß. Ohne die Kenntnis der altorientalischen Sprachen ist eine Gesamtgeschichte der Alten Welt nicht mehr zu schreiben.

Nun noch ein paar Bemerkungen über die Zeit und den Raum der Alten Geschichte. Über die Zeit kann es ernste Unstimmigkeiten nicht geben. Die Alte Geschichte beginnt mit den frühesten

1 Siehe auch: H. Bengtson, Einführung in die Alte Geschichte, 9. Auflage 1989, S. 16–17.

Kulturen in Vorderasien und Ägypten um 3000 v. Chr. Sie führt bis an die Schwelle des Mittelalters, wobei die Grenze zum Mittelalter elastisch abzustecken wäre. Wichtige Einschnitte bilden die Eroberung Italiens durch die Langobarden (Einnahme Pavias 572 n. Chr.) sowie der Einbruch der Araber in die Welt des Okzidents um 700 n. Chr. Mit den Arabern tritt ein neues Volk in die Geschichte ein und setzt durch seine Ausbreitung nach Osten und Westen neue Akzente. Auch in der Kulturgeschichte beginnt mit den Arabern ein neues Zeitalter, das sich von der Antike deutlich abhebt.

Auch über die räumliche Ausdehnung der Alten Geschichte kann es kaum einen ernsthaften Streit geben. Es ist die Geschichte des Mittelmeerraumes und der an ihn angrenzenden Gebiete, die zu ihm in historisch wirksamen politischen und kulturellen Beziehungen gestanden haben. Es sind dies die Randländer des Mittelmeeres mit Nordafrika und Ägypten, dazu kommen in Vorderasien die Länder Syrien, Mesopotamien, der Iran und Vorderindien. Der Raum zwischen der Straße von Gibraltar im Westen und dem Ganges im Osten ist allerdings niemals zusammengewachsen, wohl aber ist die Idee des Universalreiches in seiner Geschichte des öfteren von Bedeutung gewesen. Es sei hier an Alexander den Großen und an das Imperium Romanum erinnert. Auch die Kultur des Hellenismus ist in diesem Zusammenhang wichtig, sie bildet die Voraussetzung für die Ausbreitung des Christentums, dessen Gemeinden am Ausgang des Altertums zwischen Irland und Indien zu finden sind. Innerhalb des Mittelmeerraumes und seiner Nachbargebiete sind im Altertum mehrere Hochkulturen entstanden, in Ägypten, im Zweistromland, in Griechenland und in Italien. Diese Kulturen weisen zahlreiche Berührungen mit anderen auf, und gerade dies ist für den Gesamtzusammenhang von Bedeutung. Die Weltkultur unserer Zeit verdankt dem Altertum hervorragende Errungenschaften, die unverlierbar sind: die Idee und die Entstehung der abendländischen Wissenschaft den Griechen, die Schöpfung des römischen Rechts den Römern. Aber wir schulden den beiden Kulturvölkern noch mehr: den Griechen die Entstehung der Tragödie und der Geschichtsschreibung, die Anfänge der abendländischen Philosophie, die Blüte der bildenden Kunst, den Römern die Grundlagen der Staatskunst; sie haben uns auch die »Romidee« hinterlassen. Es wird nicht leicht sein, dies alles in einem einzigen Band darzustellen, doch eine gedrängte Schilderung hat den Vorteil, daß sie das Wesentliche berücksichtigen, alles Nebensächliche außer Betracht lassen wird. Zu ihrem Recht muß vor allem die Kulturgeschichte kommen, denn das Leben der Völker der Alten Welt erschöpft sich nicht in Kriegen und Schlachten. Natürlich dürfen sie nicht ignoriert werden, wenn sie für den Ablauf der Geschichte von Bedeutung sind. Weder die Schlacht bei Salamis (480 v. Chr.) noch die Schlacht bei Actium (31 v. Chr.) können in einer antiken Universalgeschichte fehlen.

Herrn Dr. Wolfgang Schramm und Herrn Elmar Eggerer, der auch das Register angefertigt hat, möchte ich an dieser Stelle für ihre Mithilfe bei der Korrektur danken.

1. Kapitel
Ägyptische Sprachgeschichte
Die ägyptischen Dynastien

Die Synode von Vienne (1311) hat die Errichtung von Lehrstühlen der orientalischen Sprachen, vor allem des Arabischen, an den Universitäten Paris, Löwen und Salamanca gefordert. Das Arabische sollte der Mission unter den Mohammedanern dienen. Aber diese Absicht hat sich als unwirksam erwiesen. In Deutschland waren die orientalischen Sprachen in der Reformationszeit eine Hilfswissenschaft der Theologie (*ancilla theologiae*). Man brauchte sie, um die Übersetzungen des Neuen Testaments ins Syrische, Armenische und Koptische zu verstehen. Mit dem Alten Orient, seiner Kultur und Geschichte, hat man sich nur insoweit beschäftigt, als dieser in der Heiligen Schrift eine Rolle spielt. Dieser Zustand hat nur zu einer eingeschränkten Kenntnis des Alten Orients geführt. Erst im beginnenden 19. Jahrhundert trat hier eine Wende ein. Den Anfang machte die Expedition Napoleons nach Ägypten (1798–1801). Wie einst Alexander d. Gr. hatte sich auch Napoleon mit einem Stab von Gelehrten umgeben. Ihrer Arbeit wird die »Beschreibung Ägyptens« verdankt. Es ist dies ein monumentales Tafelwerk mit zwölf Abbildungs- und nicht weniger als vierundzwanzig Textbänden. Seit dieser Zeit kannten alle Gebildeten das Land Ägypten, man interessierte sich für die Pyramiden, aber man konnte die ägyptische Schrift, die Hieroglyphen, nicht lesen. Ihre Entzifferung ist mit dem Namen des französischen Forschers Jean François Champollion le Jeune (1790–1832) für immer verbunden. Champollion war Bonapartist, zweimal hat er seinen Lehrstuhl verloren, doch dies ist vergessen; seine Entdeckung aber ist von bleibendem Wert. Champollion hatte sich von der Vorstellung, die Hieroglyphen seien Symbole, freigemacht und festgestellt, daß sie auch als Buchstaben gebraucht wurden. In seinem Brief an Dacier vom 29. Oktober 1822 hat er diese Erkenntnis niedergelegt. Dies war ein bedeutender Fortschritt über die früheren Forschungen hinaus. Wichtig war ein Inschriftenstein, den französische Soldaten bei Schanzarbeiten im Nildelta bei Rosette gefunden hatten (1799). Es war dies ein Priesterdekret für den 5. Ptolemäer vom Jahre 196 v. Chr. in drei verschiedenen Schriften und Sprachen, eine Trilingue, und zwar in Hieroglyphen, Demotisch und Griechisch.

Erst als im Jahre 1866 das Kanoposdekret, ein Priesterdekret vom Jahre 237 v. Chr., gefunden wurde, erwies es sich, daß Champollion auf dem rechten Weg gewesen war. Die weiteren Fortschritte in der ägyptischen Wissenschaft sind mit dem Namen der deutschen Forscher Richard Lepsius, Heinrich Brugsch und Adolf Erman (1854–1937) verbunden. Erman hat die einzelnen Perioden der ägyptischen Sprachgeschichte voneinander geschieden; er hat das Neuägyptische des späteren 2. Jahrtausends als eigene Sprachstufe neben das Altägyptische, die Sprache des Alten und Mittleren Reiches, gestellt, eine grundlegende Erkenntnis, die nicht wieder verlorengegangen ist. Mit dem Ägyptischen Wörterbuch, das die Berliner Akademie unter der Leitung Grapows herausgegeben hat, ist eine weitere Grundlage geschaffen worden, die zum Aufblühen der ägyptischen Studien nicht weniger beigetragen hat.

Die Ägypter haben nur die Konsonanten geschrieben. Daraus ergibt sich das Problem der Vokalisation, das noch heute in der Forschung diskutiert wird. Es wird sich wohl nur im einzelnen, nicht als Ganzes lösen lassen. Die Schönheit der ägyptischen Poesie wird uns sicher noch lange verschlossen bleiben.

Man unterscheidet folgende Perioden der ägyptischen Sprachgeschichte:

1. Das Altägyptische, die Sprache der Dynastien I bis VIII, von etwa 2955 bis 2040 v. Chr. Hierzu gehören unter anderem die Pyramidentexte, die in ihrer Orthographie gewisse Eigenheiten aufweisen, dazu kommen offizielle Dokumente, Grabinschriften und Inschriften biographischen Inhalts.

2. Das Mittelägyptische, die Sprache der Dynastien IX bis XVIII, von etwa 2040 bis 1350 v. Chr.

3. Das Spätägyptische, die Umgangssprache in den Dynastien XVIII bis XXIV, von etwa 1570 bis 715 v. Chr. Es sind dies vor allem offizielle Dokumente, aber auch literarische Texte.

4. Das Demotische, die Sprache der Dokumente in demotischer Schrift, von der XXV. Dynastie bis in die spätrömische Zeit, von etwa 715 v. Chr. bis 470 n. Chr.

5. Das Koptische, das ist das Ägyptische in seiner letzten Entwicklungsstufe, geschrieben in koptischer Schrift, vom 3. Jahrhun-

dert n. Chr. an. Im 16. Jahrhundert ist es als lebendige Sprache erloschen. Es zerfällt in Dialekte, von denen das Achmimische und das Bohairische die wichtigsten sind. Die Hieroglyphen sind als Monumentalschrift bis ans Ende des Altertums erhalten geblieben. Die letzte hieroglyphische Inschrift findet sich am Hadrianstor von Philae, sie stammt aus der Zeit des Theodosius I. (394).

Die Anfänge der ägyptischen Denkmälerkunde fallen in die erste Hälfte des 19. Jahrhunderts. Vor allem zwei Expeditionen erbrachten hier viel Neues. Ippolito Rosellini, Professor an der Universität Pisa, veröffentlichte die Ergebnisse der toskanischen Expedition in dem Werk »Monumenti dell'Egitto e della Nubia« (1832–1844). Richard Lepsius ließ das auch heute noch grundlegende Werk »Denkmäler aus Ägypten und Äthiopien« von 1849 an erscheinen, gewaltige Folianten, die ihresgleichen in der ägyptologischen Wissenschaft nicht kennen.

Die Periodisierung der ägyptischen Geschichte beruht auf den Königslisten. Ein Bruchstück ist der Turiner Königspapyrus, kürzere Auszüge bringen die Königstafeln von Abydos und Saqqara. Dazu kommt die Darstellung des ägyptischen Priesters Manetho aus der Zeit des 2. Ptolemäers (285–246). Von ihm stammt die Einteilung der Herrscher in 31 Dynastien von den Anfängen der ägyptischen Geschichte bis zum Ende der Perserherrschaft (331 v. Chr.). Doch können die Daten der einzelnen Dynastien vielfach nicht aufs Jahr genau angegeben werden. Früher hat man allgemein, vor allem im Alten Reich, mit hohen Daten gerechnet, doch müssen diese – sie stammen von Borchardt und Eduard Meyer – nach unten korrigiert werden. So beginnt die I. Dynastie nicht, wie man früher annahm, bereits im 4. Jahrtausend v. Chr., sondern in den ersten Jahrhunderten des 3. Jahrtausends (H. Stock). Doch gibt es immer noch Forscher, die an den wesentlich höheren Regierungszahlen festhalten. Ein Beispiel ist die Ägyptische Geschichte von A. H. Gardiner (in deutscher Übersetzung: »Geschichte des Alten Ägypten«, Stuttgart 1965). Die erste Dynastie muß jedenfalls in der Zeit nach 3000 v. Chr. angesetzt werden, nach Jürgen von Beckerath um 2955 (oder um 2985). Die Zahlen von Beckerath ergeben folgendes:

Das Alte Reich:
I. Dynastie: 2955–2780
II. Dynastie: 2780–2635
III. Dynastie: 2635–2570

IV. Dynastie: 2570–2450, das sind die Pyramidenbauer.
V. Dynastie: 2450–2290
VI. Dynastie: 2290–2115
VII. Dynastie: um 2155 (Interregnum)
VIII. Dynastie: 2155–2135

Erste Zwischenzeit:
IX. und X. Dynastie: 2134–2040

Das Mittlere Reich:
XI. und XII. Dynastie, die XI. von 2134–1991, die XII. von 1991–1785 (in dieser der König Sesostris I.)

Zweite Zwischenzeit:
XIII. Dynastie 1785–gegen 1650
XIV. Dynastie 1715–1650
XV. und XVI. Dynastie: die Hyksos 1650–1540

Das Neue Reich:
XVII. Dynastie: 1650–1554
XVIII. Dynastie: 1554–1305
XIX. Dynastie: 1305–1196
XX. Dynastie: 1196–1080
XXI. Dynastie: 1080–946
XXII. Dynastie: 946–720
XXIII. Dynastie: 792–720
XXIV. Dynastie (von Saïs): 740–712
XXV. Dynastie (Kuschiten): 745–655
XXVI. Dynastie: 644–525, darunter Psammetich I., Necho, Psammetich II., Amasis, Psammetich III.
XXVII. Dynastie: die Perser 525–404
XXVIII. Dynastie: einheimische Könige: Amyrtaios 404–399
XXIX. Dynastie: Einheimische 399–380
XXX. Dynastie: Einheimische 380–342
XXXI. Dynastie: 2. Herrschaft der Perser 342–331

Es folgen Alexander d. Gr., die Diadochen, seit 323 die Ptolemäer (bis 30 v. Chr.), danach die Römer.

Nur wenige der Daten sind astronomisch festgelegt, wie etwa für die XI. und XII. Dynastie. Erst mit der XXVI. Dynastie beginnen die absoluten Datierungen.

Die Zeit von 712 bis 332 wird als die Spätzeit bezeichnet. Höhepunkte der ägyptischen Geschichte sind das Alte Reich, das Mittlere Reich und das Neue Reich. Dazwischen liegen Zeiten des Niedergangs; sie werden als die Erste und die Zweite Zwischenzeit bezeichnet. Die Einteilung geht auf Eduard Meyer zurück und ist im wesentlichen von den späteren Forschern übernommen worden.

2. Kapitel
Die Geschichte Altägyptens
von den Anfängen bis zum Ende des Neuen Reichs (etwa 3000 bis 712 v. Chr.)

Ein Überblick über die Geschichte Altägyptens in seinen wichtigsten Perioden vermag nur die Grundzüge zu bieten, er sollte jedoch zu zeigen versuchen, wie die altägyptische Kultur entstanden ist, welchen Veränderungen sie unterworfen war und welche Gründe für ihren Niedergang maßgebend waren. Dazu kommt das Problem, in welchen Beziehungen sie zum Ausland gestanden hat. Die Frage nach der Entstehung der ägyptischen Kultur ist schwer zu beantworten. Damit im Zusammenhang steht die Erfindung der ägyptischen Schrift, die unmittelbar vor der I. Dynastie anzusetzen ist. Sie muß dem Kopf eines begabten Individuums entsprungen sein, das für die ägyptische Sprache eine Lautierung erfunden hat. Trotz mancher Veränderungen im einzelnen hat sie über viele Jahrhunderte Bestand gehabt. Sie ist aus dem Bedürfnis entstanden, Aufzeichnungen niederzulegen, die es verdienten, der Zukunft überliefert zu werden. Doch ist die ägyptische Schrift immer nur einzelnen Menschen zugänglich gewesen, die sie an Schreibschulen in den Tempeln lernten. Um sie zu beherrschen, brauchten sie oft Jahre, und nicht alle, die sich als Schreiber versuchten, werden ans Ziel gelangt sein. Mit der Schrifterfindung durch die Sumerer im Zweistromland war es ähnlich. Auch die Keilschrift ist eine Schrift für wenige geblieben.

Die Hieroglyphenschrift – der Name stammt aus dem Griechischen und bedeutet »heilige Bilderschrift« – ist ein hervorragendes Beispiel für den konservativen Geist der alten Ägypter. Bis zum Ende ihrer Kultur haben sie an dieser Schrift festgehalten, geringfügige Änderungen fallen kaum ins Gewicht. Die Schrift spiegelt die Welt Altägyptens wider. Tiere, Pflanzen, Häuser werden durch die Schrift dargestellt, in genialer Weise vereinfacht, aber doch so, daß sie ohne weiteres wiederzuerkennen sind. Die Hieroglyphenschrift war eine Monumentalschrift, ihre blockweise Anordnung hat dies nur noch unterstrichen. Die Schreibschrift, wie sie sich im Neuägyptischen und später im Demotischen herausgebildet hat, weist Unterschiede auf, ohne jedoch zu verleugnen, daß sie aus der Hieroglyphenschrift hervorgegangen ist.

Zu den frühesten Dokumenten der Hieroglyphenschrift gehören die Pyramidentexte. Sie beschäftigen sich mit dem Leben nach dem Tode, das sich die alten Ägypter wie ein Leben nach irdischem Vorbild vorgestellt haben. Das Leben im Jenseits war für sie nichts anderes als eine Verlängerung des irdischen Lebens – über den leiblichen Tod hinaus. Diese Einstellung wirkte natürlich auf das Privatleben zurück. Frömmigkeit und Pietät gegenüber den Eltern standen in hohem Ansehen, niemand durfte ungestraft die Pflege der Gräber der verstorbenen Eltern vernachlässigen. Diese Gesinnung manifestiert sich in den Pyramidenbauten der Könige der IV. Dynastie. Die Übersteigerung der Grabpflege ist eine typisch ägyptische Sitte. Tausende von Arbeitern sind mobilisiert worden, um die Pyramiden zu erbauen. Sie hatten einen harten Frondienst zu leisten. Er fiel in jene Jahreszeit, in der die Arbeiter auf den Feldern nicht gebraucht wurden.

Die Geschichte Ägyptens beginnt mit dem König Menes. Er stammte aus dem Ort Thinis in Oberägypten, danach werden die Könige der beiden ersten Dynastien die Thiniten genannt. Bereits in der I. Dynastie sind Kämpfe mit den Asiaten auf der Halbinsel Sinai bezeugt. Auch Verbindungen zwischen Ägypten und Phönikien hat es gegeben, vor allem mit der Seestadt Byblos. Schon in früher Zeit verschiffte man die Zedern des Libanon nach dem Nilland. Da Ägypten über wenig brauchbare Holzarten verfügte, mußten die Zedern eingeführt werden.

Die III. Dynastie ist die Zeit der Pyramidenbauer. Das älteste Bauwerk ist die Stufenpyramide des Djoser. Die Könige Cheops, Chefren und Mykerinos haben Pyramiden hinterlassen; die größte ist die Cheopspyramide, die heute noch 139 Meter hoch ist. In den Gräbern, die um die Pyramiden angelegt sind, haben die hohen Hofbeamten ihre letzte Ruhe gefunden. Das Alte Reich war eine zentral regierte, absolute Monarchie; in ihr galt allein der Wille des Königs, ihm gehorchten die hohen Würdenträger, unter ihnen der »Vezir und Richter der großen Torhalle«, der »Vorsteher der Arbeiten« und viele andere mehr. Der König war die Inkarnation des Gottes Horus und empfing als göttliches Wesen hohe Verehrung. Er war der größte Grundbesitzer Ägyptens und die Zahl seiner Bauern ging in die Tausende. Auch die Großen verfügten über bedeutenden Landbesitz, sie verdankten ihn der Gnade des Königs, der zu ihnen in einem patriarchalischen Verhältnis stand.

Der Feudaladel ist von dem König über Gebühr gefördert worden; dies ging so weit, daß der König und seine Herrschaft in Gefahr gerieten. Mit dem Aufstieg der Gaufürsten vollzog sich ein grundlegender Machtwechsel. Die Gaufürsten von Herakleopolis beispielsweise bildeten die IX. und X. Dynastie. Nach einer vorübergehenden Zwischenherrschaft herrschten sie als Könige von Ägypten von etwa 2190 bis 2050.

Gegen Ende des Alten Reichs hatte sich eine bedeutende Veränderung im Lande vollzogen. Die Stabilität war trügerisch gewesen, ein neues Lebensgefühl hatte sich Bahn gebrochen, das auch in der Literatur seinen Ausdruck gefunden hat. Es ist von einer betonten Skepsis und Lebensmüdigkeit gekennzeichnet, die sich von der frohen Gesinnung der früheren Generationen bemerkenswert unterscheidet. Andererseits fehlt nicht die Aufforderung zum Lebensgenuß, womit sich Vorwürfe gegen Gott verbinden. In der »Lehre für den König Merikarê« finden sich das Totengericht und die Rechenschaftsablegung für das, was der Mensch im Leben getan oder unterlassen hat. Die Zerrissenheit des Menschen spiegelt sich in dem »Streitgespräch eines Lebensmüden mit seiner Seele«. Es sind dies wohl die frühesten Äußerungen über den Seelenzustand des Menschen, viele Jahrhunderte vor den Griechen, die erst in der Zeit der Aufklärung, im 5. Jahrhundert v. Chr., zu ähnlichen Gedanken gekommen sind. Die Ägypter sind wohl die ersten, die begonnen haben, über das Wesen und die Bestimmung des Menschen nachzudenken; die Ideen über das Jenseits sind Zeugnisse für die Haltung der Menschen, wie sie außerhalb Ägyptens zu dieser Zeit kaum eine Parallele finden.

Mit dem Aufstieg Thebens in Oberägypten hebt eine neue Zeit an. Um 2040 beginnt mit der XI. Dynastie das Mittlere Reich. Die Dynastie stammt aus dem Gebiet von Hermonthis (südlich von Theben). Um die Aufklärung der Vorgänge in der XI. Dynastie hat sich H. E. Winlock bleibende Verdienste erworben. Den Beginn der XII. Dynastie hat man mit Hilfe eines Siriusdatums aus Illahun auf das Jahr 1991 – mit einem geringen Spielraum von zwei Jahren – festlegen können.

In der XII. Dynastie aus Theben wechseln die Namen Amenemhet (»Amon ist an der Spitze«) und Sesostris (»der Mann der Göttin Wosret«) miteinander ab. In der XII. Dynastie hat die Innenpolitik den Vorrang vor den Ereignissen der äußeren Geschichte. Die Machtfülle der Gaufürsten verringert sich, der Schreiber ist nun der große Mann im Staat. Dies zeigt die Lehre des Duauf an seinen

Sohn Pepi. Das Land Ägypten hat drei Teile, das Nordland, den Süden und den ›Kopf des Südens‹ (tp sm^{c}). Sesostris III. (1871–1841) hat die Gaufürstentümer beseitigt. Die Zeit der XII. Dynastie ist, wie es scheint, eine glückliche Zeit für die Untertanen gewesen. Unter Amenemhet III. (1840–1792) wurde das Faijum erschlossen, der König erhielt hier einen Totentempel, den die Griechen wegen seiner unübersichtlichen Bauweise das Labyrinth genannt haben. Der Totenkult für den Herrscher erhielt sich bis in die Ptolemäerzeit. Sesostris III. hat die Grenze Ägyptens im Süden bis Semneh vorgeschoben. Nubien, das Land zwischen dem 1. und 2. Katarakt, ist erobert worden – es ging um das Gold Nubiens.

Das Mittlere Reich brachte bedeutende literarische Werke hervor. Von ihnen sei die romanhafte Geschichte des Sinuhe erwähnt. Bemerkenswert ist das lehrhafte Element, es erscheint sowohl in der Lehre des Amenemhet I. wie auch in der des Duauf. Doch gab es keine Sicherheit, was die Zukunft bringen würde. Dies zeigen Prophezeiungen, die eine allgemeine Katastrophe und danach das messianische Reich ankündigen. In der späteren Tradition wird Sesostris III. als ein großer Kriegsheld angesehen, doch ist dies nicht historisch, auch wenn er in Palästina Krieg geführt hat.

Dem Mittleren Reich, einer Blütezeit Ägyptens, folgt die Zweite Zwischenzeit mit den Dynastien XIII und XIV, deren Herrscher jedoch blaß und schattenhaft bleiben. Immerhin haben sie versucht, die Tradition der XII. Dynastie fortzuführen. Dies gilt vor allem für die Könige der XIII. Dynastie, in der der Name Sebekhotep wiederkehrt. Die Herrschaft der XIV. Dynastie blieb auf Unterägypten beschränkt, sie stammte aus Xoïs, Oberägypten hatte sich ihrer Herrschaft entzogen.

Die XV. und XVI. Dynastie sind die *Hyksosherrscher*. Sie kamen aus Palästina und waren Fremde in Ägypten. Ihre Hauptstadt war Tanis im Delta. Die Volkszugehörigkeit der Hyksos genauer zu bestimmen, ist noch nicht gelungen. Bei Manetho heißen sie die »Hirtenkönige«. Aber der Name Hyksos kann nur bedeuten »Herrscher der Fremdländer«. Ihre Namen sind zum Teil ägyptisch, zum Teil aber auch fremdländisch-asiatisch, d. h. semitisch. Die Hyksos brachten den Gott Sutech mit ins Nilland, hier wurde er mit dem Gott Seth gleichgesetzt. Unter den Hyksos erscheint das Pferd in Ägypten. Sie waren Wagenkämpfer, wie die Churriter in Nordmesopotamien und die Hethiter. Die Hyksosherrschaft mag ungefähr ein Jahrhundert gedauert haben, von etwa 1670 bis gegen 1560 (nach v. Beckerath von 1650 bis 1550). Wenn sie sich im

Nilland der Herrschaft bemächtigen konnten, so ist dies eine Folge des allgemeinen politischen Niedergangs, der seit dem Ende des Mittleren Reichs ganz unverkennbar wurde.

Die Heimat der Hyksos war Vorderasien. Wie es den Anschein hat, waren sie kein homogenes Volk, sie hatten vielmehr Elemente aus Palästina und wohl auch aus Nordmesopotamien aufgenommen. Im übrigen ist ihre Zeit in Ägypten immer noch zu wenig bekannt, hauptsächlich siedelten sie im Delta, von hier aus bestanden auch weiterhin Verbindungen zu Palästina.

Der Widerstand der Ägypter gegen die Fremdherrschaft ist vom Süden, von Theben, ausgegangen. Hier regierte die XVII. Dynastie, und zwar zum Teil gleichzeitig mit den Hyksos. Früher hat man den Kampf gegen die Hyksos als eine nationale Erhebung betrachtet, dies ist jedoch nicht zutreffend. Es ist vielmehr die Machtpolitik gewesen, welche die Könige Kamose von der XVII. und Amosis von der XVIII. Dynastie gegen die Hyksos geführt haben. Einige Einzelheiten des Kampfes bringt die Biographie des Schiffsoffiziers Ahmose aus der Familie der Gaugrafen von El-Kâb, der an der Eroberung der Hyksosstadt Auaris (mit Tanis gleichzusetzen) teilgenommen hat. Die Ägypter vertrieben die Fremden aus dem Land und verfolgten sie bis hinein nach Palästina (Scharuhen). Hochgepriesen wird die Königin Ahhotep, die Mutter des Amosis. Sie heißt die »Herrin der Haunebu«. Ob unter diesem Namen die Hellenen des Ägäischen Meeres zu verstehen sind, ist möglich, wenn auch nicht sicher. Irrig sind auf jeden Fall die weitreichenden Kombinationen Eduard Meyers. Nach seiner Auffassung wäre Ahhotep eine kretische Prinzessin gewesen, und die Hyksos wären den verbündeten Kräften der Ägypter und Kreter erlegen. Alles, was sich sagen läßt, ist, daß der Vertreibung der Hyksos aus dem Nilland eine Erhebung der Ägypter vorausgegangen ist.

Die späteren Könige der XVIII. Dynastie erscheinen in der Überlieferung als große Kriegshelden. Dies mag übertrieben sein, doch hatten sie bedeutende Leistungen auf dem Gebiet der auswärtigen Politik aufzuweisen. Es ergaben sich Beziehungen zu Kreta und Koilesyrien, auch im Süden Ägyptens wurde die Grenze weiter vorverlegt. In Nubien wurde der 4. Katarakt bei Nápata erreicht (Thutmosis I.). Nubien wurde als eine besondere Provinz konstituiert, die Verwaltung hatte der »Königssohn von Kusch« inne. Nach Thutmosis II. hatte die Königin Hatschepsut die Zügel der Regierung in die Hand genommen; nach Edgerton wäre sie eine Halbschwester des Thutmosis III. gewesen, doch sind auch andere Lösungen der genealogischen Probleme vorgeschlagen worden. Andere Forscher halten Hatschepsut für die Stiefmutter des Thutmosis III. Ohne Zweifel gehörte sie zu den großen Königinnen der antiken Geschichte; sie regierte von etwa 1500 bis 1480. Thutmosis III. wurde von ihr zunächst vollständig beherrscht, bis sich dieser durch einen Gewaltakt von ihr freigemacht hat. Davon zeugen starke Spuren der Zerstörung an ihren Bauten in Theben wie an ihrem Tempel von Dêr-el-Báhari. Auch in Theben hatte sie bedeutende Sakralbauten aufgeführt. Auf den Tempelwänden ist ihre Expedition nach dem Lande Punt dargestellt, das in Ostafrika gelegen haben dürfte. Es war vor allem ein Weihrauchland, aber auch verschiedene Tierarten sind aus Punt nach Ägypten gebracht worden. Gegen die Königin muß sich ein großer Haß angesammelt haben: Man versuchte, ihr Andenken auszulöschen, was jedoch nicht gelungen ist.

Thutmosis III. gehört zu den großen Eroberern der ägyptischen Geschichte. Nicht weniger als sechzehnmal ist er nach Syrien gezogen. Seine Feldzüge werden in den Annalen des Tempels von Karnak im einzelnen geschildert, einer sehr wertvollen Quelle der altägyptischen Kriegsgeschichte. Über den 8. Feldzug gibt eine Inschrift aus Hermonthis (Erment) einen Bericht. Die Annalen bringen eine Schilderung der Schlacht bei Megiddo (Tell-el-Mutesellim) am Rande der Ebene Jesreel. Gegner waren syrisch-palästinensische Stadtfürsten mit dem Fürsten von Qadesch an der Spitze. Die Ägypter haben sogar den Euphrat überschritten, sie bezeichneten ihn als den ›Fluß, der in der verkehrten Richtung fließt‹, nämlich vom Norden nach dem Süden, im Gegensatz zum Nilstrom. Die Inschrift von Hermonthis berichtet auch von einer Elefantenjagd im Sumpfgebiet östlich des Orontes in Nordsyrien. Es konnte nicht ausbleiben, daß das Gewicht des Militärs, und insbesondere der hohen Offiziere, unter Thutmosis III. bedeutend zunahm. Unter diesem König hat Ägypten seine größte Ausdehnung erreicht, und zwar vom Orontes und vom Euphrat bis hin zum 4. Katarakt bei Nápata in Nubien. Die Entfernung von Norden nach Süden beträgt etwa 3200 Kilometer.

Amenophis II. stellt sich würdig an die Seite seines Vaters Thutmosis III. Auf einer Stele von Memphis befinden sich unter den Gefangenen 3600 Männer als *Apiru* bezeichnet, sie erscheinen nicht zum erstenmal in Ägypten, denn auch unter seinem Vater sind die *Apiru* Weingärtner im Nilland.

Den Gipfel seiner Macht erreicht Ägypten unter Amenophis III. (etwa 1413 bis 1377), dem Urenkel des Thutmosis III. Seine Regierung ist die Blüte des Pharaonenreiches (nach dem Titel eines Buches von Georg Steindorff). Zwar war Amenophis III. kein Kriegsheld, aber er hatte Verbindungen zu zahlreichen Herrschern in Vorderasien; in seinem Harem waren Königstöchter aus allen vorderasiatischen Ländern. Das Ansehen Ägyptens stand in hoher Blüte, dem König wurden Huldigungen vieler Potentaten zuteil. Sein Sohn Amenophis IV. verlegt die Residenz und den Hof von Theben nach El-Amarna in Mittelägypten, wohl in der Absicht, Vorderasien näher zu sein. In El-Amarna wurde das Archiv des Reichs gefunden, mit zahlreichen Briefen ausländischer Fürsten, und zwar ohne Ausnahme in babylonischer Keilschrift. Die Auffindung des Archivs im Jahre 1887 war eine Sensation, denn niemand hatte erwartet, daß in Ägypten die diplomatische Korrespondenz in Keilschrift abgewickelt worden war. Es ist nämlich mehr als wahrscheinlich, daß auch die ägyptischen Antwortschreiben in Keilschrift geschrieben worden sind. Der Schriftverkehr vorderasiatischer Fürsten besteht vor allem aus Bettelbriefen um Gold, worüber nach ihrer Ansicht Ägypten in Hülle und Fülle verfügte.

Amenophis IV. war in Konflikt mit der Priesterschaft des Amon in Theben geraten. Dies erklärt den Wechsel seiner Residenz. Der Kult des ehemaligen Reichsgotts Amon wurde geradezu verfolgt, an seine Stelle trat der Sonnengott Aton. Der König nahm den Namen Echnaton an, d. h. »Es ist dem Aton wohlgefällig«. Die Veränderung ist das Werk Echnatons, dessen Gattin die berühmte Nofretete war. Ob sie eine Ägypterin oder eine ausländische Prinzessin gewesen ist, wird sich kaum entscheiden lassen. Unter Echnatons Nachfolgern findet sich der König Tutenchaton. Er hat sich mit den Amonspriestern von Theben versöhnt und den Namen Tutanchamon angenommen. Im übrigen war er nur ein unbedeutender König, er hat nur wenige Jahre regiert. Sein Name ist durch die Entdeckung seines Grabes im Tal der Königsgräber durch Lord Carnarvon und Carter (1922) weltbekannt geworden.

In der Amarnazeit hat sich ein Kunststil ausgebildet, den man als naturalistisch bezeichnen kann. Berühmt sind die Abbildungen der Königsfamilie, die einen durchaus persönlichen Eindruck machen und ganz aus dem Rahmen der ägyptischen Kunst herausfallen. Auch die Religiosität der Amarnazeit hat eine eigene Note. Sie findet ihren schönsten Ausdruck in dem Sonnenhymnus, in dem die Sonne als die Erhalterin der Schöpfung gepriesen wird. Er findet wohl nur im 104. Psalm und im Sonnenhymnus des Hl. Franz von Assisi eine Parallele. Für die einfachen Menschen war diese Religion zu hoch, sie hat niemals die Massen ergreifen können. Doch ist sie der Ausdruck einer tiefen, persönlichen Frömmigkeit, und so ist sie eine einmalige Erscheinung in der Alten Welt.

Die XIX. Dynastie beginnt mit der Herrschaft des Haremhab, wohl eines Generals und Usurpators. Seine Regierung fällt (nach v. Beckerath) in die Zeit zwischen 1332 und 1305. Das Reich bedurfte dringend einer festen Hand, denn die Vorgänger waren alles andere als starke Herrscher gewesen. In der XIX. Dynastie finden sich mehrere Könige mit dem Namen Ramses (»Ra hat ihn geboren«). Die Familie stammte aus Auaris, der alten Hyksosstadt im Ostdelta. Nach Haremhab saßen folgende Könige auf dem Thron Ägyptens: Ramses I., Sethos I., Ramses II., Merneptah, Sethos II. Mit ihm endet um 1200 die XIX. Dynastie. Sie hatte, wenn man Haremhab mitrechnet, insgesamt etwa 140 Jahre regiert. Sethos I. hatte die Hauptstadt des Landes von Theben in die Ramsesstadt (Tanis) nach dem Norden verlegt, wohl aus strategischen Gründen. Der König wollte näher an Palästina sein, da sich die Ägypter hier vielfach als Krieger betätigten. So hat Sethos I. eine Stele in Beth-šan errichtet, d. h. in Skythopolis in Palästina. In ihr wird von einem Überfall der Apiru auf die ägyptische Nachhut berichtet.

Das bedeutendste Ereignis der Ramessidenzeit ist jedoch der Zusammenstoß der Ägypter und Hethiter in der Schlacht bei Qadesch, wahrscheinlich im Jahre 1296 oder nur wenig später (1285 nach v. Beckerath). Hier standen sich Ramses II. und der hethitische Großkönig Muwattal gegenüber. Glaubt man den Berichten Ramses' II., so wären zuerst die Hethiter mit ihren Streitwagengeschwadern siegreich gewesen, aber Ramses II. habe durch sein persönliches Eingreifen die Ägypter zum Stehen gebracht. An den Wänden von fünf ägyptischen Tempeln ist die Schlacht bei Qadesch dargestellt, in Karnak, Luxor, Abydos, Abu Simbel und im Rameseum. Es gibt auch eine poetische Darstellung, das Gedicht des Penta-weret (dies ist der Name des Abschreibers, nicht des Dichters). Der Krieg der beiden Großmächte wurde mit einem Vertrag beendet, nach Eduard Meyer im Jahre 1278, nach v. Beckerath um 1270/69. Machtverschiebungen von Bedeutung hat der Vertrag nicht gebracht, die Grenze der beiden Großmächte war der Fluß Nahr-el-Kelb in Phönikien. Der Vertrag ist in zwei Fassungen überliefert, der ägyptischen auf den Wänden des Ramesseums und in Karnak, der hethitischen auf einer Keilschrifttafel von Boghazköi. Beide Fassungen stimmen übrigens an einigen nicht einmal unwesentlichen Punkten nicht miteinander überein.

Nicht weniger als 67 Jahre hat Ramses II. regiert. Sein Totentempel ist das Ramesseum, doch sind seine Bauten nicht alle von der gleichen Qualität: Sie lassen den beginnenden Niedergang auf künstlerischem Gebiet verspüren. Auch sonst war die lange Regierung Ramses II. kein Segen für das Reich. Der König bedachte die großen Tempel mit riesigen Stiftungen; im Besitz des Gottes Amon von Theben befand sich nicht weniger als ein Zehntel des gesamten Grund und Bodens von Ägypten. Amon hatte damit alle anderen Götter Ägyptens weit überflügelt.

Während der Regierung Ramses' II. (gest. 1224) hatten sich im Mittelmeerraum bedeutende Veränderungen vollzogen. Die Bewegungen werden unter dem Begriff der Großen Wanderung zusammengefaßt, zu der auch die Dorische Wanderung in Hellas gehört. Unter dem König Merneptah (1224 bis gegen 1214) stürmten die Seevölker und die Libyer gegen die Grenzen des Nillandes. Die letzteren griffen die Westgrenze Ägyptens an, Merneptah aber konnte sie zurückschlagen, womit der König das Land Ägypten vor einer Fremdherrschaft bewahrte. Unter den Seevölkern finden sich die Schirdana, Schakalscha, Turscha, Aqaiwascha, Luka, Peleset und Zakar. Von ihnen lassen sich die Luka und Peleset mit großer Wahrscheinlichkeit als Lykier und Philister identifizieren, bei den anderen ist die Gleichsetzung nicht gesichert, und wenn man in den Aqaiwaša die Achäer zu sehen vermeinte, so war dies nicht richtig, es muß sich vielmehr um ein kleinasiatisches Volk handeln, auf keinen Fall um Griechen. Die Siegesstele des Merneptah verzeichnet übrigens zum erstenmal den Namen des Volkes Israel (»ihr Land ist verwüstet und ohne Frucht«). Die Israeliten waren bereits in Palästina eingedrungen, der »Pharao der Bedrükkung« ist wohl Ramses II. Ob der Name des Moses in einer ägyptischen Quelle vorkommt, ist trotz F. Cornelius nicht sicher.

Die letzten Herrscher der XIX. Dynastie waren Sethos II. und Siptah, die Dynastie endete mit Thronstreitigkeiten. Vorübergehend scheint auch ein Fremder, ein Choriter, auf dem Thron in Ägypten gesessen zu haben.

Bald nach 1200 ist das Hethiterreich untergegangen, wahrscheinlich nach einer Invasion von Seevölkern und nicht durch innere Unruhen. Seit 1197 herrschte in Ägypten die XX. Dynastie, der erste Herrscher war Ramses III. (1197–1165). Er hatte sich nicht nur gegen die Libyer, sondern auch gegen die Seevölker zu wehren, gegen die letzteren entweder an der Nilmündung oder in Syrien. Ramses III. ist wahrscheinlich durch eine Palastrevolution gestürzt worden. Ihm folgten mehrere Könige, von denen es nichts zu berichten gibt, der letzte war Ramses XI. Smendes von Tanis beraubte ihn seines Thrones, in Theben hatte dagegen Herihor die Herrschaft inne. Beide haben offenbar zusammengearbeitet.

Im Ausland war es jedoch mit dem Ansehen des Nillandes zu Ende. Ein Zeichen hierfür ist die Expedition des Wenamon, der Holz aus Byblos holen sollte. Ihm bereitete man in Syrien die größten Schwierigkeiten. Mit der XXI. Dynastie wird der politische Niedergang Ägyptens vor aller Welt offenbar, die Zeiten seiner Großmachtstellung sind vorüber. Die Dynastie von Tanis wird von libyschen Generälen abgelöst. Unter ihnen befindet sich Scheschonk, der in Bubastis im Delta residiert. Scheschonk ist nach Palästina gezogen und stieß dort mit Rehabeam (etwa 935–919), dem Sohne Salomos, zusammen. Die Schätze des Tempels von Jerusalem und des Königspalastes von Israel führte er nach Ägypten.

Die Hauptsorge der ägyptischen Könige bestand darin, die Soldaten zufriedenzustellen. Denn diese waren zu einer regelrechten Kaste geworden. Auch die XXIII. Dynastie war libysch; die Ägypter hatten sich längst an fremde Herrscher gewöhnt.

Zur XXIV. Dynastie gehören die Könige Tefnachte und Bokchoris. Dieser ist als Gesetzgeber berühmt geworden. Beide gerieten in Konflikt mit den Äthiopen, deren Herrscher Pianchi sich als überlegen erwies. Von 715 bis 663 regierten äthiopische Könige über Ägypten, und zwar von Theben aus. Und im Jahre 671 kamen die Assyrer nach dem Nilland. Asarhaddon vertrieb den Äthiopen Taharka aus dem Lande. Seit dem Jahre 660 ist die assyrische Herrschaft in Ägypten fest gegründet. Die Assyrer hatten ägyptische Vasallenfürsten mit der Herrschaft betraut, vor allem im Delta. Ihre Namen stehen auf einer Inschrift Assurbanipals. Doch blieb die Assyrerherrschaft über Ägypten nur eine Episode. Mit der XXVI. Dynastie unter Psammetich I. von Saïs kommen wieder Ägypter an die Regierung. Sie herrschen im Lande von 663 bis 525, bis zur Eroberung Ägyptens durch die Perser.

Über die Saïtenzeit berichtet der griechische Geschichtsschreiber Herodot von Halikarnaß. Es darf nicht verwundern, wenn diese Zeit griechische Züge trägt. In der Außenpolitik waren den

Saïten wenige Erfolge beschieden. Der König Necho wurde bei Karkemisch in Syrien von dem Kronprinzen Nebukadnezar von Babel vernichtend geschlagen (605 v. Chr.). Schon vorher, wahrscheinlich gegen 610, war Naukratis als Stützpunkt des griechischen Handels im Delta gegründet worden. Unter dem König Amasis (569–525) vollzogen sich bedeutende weltpolitische Veränderungen: Im Jahre 547 besiegte Kyros, der Perser, den König von Lydien, Kroisos, bei Sardes, im Jahre 539 eroberten die Perser Babylon. Die ägyptische XXVI. Dynastie endet mit Psammetich III. Die Perser besiegten ihn bei Pelusion und setzten ihn als König ab; später wurde er sogar getötet. Mit dem Jahr 525 geht die Geschichte eines selbständigen Ägypten zu Ende, das Nilland wird ein Teil des Perserreiches, doch hat es mehrfach Zeiten der Unabhängigkeit unter einheimischen Königen gegeben. Seit 332 stehen die Makedonen mit Alexander d. Gr. im Lande. Nach dessen Tod im Jahre 323 beginnt die Herrschaft des Makedonen Ptolemaios I. Die von ihm begründete Dynastie der Ptolemäer hat bis zum Jahre 30 v. Chr. regiert, wobei Ägypten inzwischen längst zu einem Vasallenstaat der Römer geworden war. Nach einer kurzen Zwischenherrschaft der Neuperser (Sassaniden) eroberten die Araber im Jahre 639 das Land. Ägypten war damit in den arabischen Kulturkreis eingefügt, dem es noch heute angehört.

Die Zivilisation der Menschheit verdankt den alten Ägyptern zwei Errungenschaften, die nicht wieder verlorengegangen sind: die *Zeitrechnung* und die *Schrift*. Beide sind aus den Bedürfnissen der Landesverwaltung hervorgegangen. Die Adaptierung der ägyptischen Zeitrechnung durch die Römer ist von größter Fernwirkung gewesen; die ägyptische Hieroglyphenschrift ist zwar ausgestorben, aber sie hat doch seit ihrer Entzifferung im 19. Jahrhundert zum Verständnis der ägyptischen Zivilisation entscheidend beigetragen. Wichtig sind auch die Anregungen der ägyptischen Kunst gewesen, und nicht weniger gilt dies für die altägyptische Götterwelt, die über Hellas und Rom in den Westen Europas vorgedrungen ist.

Zu den bedeutendsten Erfindungen des menschlichen Geistes ist die Schrift zu zählen. Sie dürfte vor der I. Dynastie erfunden worden sein, d. h. um 3000 v. Chr. oder nur wenig später. Dem System muß die Idee eines einzelnen genialen Menschen zugrunde liegen. Nahezu gleichzeitig ist die Erfindung der Schrift durch die Sumerer im alten Zweistromland, wenn sie auch auf anderen Prinzipien beruht. Wem von beiden, den Ägyptern oder den Sumerern, der zeitliche Vorrang gebührt, ist bis heute nicht entschieden. Sicher ist nur die Tatsache, daß es bereits in frühester Zeit Berührungen zwischen den beiden Kulturen gegeben hat.

Das System der ägyptischen Schrift, der Hieroglyphenschrift, wie sie von den Griechen genannt wurde, ist verhältnismäßig einfach. Es gibt Zeichen für einen, für zwei und auch für drei Buchstaben. Die Vokale werden nicht geschrieben. Dies aber macht die Aussprache der einzelnen Wörter zu einem schwierigen und vielfach unlösbaren Problem. Zu den Buchstabenzeichen kommen die Deutezeichen, Determinative genannt. Diese zeigen an, welcher Begriffsgruppe die vor dem Determinativ stehenden Buchstaben zuzuordnen sind. Von ihnen seien beispielsweise das Haus (𓉐) oder der Begriff des Gehens (𓂻) hier genannt; die Zahl der Determinative ist groß. Das Zeichen für das Haus wird *pr* gelesen, die beiden Buchstaben können aber auch für alle gleichlautenden Begriffe verwandt werden. Das *pr*-Zeichen ist also gewissermaßen generalisiert, seine ursprüngliche Bedeutung spielt keine Rolle mehr. Die Hieroglyphenschrift war eine monumentale Schrift, sie wurde in der Regel von rechts nach links gelesen, nach Möglichkeit war sie blockförmig angeordnet. Gelehrt wurde sie in Tempelschulen, doch werden die Schüler Jahre gebraucht haben, bis sie sich die Elemente angeeignet hatten. Und mancher wird es wohl nie zum Schreiber gebracht haben. Abgesehen von einigen Schülerhandschriften sind Lehrbücher der ägyptischen Schrift nicht auf uns gekommen, doch ist anzunehmen, daß es derartige Lehrbücher gegeben hat.

Auch die moderne Zeitrechnung geht letzten Endes auf die ägyptische zurück. Ohne eine korrekte Zeitrechnung wäre eine effektive Verwaltung nicht möglich gewesen. Die ägyptische Zeitrechnung liegt der Kalenderreform des Iulius Caesar zugrunde. Sosigenes, ein Grieche, hat sie den Bedürfnissen der Römer angepaßt. Für ihre Entstehung hat die moderne Forschung zwei Möglichkeiten erwogen: die Rechnung nach dem Frühaufgang (sog. heliakischer Aufgang) des Siriussterns und die Rechnung nach den Niljahren. Welcher von den beiden Möglichkeiten man den Vorrang geben soll, scheint eine Frage der Probabilität zu sein. Beginnen wir mit der Rechnung nach dem Frühaufgang des Sirius! Bei Beginn der astronomischen Beobachtung stimmt der Frühaufgang des Sirius mit dem Eintritt der Nilschwelle überein. Das Siriusjahr ist 365¼ Tage lang. Der Jahresanfang durchwandert in einer Sothisperiode von 1461 bürgerlichen Jahren alle Jahreszeiten.

Dabei bleibt der Aufgang des Sirius alle vier Jahre um einen Tag hinter dem bürgerlichen Jahr zurück. Allein in den Jahren 140/143 n. Chr., 1321/1318, 2781/2776 und 4241/4236 v. Chr. fällt der Anfang des bürgerlichen Jahres mit dem heliakischen Aufgang des Sirius zusammen. Die Einführung des Kalenders könnte (die Annahme ist nicht zwingend) zu Beginn einer Sothisperiode erfolgt sein. Aber wann könnte dies gewesen sein? Mit dem von Eduard Meyer bevorzugten Datum 4241/4238 kämen wir weit zurück in die ägyptische Vorgeschichte. Dieses Datum ist wenig wahrscheinlich, zumal die neuere Chronologie beträchtlich unter den früher angenommenen Daten liegt. Die nächste Sothisperiode, 2781/2776, käme schon eher in Frage (Alexander Scharff). Möglich wäre aber auch erst 1321/1318 v. Chr., die Ära des Menophris. Geht man jedoch von der Nilschwelle aus, so müßte auch ihre Beobachtung innerhalb von wenigen Jahren zu einem bürgerlichen Jahr von 365 oder 366 Tagen führen. Ob in der frühen Zeit Sternbeobachtungen über den Aufgang des Sirius angestellt worden sind, ist nicht sicher. Es bliebe dann allein die Rechnung nach den Niljahren übrig.[1]

Doch die europäische Zivilisation verdankt den alten Ägyptern noch mehr. Vor allem auf dem Gebiet der Kunst haben sie Großes geleistet. So ist die Entwicklung der Plastik der menschlichen Figur ohne die Leistungen der Ägypter nicht denkbar, und die intimen Szenen von El-Amarna sind lange Zeit ohne Gegenbilder geblieben. Hohe Anerkennung verdienen auch die Leistungen auf dem Gebiet des Kunstgewerbes. Die großen Tempelbauten in Theben sind geradezu Muster einer Architektur, die Großzügigkeit mit der Liebe zum einzelnen verbindet. Erst in der Ramessidenzeit ist ein Nachlassen der Schöpferkraft zu verspüren. Die Grabmalereien in den Totentempeln der Pyramiden geben ein einzigartiges Bild vom Leben und Treiben der Ägypter, die Szenen aus dem Alltag sind von unübertrefflicher Anschaulichkeit. Mit großer Kunst wird die Liebe der Ägypter zu den Haustieren dargestellt. Ein Glanzstück der Architektur ist die Entwicklung des Pyramidenbaus von einfachen Formen bis hin zur Cheopspyramide. Dabei wurden Probleme bewältigt, die das Staunen moderner Fachleute hervorrufen, und dies alles mit einfachen Mitteln, wenn

1 Hermann Bengtson, Einführung in die Alte Geschichte, 9. Aufl. (1989), S. 24ff.

auch unter Mithilfe von Tausenden von Arbeitern, deren Tätigkeit von hervorragenden Architekten gelenkt wurde.

Ohne ihre Beziehungen zu den Göttern sind die Menschen des alten Ägypten nicht denkbar. In der ägyptischen Religion wurde früher eine Anhäufung wüsten Aberglaubens gesehen, doch ist in unserem Jahrhundert das Verständnis für die ägyptische Götterwelt gewachsen. Die Zahl der Göttergestalten geht in die Hunderte. Alle existieren nebeneinander, unter ihnen zahlreiche Lokalgottheiten, doch kristallisieren sich allmählich einige bedeutende Göttergestalten heraus, die allgemeine Anerkennung gefunden haben. Zu ihnen gehören Amon von Theben, Ptah von Memphis, Horus von Edfu, Aton von Heliopolis und manche anderen. Nicht wenige Götter wurden in Tiergestalten verehrt. Bestrebungen, den Monotheismus einzuführen, sind nur vorübergehend erfolgreich gewesen, der Versuch des Königs Amenophis IV. ist singulär, er ist nicht wiederholt worden. Die Könige haben sich das Wohlwollen der Götter durch reiche Stiftungen erkauft, in der Ramessidenzeit erreichen diese ihren Höhepunkt. So hat der Gott Amon von Theben über nicht weniger als 80000 Hörige verfügt, die Theokratie von Theben ist dadurch zu einem Staat im Staate geworden. Von persönlicher Frömmigkeit ist kaum noch die Rede, doch war der Glaube an ein Jenseits weit verbreitet, und es gehörte zu den wichtigsten Pflichten der Ägypter, sich um die Gräber der Vorfahren zu kümmern. Überall zeigt sich bei den Ägyptern ein ausgesprochener Konservatismus; sie versuchen zu bewahren, was sie von den Vorvätern übernommen haben. Trotz der politischen Veränderungen haben die Ägypter in ihrer Eigenart das ganze Altertum überlebt. Das Volk ist sich immer treu geblieben, auswärtige Einflüsse haben es nur wenig verändert. Dies gilt auch für die Zeiten der Fremdherrschaft, die das Land im Laufe seiner langen Geschichte erfahren hat.

3. Kapitel
Mesopotamien

Erst seit der Entzifferung der Keilschrift läßt sich eine Geschichte Babyloniens und Assyriens schreiben. Sie ist dem Gymnasiallehrer Georg Friedrich Grotefend in Göttingen zu verdanken, der im Jahre 1802 die Keilinschriften der Achämeniden entziffert hat. Doch erst in der Mitte des 19. Jahrhunderts war die Entzifferung soweit vorgedrungen, daß die babylonischen und assyrischen Inschriften verstanden und ihre Angaben historisch verwertet werden konnten. Es sind die Forscher Henry Creswick Rawlinson, Edward Hincks, Jules Oppert und Fox Talbot gewesen, denen es im Jahre 1857, unabhängig voneinander, gelungen ist, eine Inschrift in babylonischer Keilschrift im wesentlichen richtig zu verstehen. In der Folgezeit haben sich die von ihnen geschaffenen Grundlagen als zutreffend erwiesen.

Von epochaler Bedeutung waren die Ausgrabungen, die seit 1842 in Mesopotamien, im alten Ninive (Kujundschik), von Paul Emile Botta, und dann, und zwar mit sehr viel größerem Erfolg, von H. C. Rawlinson und Henry Austin Layard durchgeführt worden sind. Ihnen sind bis zum heutigen Tag zahlreiche andere Forscher nachgefolgt. Von den Deutschen hat Robert Koldewey seit 1899 in Babylon gegraben, seit 1903 begannen die Arbeiten in Assur, seit 1912/13 in Uruk-Warka, die von 1925 bis 1932 und seit 1954 fortgeführt worden sind. Die bei diesen Grabungen aufgefundenen Inschriften sind eine wertvolle Quelle der altmesopotamischen Geschichte.

In Mesopotamien hat sich der Übergang von der Frühgeschichte zur historischen Zeit um 3000 v. Chr. vollzogen. Die Anfänge der altmesopotamischen Hochkultur zeigen sich in den Rollsiegeln. Dazu kommt die Entstehung der sumerischen Keilschrift; sie war für die Tempelwirtschaft bestimmt. Es gab eine große Zahl von Stadtstaaten, von denen hier Ur, Uruk, Nippur, Eridu genannt seien. Die Frage, ob die Bevölkerung einheimisch oder eingewandert war, muß vorerst offenbleiben. Die frühesten Schriftdenkmäler Mesopotamiens sind die sogenannten Piktographen. Sie stellen in vereinfachter Form Gegenstände und Symbole dar, doch sind sie noch nicht entziffert. Den Piktographen folgen Aufzeichnungen der Sumerer in Keilschrift, und zwar in einer Sprache, die weder zur indogermanischen noch zur semitischen Sprachfamilie gehört. Man nennt die Sprache agglutinierend, d. h., die Wörter sind unverändert nebeneinander gestellt, Deklination und Konjugation gibt es nicht, wie im Finnisch-Ugrischen und im Baskischen, zu denen aber keine Verbindung besteht.[1]

Seit etwa 2700 v. Chr. schreibt man im Zweistromland die Keilschrift. Sie ist aus den Piktographen hervorgegangen. Diese wurden ursprünglich von oben nach unten geschrieben, und zwar linksläufig. Später wurden die Zeichen waagerecht geschrieben und rechtsläufig. Dabei wurden die Zeichen um 90° gedreht. Es gibt Ideogramme, Phonogramme und Determinative. Die klassische Keilschrift ist eine Silbenschrift, die Vokale werden, anders als bei den Hieroglyphen, mitgeschrieben. Die Schwierigkeit beim Lesen besteht darin, daß manche Zeichen mehrere Werte haben, die richtigen müssen jeweils aus dem Zusammenhang erschlossen werden. Die Determinative stehen, wie im Ägyptischen, meist vor dem Wort. Ihre klassische Ausprägung hat die Keilschrift in neuassyrischer Zeit, im 7. Jahrhundert v. Chr., erfahren. Von den verschiedenen Keilschriftsystemen seien hier das sumerische, babylonische, assyrische, elamische, altpersische und das ugaritische genannt. Von diesen hat die babylonische Keilschrift eine weite Verbreitung in Vorderasien erfahren. Nicht wenige Urkunden in babylonischer Keilschrift haben sich im Archiv zu Boghazköi, dem alten Chattušaš, der Hauptstadt des Hethiterreiches, gefunden.

Babylonien ist ebenso wie das alte Ägypten ein Geschenk der großen Ströme, des Euphrat und des Tigris. Im Altertum mündeten sie getrennt voneinander in den Persischen Golf, während sie jetzt in einem Mündungsstrom, dem Schatt-el-Arab, vereinigt sind. Anders als Ägypten ist Mesopotamien durch die Einwanderung fremder Völker geprägt, die sich mit der Vorbevölkerung vermischten.

Gegenüber dem Altertum hat sich das Bild der Landschaft im Mündungsgebiet der großen Ströme verändert. Die Küstenlinie lag etwa 100 Kilometer weiter nördlich. Es existierte ein ausge-

1 Abbildungen im Katalog »Die Welt des Alten Orients« (Grotefend Festschrift), Göttingen 1975, S. 148f.

dehntes Haff, das Bitterfluß oder auch Meer von Chaldäa genannt wurde. Wie in Ägypten war die Bewässerung der Felder von lebenswichtiger Bedeutung; es gab zahlreiche Kanäle, von denen der parallel zum Euphrat verlaufende Pallakottaskanal der wichtigste war. Der südliche Teil des Zweistromlandes, Babylonien, umfaßte etwa 30000 Quadratkilometer anbaufähigen Bodens, d.h. etwa ebensoviel wie Ägypten. Der Norden Babyloniens hieß Akkad, der Süden Sumer (biblisch Sinear). Wenn sich auch zahlreiche Ortschaften nicht mehr lokalisieren lassen, so ist doch die große Zahl der Ortsnamen sehr eindrucksvoll. Unter dem König Sanherib, am Ende des 8. Jahrhunderts v. Chr., waren es nicht weniger als achtundachtzig befestigte Städte und achthundertzwanzig Flecken. Zwischen dem Norden und dem Süden des Zweistromlandes gab es große Klimaunterschiede. Assyrien, den Norden, prägt ein rauhes, im Winter sehr kaltes Klima, den Süden, Babylonien, dagegen heiße Sommer und milde Winter. Die ursprüngliche Hauptstadt des Nordens, Assur, lag am Westufer des Tigris und am Rand der Steppe, die Stadt Ninive am Ostufer des gleichen Flusses. Im Süden sind von den Städten vor allem Ur in Chaldäa, Uruk, weiter nördlich Isin, Schuruppak, Sippar, Borsippa und Babel von Bedeutung. Seit dem König Hammurapi ist Babel die Hauptstadt des Landes. In unseren Tagen haben die Ausgrabungen die Stadt Mari am Westufer des mittleren Euphrat freigelegt, und nördlich davon Dura-Europos, eine Gründung des Diadochen Seleukos I.

Mesopotamien ist der Schauplatz der Geschichte verschiedener Völker, im Süden der Sumerer und Babylonier, im Norden der Assyrer. Die Bedeutung der Völker reicht weit über Mesopotamien hinaus. Zur Frühgeschichte gehören die Perioden Uruk IV mit ihrer Tempelkultur, die Djemdet-Nasr-Zeit (der Ort liegt nordöstlich von Babylon, westlich vom Tigris) und die Mesilim-Zeit, die ihren Namen nach einem König von Kisch trägt. Aus dieser Periode stammt der riesige Mauerring von Uruk: Er ist nahezu zehn Kilometer lang und mit nicht weniger als neunhundert Türmen bewehrt. Die Mauer galt in der Sage als ein Werk des mythischen Helden Gilgamesch.

Zu der I. Dynastie von Ur (seit etwa 2500) gehört der König Urŭinimgina von Lagasch, der als ein großer Gesetzgeber in die Geschichte eingegangen ist. Mit seinem wahrhaft sozialen Empfinden hat er sich der Witwen und Waisen angenommen. Sein großer Gegner war der König Lugalzaggisi von Umma, ein Eroberer, der erste König des gesamten Babylonien. Mit ihm hatte sich das Sumerertum zum letztenmal in Babylonien politisch durchgesetzt. Um das Jahr 2350 kamen mit Sargon I. von Akkad die Semiten in die Führungsposition. Er eroberte sogar die Landschaft Elam. In der Geschichte Mesopotamiens lebt er als Welteroberer fort und führt den Titel »König der vier Weltteile«. Seine Zeit und die seiner Dynastie ist die Heldenzeit von Akkad. Es waren elf Könige; ihre Herrschaft endete um 2150 v. Chr. Darauf folgte eine Invasion der Gutäer, eines Fremdvolks aus Luristan. Sie herrschten ungefähr ein Jahrhundert in Mesopotamien (2150–2050). Den Gutäern folgte die Ur III-Zeit, auch diese dauerte ungefähr ein Jahrhundert. In ihr vollzieht sich eine Wiedergeburt des Sumerertums, wobei der Schwerpunkt im Inneren liegt. Die III. Dynastie nahm ein gewaltsames Ende durch die Elamiter. Der letzte Herrscher der III. Dynastie von Ur, Ibbi-sin, wurde von den Elamitern um 1950 verschleppt, und damit war die Zeit der Sumerer beendet.

Mit der III. Dynastie von Ur gleichzeitig regierte der König Gudea von Lagasch. Er war ein Friedensfürst, ein Wohltäter des Tempels Eninnu von Lagasch.

Nach dem Untergang der III. Dynastie von Ur beginnt in Mesopotamien das Zeitalter der Fremdherrschaft der Elamiter in Larsa und der Westsemiten, die ihr Zentrum in Mari am Euphrat gründen. Sie haben aber auch in ganz Mesopotamien die Herrschaft übernommen. Das semitische Element wurde durch sie beträchtlich verstärkt. Auch ihre Götter haben sie mitgebracht, unter ihnen Dagan. Seit ungefähr 1830 regierte in Babel eine westsemitische Dynastie, die auch ›ostkanaanäisch‹ genannt wird. Dies ist die I. Dynastie von Babel. Der bedeutendste König ist der sechste in der Reihe mit Namen Hammurapi. Er hat von 1728 bis 1686 regiert (die noch in unserer Zeit für ihn angegebenen wesentlich höheren Regierungsjahre sind schwerlich zutreffend). Auch in Assyrien regte sich neues Leben, es ist dies die Zeit des altassyrischen Reiches. In den Beginn des 2. Jahrtausends v. Chr. gehören die altassyrischen Handelskolonien von Kültepe in Kappadokien. Hier sind zahlreiche Keilschrifttafeln gefunden worden. Die assyrischen Kaufleute wohnten außerhalb der Stadtmauern, von der kleinasiatischen Bevölkerung lebten sie getrennt.

Die Regierung Hammurapis bezeichnet ein neues Zeitalter der altmesopotamischen Geschichte. Hammurapi ist im Kampf mit den Elamitern emporgekommen. Vorherrschend waren die Westsemiten, sie lebten in dem Raum von Syrien bis in die Länder östlich des Tigris. Seinen Gegnern, insbesondere dem Rimsin von Larsa und dem Šamši-Adad I. von Assyrien, erwies sich Hammurapi als überlegen. Vorübergehend war Hammurapi das ganze Zweistromland untertan, im Westen bis nach Mari. Der König fühlte sich als Beauftragter des Sonnengottes Šamaš, als ›Hirte der schwarzköpfigen Menschen‹. Sein höchster Ruhm war es, den sozial Schwachen und Entrechteten zur Seite zu stehen. Ihm ist der Ausgleich zwischen den Sumerern und Semiten gelungen. Das Sumerische blieb als Sprache des Kultus erhalten, doch pflegte man den sumerischen Inschriften eine Übersetzung in Akkadisch beizugeben. Offenbar wurde das Sumerische in dieser Zeit nicht mehr allgemein verstanden. Der berühmte Codex Hammurapi ist akkadisch abgefaßt. Es beginnt eine grammatikalische und lexikographische Literatur zu entstehen; sie hat, wenigstens zum Teil, dem Verständnis des Sumerischen gedient. Hammurapi hat seine Aufgaben als Herrscher sehr ernst genommen. Ein Beweis dafür ist sein Brief an Siniddinam, den Statthalter von Larsa. Bruno Meißner hat den König wegen seiner Fürsorge um die Untertanen mit dem »Alten Fritz« verglichen. Ein bleibendes Denkmal des Herrschers ist der Codex Hammurapi (die Bezeichnung stammt von dem französischen Gelehrten Scheil, der die Inschrift in Susa wiedergefunden hat, wohin sie die Elamiter verschleppt hatten). Im Hinblick auf die Kultur der Hammurapi-Zeit ist der Codex von unschätzbarer Bedeutung.

Der Gesetzescodex Hammurapis ist nicht die erste Gesetzessammlung des alten Zweistromlandes. Das älteste Gesetzbuch ist vielmehr die Sammlung des Urnammu von Ur (um 2050), es folgen um 1930 die Gesetze des Ešnunna und die des Lipit-Ištar von Isin (um 1870). Die Anordnung der Gesetze bei Hammurapi ist nicht juristisch-systematisch, sondern praxisbezogen. Das Gesetzbuch beginnt mit Verdächtigungen wegen Mord und Zauberei, es folgen Strafen für falsche Zeugen und ungerechte Richter. Kulturhistorisch interessant sind das Recht der Grundbesitzer sowie die Bestimmungen über den allgemeinen Geschäftsverkehr. Daraus geht hervor, daß 20% Zinsen üblich waren, für Saatdarlehen mußten sogar 33% gezahlt werden, aber dazu muß man wissen, daß gute Ernten einen dreißig- bis vierzigfachen Ertrag bringen konnten. Natürlich gab es auch wie im griechischen und römischen Recht die Schuldhaft. Auch die Schankwirtin ist nicht vergessen. Dies deutet darauf hin, daß die Wirtsstuben Brutstätten von Unmoral und Kriminalität gewesen sind. Die Ehe ist ein Kaufgeschäft; das entscheidende Wort stand den Eltern zu, die Frau brachte die Mitgift ein. Schwere Strafen standen auf Ehebruch, die Frau und der Ehebrecher wurden mit dem Tod bestraft, es sei denn, daß der Ehemann sie straflos ausgehen ließ. Adoptionen waren häufig, man brauchte Kinder nicht nur für die Arbeit, sondern auch für die Totenopfer. Wichtig ist das Prinzip der Talion nach dem Grundsatz »Auge um Auge, Zahn um Zahn«. Die volle Talion trat jedoch nur bei einer Schädigung eines Patriziers ein. Mit Verbrechern verfuhr man rücksichtslos, man warf sie in den Fluß oder vom Stadtturm herab, sie wurden verbrannt oder geköpft, manche auch verscharrt. Hammurapi war für die Abschreckung, wie dies im Alten Orient üblich war. Zwischen seinem Gesetzbuch und dem Alten Testament existieren Ähnlichkeiten. Hiervon nur ein einziger Fall: Wer einen Einbrecher in flagranti ertappt, darf ihn auf der Stelle töten (II. Mos. 22,1). Doch gibt es auch einen wesentlichen Unterschied: Das mosaische Gesetz hat religiösen Charakter mit starker Betonung des Ethischen, der Codex Hammurapi ist dagegen rein juristisch.

Auch aus Assur ist ein Gesetzbuch überliefert. Es stammt aus der altassyrischen Zeit, obwohl es gelegentlich als »mittelassyrisch« bezeichnet worden ist. Man hat es ein Handbuch für Richter genannt. Die Einteilung ist schematisch, je nachdem, ob es sich um einen Mann oder um eine Frau handelt. Als Strafen sind barbarische Verstümmelungen und Stockhiebe üblich. Auch hier steht die Abschreckung im Vordergrund.

Nach Hammurapis Tod brach das babylonische Reich rasch zusammen. Von Osten her sickerten die Kassiten ins Stromland ein, die Einheit des Landes wurde gesprengt; die I. Dynastie von Babel ging mit dem König Šamšuditana im Jahre 1531 zu Ende. Die Hethiter unter Muršiliš I. fielen in Babylonien ein, plünderten das Land und führten eine gewaltige Beute mit sich fort.

Seit 1800 erscheinen churrische Namen in Mesopotamien. Die Churrier, auch Hurriter genannt, kommen aus dem Bergland Armeniens. Mittelpunkte der churrischen Zivilisation sind die Orte Nuzi im Osttigrisland, Tell Halaf, Karkemisch, Qatna, Sendschirli, Marqasi und andere. Ein kompaktes churrisches Reich hat aber nicht existiert, doch hat es Forscher gegeben, die annahmen, daß die Churrier zwischen 1800 und 1500 die Hegemonie in Vorderasien innegehabt hätten.

Eine Hinterlassenschaft der Kassiten in Babylonien sind die Kudurrus, Grenzsteine für Lehen, welche der König vergeben hat.

Sie dekretieren die Steuerfreiheit der Grundstücke. Die Folge war eine Aufsplitterung des Grundbesitzes, doch ist diese Entwicklung durchaus unerwünscht gewesen. Die Herrschaft der Kassiten hat wohl ungefähr vierhundert Jahre gedauert. Wenn die Überlieferung sogar 570 Jahre nennt, so ist dies so zu erklären, daß die ersten Kassitenkönige neben den letzten Herrschern der ersten Dynastie von Babel regiert haben. Die Kassiten haben in Babylonien die Datierung nach den Königsjahren eingeführt. Sie standen in Verbindung mit Ägypten – im Archiv von El-Amarna haben sich Briefe von Kassitenkönigen gefunden.

Im 15. und 14. Jahrhundert v. Chr. existierte in Nordmesopotamien das Mitannireich, um 1450 erreichte es seinen Höhepunkt. Der König Šauššatar regierte vom Osttigrisland bis nach Syrien, bis in die Gegend von Aleppo. Das führende Volk waren die Churrier. Die Hethiter haben das Mitannireich unterworfen, es wurde in die Zahl der hethitischen Vasallenstaaten eingereiht. Dies geschah um 1370, als der Großkönig Šubbiluljuma in Kleinasien herrschte. Etwa zur gleichen Zeit regierte in Assur der König Assuruballit (1363–1328). Er konnte seine Herrschaft auch in Babylonien zur Geltung bringen. Ungefähr einhundert Jahre später, unter Tukulti-Ninurta (1243–1207), hatte sich Assur die Gleichberechtigung unter den Reichen Vorderasiens errungen. Aus dieser Zeit stammt das Rechtsbuch (s. S. 35). Von Anfang an haben die Assyrer Zwangsmethoden angewandt, um die unterworfenen Völker zu beherrschen. Dabei ist das System der Deportationen an erster Stelle. Die assyrische Zivilisation stand unter dem bestimmenden Einfluß der babylonischen Kultur, die ihr überlegen war. Auch auf dem Gebiet der Religion haben die Assyrer manches von den Babyloniern übernommen. Träger der weitausgreifenden Außenpolitik war der assyrische Landadel. Dieser stellte die Wagenkämpfer, die den Kern des Heeres bildeten. Vielleicht haben die Assyrer manches von dem Reich Mitanni übernommen, vor allem in der Organisation des Lehnswesens.

Um 1200 v. Chr. hat die Große Wanderung im östlichen Mittelmeerraum neue Verhältnisse geschaffen. Das Hethiterreich ist untergegangen. Seit etwa 1150 dringen die Kašker und Mušker in das nördliche Zweistromland ein. Auch gegen die Aramäer sind die Assyrer zu Felde gezogen. Die aramäische Völkerwelle drohte Nordsyrien, aber auch Mesopotamien zu überfluten. Seit dem Jahr 1100 v. Chr. datiert der Aufstieg der Phönikerstädte Tyrus und Sidon. Hier wohnte eine kanaanäische Bevölkerung. Ungefähr gleichzeitig regiert der König Tiglatpilesar I. in Assyrien (1112–1074). Von ihm besitzen wir die Prismeninschriften aus dem Tempel des Anu und Adad, Urkunden, die im vorigen Jahrhundert von vier verschiedenen Forschern im wesentlichen übereinstimmend übersetzt worden sind (s. S. 30).

Der Name Tiglatpilesar bezeichnet eine bedeutende Ausdehnung des Assyrerreiches; an allen Grenzen hat der König seine Waffen siegreich vorgetragen, er ist sogar bis an Jen Van-See gelangt. Die Idee der Weltherrschaft Assurs ist von ihm wenigstens in den Anfängen in die Wirklichkeit umgesetzt worden. Aber die völkischen Veränderungen, vor allem die Ausbreitung der Aramäer, haben der assyrischen Expansion Grenzen gesetzt. Die große Zeit Assurs fällt erst ins 9. Jahrhundert v. Chr. Es sind die Könige Assurnasirpal II. (883–859) und Salmanassar III. (858–824) gewesen, die mit ungeheurer Rücksichtslosigkeit das Gebiet Assurs erweitert haben. Sie betrachteten sich als Beauftragte des Reichsgottes Assur. Unter Assurnasirpal II. verlegte man die Hauptstadt von Assur nach Kalach (Nimrud). Zur Einweihung des königlichen Palastes wurde ein riesiges Fest gegeben. Nicht weniger als 5000 Gäste waren zusammen mit 65000 Assyrern anwesend; sie alle wurden vierzig Tage lang vom König bewirtet.

Salmanassar III. ist bis zum Mittelmeer vorgedrungen. In der Nähe von Beirut, am Fluß Nahr-el-Kelb, hat er sein Bildnis in den Felsen hauen lassen. Zu seinen Vasallenstaaten gehörte auch Israel, dessen Tribut er von König Jehu entgegennahm. Nicht ganz so glücklich war er im Kampf gegen Urartu (Armenien). Hier setzte der König Sardur I. der assyrischen Expansion Grenzen. Nachfolger Salmanassars III. war Šamši-Adad V., er war mit der Babylonierin Šammuramat verheiratet. Daß diese Frau als Regentin für ihren Sohn Adad-Nirari III. hervorgetreten wäre, hat sich als irrig erwiesen.[2] Unter diesem König ist es zum erstenmal zu einem Zusammenstoß mit den Medern (Madai) gekommen.

Mit der Thronbesteigung Tiglatpilesars III. (745–727) beginnt ein neues Zeitalter. Tiglatpilesar führte Jahr für Jahr Krieg und herrschte seit 729 auch über Babylonien. Deportationen hat er vorgenommen, um, wie er sich ausdrückte, die Völker *eines* Mundes zu machen. Nach einer kurzen Herrschaft Salmanassars V. (726–722) kam mit Sargon II. (721–705) wieder ein großer Krieger auf den Thron. Er eroberte Samaria, seine Bewohner ließ er

2 W. Schramm, Historia 21 (1972), S. 513 ff.

nach Assyrien und Medien in die Fremde führen. Mit der Eroberung der Stadt Karkemisch (717) konnte er eine wichtige Schlüsselstellung am Euphrat gewinnen. Am härtesten aber waren die Kriege, die er gegen Urartu geführt hat. Berühmt ist der Bericht Sargons II. über seinen 8. Feldzug (714), den der Großschreiber des Reiches verfaßt hat. Im Jahre 712 wurde aus Asdod ein griechischer Abenteurer vertrieben, in den assyrischen Quellen wird er Iamani, d.h. der Ioner, genannt. Sargon II. erbaute eine neue Hauptstadt mit Namen Dur-Šarrukin, nordöstlich von Ninive. Sein Nachfolger, Sanherib (704–681), war eine problematische Persönlichkeit. Er war feindlich gegen die Babylonier eingestellt, im Jahre 689 wurde Babylon erobert, dabei wurden große Zerstörungen angerichtet, unter den Einwohnern gab es viele Tote. Sargon II., ein typischer Eroberer, fand durch seine Söhne in Ninive ein jähes Ende. Sein Nachfolger war Asarhaddon (680–669), der den Thron seiner Mutter verdankte. Nachdem der erste Versuch im Jahre 673 mißglückt war, eroberte er 671 Ägypten. Dies war der Höhepunkt der assyrischen Expansion. Doch die Wetterseite des Reiches lag im Nordosten. Hier lebten die Kimmerier, die Asarhaddon im Bunde mit den Skythen (Iškuzai) bekämpfte.

Asarhaddon verstarb im Jahre 669 in Ägypten. An seine Stelle trat Assurbanipal, während dessen älterer Bruder Šamaššumukin König von Babel wurde. Assurbanipal liebte die Werke des Friedens, doch sind ihm Kriege nicht erspart geblieben. In den Jahren von 652 bis 648 kam es zwischen den Brüdern zu einem Streit; er endete mit einer Niederlage des Šamaššumukin, der sich in die Flammen seines Palastes in Babylon stürzte. Šamaššumukin hatte sich mit dem König Gyges von Lydien, Psammetich III. von Ägypten und einigen syrischen Stadtfürsten verbündet, doch erwies sich Assurbanipal den Gegnern überlegen. Er hat nicht nur Elam erobert, zu seinen Vasallen gehörte auch der Perser Kyros I. von Anschan. Für seinen persönlichen Gebrauch hat sich Assurbanipal in Ninive eine große Keilschriftbibliothek zusammenstellen lassen. Sie enthielt alles, was die babylonische Literatur zu bieten hatte. Sie reicht von einer Sammlung der Omina, der Beschwörungsliteratur, der Poesie und der Philologie bis zur Medizin und Astrologie. Dieser Bibliothek – sie wurde in Kujundschik, dem alten Ninive gefunden – verdankt das Abendland im wesentlichen seine Kenntnis der babylonisch-assyrischen Literatur. Sie gehört heute zu den Schätzen des Britischen Museums zu London. In der antiken Literatur lebt dagegen Assurbanipal als der Schwelger-König fort, eine durchaus irrige Vorstellung.

Nach dem Tod Assurbanipals machte sich Babylonien unter Nabopolassar selbständig (626). Die Tage Assurs waren gezählt, das Reich ist der Koalition der Meder und der Neubabylonier erlegen. Neuere Veröffentlichungen von Keilschrifttafeln[3] gestatten es, den Endkampf der Assyrer zu verfolgen. Im Jahre 614 fiel Assur in die Hand der Meder, im Jahre 612 wurde Ninive durch die vereinte Heeresmacht der Meder und Neubabylonier (Chaldäer) erobert. Der letzte König Assurs kam dabei ums Leben. Auch Charran, wo ein Mann namens Assuruballit herrschte, ging im Jahre 610 (oder spätestens 609) zugrunde. Das Assyrerreich mit seiner jahrhundertelangen Schreckensherrschaft gehörte der Vergangenheit an. Die unterdrückten Völker brachen in Jubel aus, sie hofften auf eine bessere Zukunft.

Heinrich Nissen hat die Assyrer ein »unsäglich scheußliches Volk« genannt. Er hatte nicht einmal unrecht. Doch sollte man nicht übersehen, daß es den Assyrern gelungen ist, den auseinanderstrebenden Kräften des Alten Orients ihren Willen aufzuzwingen und sie zu einem geballten Einsatz zu bringen. Lange Zeit hatte es gedauert, bis die Assyrer Gegner gefunden hatten, die ihnen nicht nur gewachsen, sondern sogar überlegen waren. Eine hohe militärische und administrative Begabung ist bei der assyrischen Führungsschicht unverkennbar, doch waren sie in ihren Mitteln nicht wählerisch. Erst spät hat sie die Rache der Geschichte ereilt, das Rad der Zeit ist über sie hinweggegangen, sie verschwanden spurlos von der Landkarte und sind nie wieder auferstanden.

Die Herrschaft der Neubabylonier, auch Chaldäer genannt, dauerte insgesamt 87 Jahre, von 626 bis 539. Die überragende Figur unter ihren Königen war Nebukadnezar (Nabu-kudurri-usur); er regierte von 605 bis 562. Sein Vater war Nabupolassar. Mehrfach ist er mit seinem Heer in Palästina erschienen. Im März 597 fiel Jerusalem; Jojakin, der König der Juden, wanderte in die babylonische Gefangenschaft. Nach einem Aufstand wurde Jerusalem 586 vollkommen zerstört, der König Zedekia geblendet und nach Babylonien verschleppt. Die Juden siedelte man in Nippur an. Nebukadnezar hat den Turm von Babel gebaut, den Herodot

3 D. J. Wiseman, Chronicles of the Chaldæan Kings (626–556 B. C.) in the British Museum, London 1956; dazu H. Bengtson, Historia 6 (1957), S. 499ff.

beschrieben hat. Der Turm – er hieß Etemenanki – hatte eine Grundfläche von 90 Quadratmetern, er war 90 Meter hoch. Er ist der Gegenstand vieler Erörterungen und Untersuchungen gewesen, seit dem Mittelalter. Auch die »hängenden Gärten« in Babylon sind ein Werk Nebukadnezars.

Der letzte König des neubabylonischen Reiches war Nabonid (556–539). Vielleicht war er ein Aramäer aus Charran. Acht Jahre lang lebte er in Teima, einer Oase in Arabien. Im übrigen war er in jeder Weise ein Freund der Priesterschaft; den Tempeln hat er große Stiftungen gemacht. Inzwischen hatten sich in Vorderasien bedeutende Veränderungen vollzogen. Der Perser Kyros I., der Große, hatte sich gegen seinen Lehnsherrn, den Mederkönig Astyages, erhoben (553); die Vorherrschaft ging von den Medern auf die Perser über. Kyros besiegte im Jahre 547 den Lyderkönig Kroisos bei Sardes in Kleinasien. Und im Jahre 539 schlug die Stunde dem Nabonid. Der Versuch des Kronprinzen Belsazar, den Vormarsch der Perser aufzuhalten, nützte nichts mehr. Am 12. Oktober betrat Gubaru (griechisch: Gobryas), der Feldherr Kyros' II., die Hauptstadt Babylon, am 29. Oktober hielt Kyros seinen Einzug in die alte Königsstadt, die ihm einen triumphalen Empfang bereitete. Das neubabylonische Reich wurde mit Persien in Personalunion verbunden. Damit mündet seine Geschichte in die des Achämenidenreichs ein, in der sie bis zur Eroberung durch Alexander d. Gr. verblieben ist.

Die babylonische Kultur ist eine einzigartige Erscheinung im alten Vorderasien. Die Babylonier waren ein hochbegabtes Volk. Ihre literarischen und juristischen Leistungen zeugen von hervorragender Phantasie und von scharfsinniger Anpassungsfähigkeit. Bemerkenswert ist auch die ausgeprägte soziale Gesinnung in der Gesetzgebung des Uruinimgina und des Gudea. Die babylonische Kultur weist einen ausgeprägten urbanen Charakter auf. Eine besondere Stellung kam der Priesterschaft zu, vom Anfang der babylonischen Geschichte an bis hin zur Seleukidenzeit. Einzigartig sind die babylonischen Mythen und Sagen. So findet der Mythos von Gilgamesch, der in mehreren Versionen vorliegt, im ganzen Orient kein vergleichbares Gegenbild. Er läßt einen Blick in die Vorstellung der Babylonier von der Unterwelt werfen.

Der babylonische König gilt als Stellvertreter des Gottes auf Erden und ist mit überirdischen Kräften ausgestattet. Manche Herrscher sind sogar apotheosiert worden, d. h., sie wurden schon zu

Lebzeiten in die Schar der Götter aufgenommen. Eine allgemeine Linie ist jedoch nicht zu erkennen.[4] In Babylonien zählte man die Jahre nach den Regierungsjahren der Könige. Dabei wurde die Zeit von der Thronbesteigung bis zum 1. Nisan (April) als »Kopf des Königtums«, als Anfangsjahr (šanat reš šarruti) bezeichnet. Am 1. Nisan mußte der König die Hände der Statue des Bel-Marduk ergreifen, dadurch war er als König legitimiert.

Die assyrischen Könige waren vielfach große Krieger, fast alle waren auch große Jäger. Assurbanipal rühmt sich, 30 Elefanten, mehr als 250 Wildstiere und 370 Löwen erlegt zu haben. Eine hervorragende Rolle spielte bei den Assyrerkönigen der Harem. Es gibt eine Anzahl von Haremserlassen, welche die assyrischen Könige im 2. Jahrtausend v. Chr. herausgegeben haben.[5] Neben der Königin hatte der Herrscher zahlreiche Nebenfrauen, sog. Palastfrauen. Für den Harem existierte ein großes Personal bereits in der Zeit zwischen 1360 und 1074.

Das Heer der Assyrer war gefürchtet und allen Gegnern überlegen, bis sich die Neubabylonier und Meder miteinander verbündeten und das assyrische Reich zu Boden warfen. Neben der Miliz gab es ein stehendes Heer, es hieß der »Knoten des Königtums« (qiṣir šarruti). Die wichtigste schlachtenentscheidende Waffengattung waren die Wagenkämpfer, außerdem gab es die Reiterei, das Fußvolk und die Pioniere. Für sie war kein Berg zu hoch und kein Strom zu breit. Die Flüsse wurden mit Fähren überwunden, wofür man ausgestopfte Hammelhäute verwendete. Die Assyrer errichteten auf ihren Feldzügen Standlager, die durch Mauern und Türme gesichert wurden und wie die Vorläufer der römischen Legionslager erscheinen. Die Assyrer waren es gewohnt, mit großen Heeren zu operieren. So hat Salmanassar III. ein Heer von 120 000 Mann gegen den König von Damaskus und dessen Bundesgenossen ins Feld geführt. Die Kriegsbeute bestand hauptsächlich aus Vieh und Sklaven. So hat Sanherib auf seinem 1. babylonischen Feldzug mehr als 200 000 Gefangene, über 7000 Pferde und Maultiere, mehr als 11 000 Esel, 5000 Kamele, 80 000 Rinder und 800 000 Stück Kleinvieh eingebracht. Die Gefangenen hatten kein leichtes Los, man behandelte sie mit äußerster Roheit und Rücksichtslosigkeit, sie wurden verstümmelt, geköpft und verbrannt, besonders dann, wenn es sich um Rebellen handelte. Die Assyrer

4 Orientalia 1956, S. 426
5 E. F. Weidner, Archiv für Orientforschung 17 (1954–1956), S. 257 ff.

glaubten im Recht zu sein, weil sich der Aufstand gegen den Reichsgott Assur gerichtet hatte.

Die Wirtschaft Babyloniens war hauptsächlich eine Tempelwirtschaft. Den Tempeln hatten die Untertanen Frondienste zu leisten, insbesondere beim Mauerbau und bei den Kanalbauten. Außerdem mußten sie hohe Steuern zahlen, denn nur auf diese Weise war es möglich, Großbauten zu errichten. Babylonien war ein reiches Land, noch unter den Achämeniden hatten die Babylonier die höchsten Abgaben unter allen Satrapien zu leisten, und zwar 1000 Talente Silber, während die Ägypter nur 700 Talente aufzubringen hatten.

In der Verwaltung Assurs ist zwischen den Provinzen und den abhängigen Ländern zu unterscheiden. An der Spitze der Provinzen standen Statthalter (šaknu, bêl piḫati). Die Bevölkerung eroberter Gebiete wurde in entlegene Gegenden deportiert. Dieses System ist jahrhundertelang von den Assyrern mit Virtuosität angewandt worden. Immerhin gab es ein kodifiziertes Recht, doch waren die Strafen unmenschlich hart.

Im Leben der Bewohner Mesopotamiens spielten die Zauberei und die Magie eine große Rolle. In der Medizin und Astronomie ist die theoretische Grundlage nicht zu verkennen. Die babylonische Götterwelt hat wohl ihren Ausgang von den Hausgöttern und Stadtgöttern genommen. Am höchsten steht die Vierheit der Götter Anu, Enlil, Nintu und Ea. Neben ihr gibt es noch eine zweite Vierheit mit Sin, Šamaš, Adad und Ištar. Sin ist der Mondgott, sein Sohn Šamaš der Sonnengott, dem nichts verborgen bleibt. Seine Schwester Ištar ist die Göttin der Liebe, sie wurde mit vielen anderen Göttinnen gleichgesetzt und hatte einen hohen Rang im Pantheon inne. Unterhalb der Götter stehen die Heroen und Helden, von denen vor allem Gilgamesch zu nennen ist, sowie die Dämonen. Die bösen unter ihnen galten als Erreger von Seuchen und Krankheiten. Die Priester waren ein erblicher Stand, sie hatten hohe Einkünfte; unter schwachen Königen hatten sie einen bedeutenden Einfluß. In Assyrien haben die Könige darauf gesehen, daß die Priester und Tempel nicht zu mächtig wurden. Doch sind auch in Assyrien immer wieder Tempel mit Abgabenfreiheit und anderen Immunitäten beschenkt worden. Auch im Privatleben spielten die Priester als Beschwörer, Seher und Deuter der Zukunft eine wichtige Rolle. Zu den Tempeln gehörten die Hierodulen, über deren Treiben als Prostituierte Herodot (I 199) berichtet. Eine eigene Gruppe waren die Tempeloblaten (širku). Es sind dies Geweihte, die sich im Stand der Hörigkeit gegenüber den Göttern befinden.[6]

Eine bedeutende Rolle spielten in Babylonien die religiöse Literatur sowie zahlreiche Rituale und Mythen. Berühmt ist der Mythos von Ištars Höllenfahrt. Hier wird erzählt, wie Ištar und ihr Geliebter Tammuz der Unterwelt entrinnen. Das Gegenstück dazu ist Nergals Höllenfahrt, er ist vom Sonnengott zum Herrscher der Unterwelt geworden. Überhaupt ist die Frage nach der Unsterblichkeit in der babylonischen Literatur wiederholt erörtert worden. Berühmt ist das Gilgameschepos. Die wichtigste Rezension entstammt der Zeit Assurbanipals (sog. ninevitische Rezension), doch hat es auch andere Fassungen gegeben. Gilgamesch ist der frühgeschichtliche König von Uruk.[7] Im letzten Teil des Epos befindet er sich auf der Suche nach dem ewigen Leben; er begibt sich zu Ut-napischti, der ihm Ratschläge erteilt, aber diese sind, ebenso wie die Ratschläge des Enkidu, wenig tröstlich; der Leib zerfällt in Asche, die Seele lebt als Totendämon weiter. Wer in der Schlacht gefallen ist, wird in der Unterwelt von seinen Hinterbliebenen bedient und versorgt. Wer unbestattet ist, muß umherirren und die Speisereste der Straße essen. Mit diesem hoffnungslosen Ausblick schließt das Gilgameschepos.

Zu den Mythen kommen die Werke über Magie und Mantik. Berühmt ist die Pseudowissenschaft der Mantik. Sie ist in einem ausführlichen Werk, angeblich auf nicht weniger als 174 Tafeln, zusammengestellt. Die Beobachtung der Sonne, des Mondes und der Gestirne führte dazu, die Schicksale der Menschen zu deuten, doch ist dies wahrscheinlich erst in späterer Zeit, in der neubabylonischen Periode, geschehen. Große Bedeutung hatten atmosphärische Vorzeichen wie Sturm, Hagel und Regen, vor allem aber die Blitze. Sie wurden in der Regel auf den Wettergott Adad zurückgeführt. Gelegentlich finden sich auch Wetterprognosen wie diese: »Zeigt sich rötliches Gewölk am Himmel, so wird Regen kommen.« Hoch im Ansehen standen die Träume, sie waren in Traumbüchern verzeichnet. Zu den Vorzeichen gehörte die Leberschau. Ein Tonlebermodell aus Boghazköi ist erhalten, in Italien die »Bronzeleber von Piacenza«. Auch die Tagewählerei kommt aus

6 W. Otto, Beiträge zur Hierodulie im hellenistischen Ägypten, Abh. Bayer. Akad. d. Wiss. 1959, Nr. 19.

7 H. Schmökel, Das Gilgameschepos (1966); Reallex d. Assyr. III 5 (1968), Sp. 356 ff., s. v. Gilgamesch.

dem alten Babylonien. Da es aus religiösen Gründen untersagt war, Leichen zu obduzieren, wurde eine eingehende Kenntnis des menschlichen Körpers nicht erreicht, doch sind Ansätze zur Diagnostik nicht zu übersehen.[8] So führte man Gelbsucht auf eine Erkrankung der Leber zurück. In der Therapie spielt die Besprechung eine bedeutende Rolle.

Die Kenntnis der Keilschrift wurde in eigenen Schulen vermittelt. Der Lehrer hieß Meister (immânu), der Schüler wurde »Sohn des Tafelhauses« genannt. Man begann mit dem Kopieren von Listen, Wörtern, Personennamen und Götternamen, dann ging man zu Verbalformen und einfachen Sätzen über, bis zum Jahre 2000 in Sumerisch. Danach wurde der Unterricht zweisprachig, Sumerisch und Akkadisch; das erstere diente immer noch als Kultsprache. In der Schule wurde das gesamte Traditionsgut gelehrt, von den Sprichwörtern über die Hymnen und Kultlieder bis hin zu den Epen und Mythen. Die Schulen, in denen auch Mathematik und Musik gelehrt wurde, waren wichtige Brennpunkte des Geisteslebens. Es gab die Bogenharfe, die Leier, die Flöte und die Trommel. Die Bedeutung der babylonischen Schule kann nicht überschätzt werden, vor allem die Erhaltung des sumerischen Geistesguts wäre ohne sie nicht denkbar. In den Schulen wurde die Sprache bewußt gepflegt, auf genauen sprachlichen Ausdruck wurde besonders Wert gelegt, ganz im Gegensatz zu den hethitischen Texten, die des öfteren geradezu verwahrlost erscheinen.

In Babylonien datierte man nach festen Ereignissen, in Assyrien dagegen nach Eponymen, wobei gelegentlich historische Ereignisse hinzugefügt wurden. Im Gegensatz zu den babylonischen Königen, deren Inschriften mit der III. Dynastie von Ur praktisch aufhören, hatten die Assyrer ein größeres historisches Interesse. Historische Tatsachen wurden in der Form von Gottesbriefen aufgezeichnet. Ein Beispiel ist der Bericht Sargons II. über seinen 8. Feldzug gegen Urartu. Hier liegt sehr wahrscheinlich ein Kriegstagebuch zugrunde, sonst hätte man schwerlich die Beutezahlen und die Anzahl der Gefangenen exakt wiedergeben können. Außer den Gottesbriefen gibt es Annalen, Kriegsberichte und Prunkinschriften. Von diesen seien hier die Annalen Salmanassars III. erwähnt. Bemerkenswert sind die neubabylonischen (chal-

8 R. Labat, Traité akkadien de diagnostics et prognostics médicaux, 2 Bde., Leiden 1956; dazu E. F. Weidner, Bibliotheca Orientalis 1957, S. 40ff.

däischen) Chroniken, die der abendländischen Geschichtsschreibung noch am nächsten kommen.

Von ihnen handelt die Nabonid-Kyros-Chronik von der Eroberung Babylons durch die Perser im Jahre 539. Erwähnenswert ist auch die Synchronistische Geschichte. Sie stellt die Geschichte Babyloniens, Assyriens und Elams von Nabonassar bis Assurbanipal dar, mit Hervorhebung des babylonischen Standpunkts.

Die *Kunst* des Alten Zweistromlandes hat eine bedeutende sakrale Architektur aufzuweisen, darunter eine Anzahl von hohen Tempeltürmen, von denen der Turm Esagila in Babylon der bekannteste ist. An der Rekonstruktion dieses babylonischen Turms haben in unserer Zeit viele Bauforscher gearbeitet, unter ihnen Koldewey und Dombart, der hierin seine Lebensarbeit gesehen hat. Auch die Reliefplastik hatte einen hohen Rang, besonders die assyrischen Reliefs mit ihren Kriegs- und Jagdszenen sind Kabinettstücke. Die Darstellung von Menschen beginnt bereits in sumerischer Zeit, die Figuren sind mit ihrer absoluten Häßlichkeit wenig anziehend, doch geben sie wohl die Wirklichkeit genau wieder. Ein größerer Unterschied als der zwischen der sumerischen und der ägyptischen Plastik ist kaum denkbar. Mit den Rollsiegeln und ihren Abbildungen von Menschen und Tieren hat Mesopotamien etwas durchaus Eigenes geschaffen, vor allem die Fabelwesen verraten eine hohe Phantasie und ein bemerkenswertes Vorstellungsvermögen. Hervorragend waren die Leistungen der Babylonier und Assyrer im Städte- und im Festungsbau. Doch scheint es zeitweise zu wenig qualifizierte Baumeister und Architekten gegeben zu haben; die Klagen reißen unter Hammurapi und in der Korrespondenz von Mâri nicht ab.

Die Einteilung der Gesellschaft in Babylonien gleicht einer Pyramide. Ganz oben steht der König, neben ihm die Priesterschaft, unter ihnen das Volk. Es besteht aus Vollfreien, Halbfreien und Sklaven. Die Oberschicht der Vollfreien ist das Patriziat. Vergehen gegen die Patrizier werden schärfer geahndet als die gegen die anderen freien Bürger. Die Patrizier stellen im wesentlichen das Heer, die anderen verwandte man im Troß. Dies sind die muškenu, die vielleicht als Proletarier zu bezeichnen wären. Die Sklaven waren an ihren geschorenen Köpfen zu erkennen, sie trugen eine Sklavenmarke; ihre Flucht wurde mit der Todesstrafe bedroht. Doch werden die Besitzer diese nur in seltenen Fällen durchgeführt haben, um sich nicht ihres Eigentums zu berauben.

Die Sklaven durften ein eigenes Vermögen erwerben, die Sklavinnen waren oft die Nebenfrauen der Besitzer.

Die Frauen waren, anders als im griechischen Recht, geschäftsfähig. Sie wurden hoch geschätzt, wenn sie dem Ehemann viele Kinder brachten. Diese waren für die Arbeit und den Totenkult notwendig. Andererseits wurde die barbarische Sitte der Kindesaussetzung allgemein geübt, besonders, wenn es sich um unerwünschten Nachwuchs von Priesterinnen handelte.

Von den Ägyptern unterschieden sich die Babylonier vor allem durch ihre Anschauung vom Leben nach dem Tode. Während die Ägypter das Jenseits als ein verlängertes Diesseits betrachteten, erwarteten sich die Babylonier vom Jenseits nichts Gutes. Denn dort saßen die Schatten der Abgeschiedenen, wie die Vögel mit einem Flügelkleid umhüllt, in völliger Finsternis. Staub war ihre Nahrung, Lehm ihre Speise. Es war kein Wunder, wenn die Babylonier in einem langen Leben eine Belohnung der Götter sahen. Aus der Zeit der I. Dynastie von Ur, vielleicht auch noch aus einer etwas früheren Zeit (Nissen), stammen die Königsgräber. C. L. Woolley hat sie ausgegraben und veröffentlicht, insgesamt sechzehn an der Zahl.[9] Sie befanden sich in einem zehn Meter tiefen Schacht, der mit Erde bedeckt war. Darüber war ein Estrich aus Lehm gelegt, auf dem die Totenopfer dargebracht wurden. Durch ein Loch erhielten die Abgeschiedenen eine Trankspende. Die Leiche des Königs hat man in den Gräbern nicht gefunden; statt dessen war ein Silberboot vorhanden, in dem die Toten über den Totenfluß setzten. Gefunden wurden die Überreste der königlichen Gefolgsleute, Männer und Frauen, insgesamt nicht weniger als dreiundsechzig. Sie waren wohl alle eines freiwilligen Todes gestorben. Das Fehlen der Leiche des Königs ist wohl darauf zurückzuführen, daß sein Grab zur Auferstehung geöffnet worden war. Waren die Gefolgsleute mit dem König im Tode vereint, so fühlten sie sich vor dem Schrecken des Todes geborgen. Doch bleibt noch manches an den Königsgräbern rätselhaft. Hätte nicht die Mitbestattung des Gefolges dazu führen können, daß das irdische Leben seinen Wert verlor, wenn man in dieser Weise darauf verzichtete?

Die babylonische Zivilisation hat eine bedeutende Fernwirkung ausgestrahlt, nicht nur auf die Völker Vorderasiens, sondern auch auf die Griechen und Römer. Selbst in der Gegenwart finden sich Elemente der babylonischen Zivilisation wieder.

9 C. L. Woolley, Ur Excavations II. The Royal Cemetery (1934).

Zu den Großtaten der Wissenschaft ist die Erfindung der Keilschrift zu rechnen. Und der Codex Hammurapi ist ein Rechtsdenkmal von einsamer Größe, auch neben dem römischen Recht. Die Zeiten, in denen man zahlreiche Errungenschaften der abendländischen Kultur aus dem alten Babylonien ableitete, wie dies in dem Babel-Bibel-Streit unter Fr. Delitzsch, Jensen und anderen geschehen ist, werden nicht wiederkehren. Die Arbeit der Philologen und der Ausgräber hat zu einer differenzierten Betrachtung der Kultur des Zweistromlands geführt, und die Arbeit der Gelehrten unserer Tage hat diese Erkenntnis weiter vertieft.

4. Kapitel
Die Hethiter

Die Sprache der Hethiter ist erst in unserem Jahrhundert entziffert worden. Hugo Winckler hatte im Jahre 1906 in den Ruinen von Boghazköi, etwa 150 Kilometer östlich von Ankara, das Staatsarchiv der hethitischen Könige mit Tontafeln gefunden, beschrieben mit babylonischen Keilschriftzeichen. Die Sprache nannte man hethitisch. Die Entzifferung ist Bedrich Hrozny im Jahre 1915 gelungen. In der Folgezeit ist es vor allem Ferdinand Sommer gewesen, der unter Mitwirkung von Johannes Friedrich und Albrecht Götze die Forschung in geregelte Bahnen gelenkt hat. In unseren Tagen bietet das Hethitische keine Schwierigkeiten mehr. Es gibt eine hethitische Grammatik und ein hethitisches Wörterbuch, beide von Johannes Friedrich. Die Tontafeln von Boghazköi enthalten, abgesehen vom Hethitischen, auch noch andere Sprachen des alten Kleinasien, das Protochattische, das Palaïsche, das Luwische und das Hurritische. Das Protochattische vertritt bei den Hethitern gewissermaßen die Rolle des Sumerischen bei den alten Babyloniern; es ist die Sprache des Kults, schon im 2. Jahrtausend v. Chr. wurde es nicht mehr allgemein verstanden. Das Palaïsche ist die Sprache des Landes Pala (Paphlagonien), man verwendete es im Kult des Gottes Zibarwa. Das Luwische ist die Sprache des Landes Luwija; sein Wortschatz besteht aus indogermanischen und nicht-indogermanischen Bildungen. Dazu kommt noch die hethitische Hieroglyphenschrift. Seit der Auffindung von hethitisch-phönikischen Bilinguen in Karatepe (Kilikien) kann man sie als entziffert betrachten. Die Hieroglyphenschrift ist sowohl in der Zeit des hethitischen Großreiches wie auch in der Epoche der hethitischen Nachfolgestaaten in Nordsyrien benutzt worden. Die Sprache ist (vielleicht) das Luwische. Das Hethitische selbst ist eine indogermanische Sprache, die Zahl der indogermanischen Etymologien ist jedenfalls beträchtlich. Das Hurritische (oder Churrische) ist die Sprache der Churrier oder Hurriter. Das Zentrum ihrer Macht war das Reich Mitanni im nördlichen Mesopotamien. Götze hat eine bedeutende Expansion der Hurriter in der Zeit zwischen 1650 und 1450 angenommen. Doch beruht diese Annahme auf der sog. längeren Chronologie, die heute kaum noch zu vertreten ist.

Die Geschichte der Hethiter zerfällt in zwei Abschnitte, in das Ältere und das Jüngere Chattireich. Beide Reiche sind durch eine Zwischenzeit voneinander getrennt. Sie wird von Otten zwischen 1500 und 1430 angesetzt. Das von Götze angenommene Mittlere Chattireich ist aus der Geschichte zu streichen.

Dem Älteren Chattireich ist eine Zeit von Stadtstaaten vorausgegangen, zwischen 1830 und 1715 (nach Otten). Aus dieser Periode stammt die älteste hethitische Inschrift. Sie gehört dem Fürsten Anitta von Kuššar, der die Hegemonie über die anderen Stadtstaaten gewonnen hatte. Sogar die Stadt Chattušaš (Boghazköi) hat er erobert und zerstört. Der Gründer des Älteren Chattireiches ist der König Labarna. Aus seiner Zeit stammt der Telepinuš-Text, eine Erzählung eines älteren Königs über die gute alte Zeit. Labarnas Name ist zum Titel seiner Nachfolger geworden, so wie der Name Caesar für die römischen Kaiser. Labarnas Sohn Hattušil I. hat seine Waffen nach Nordsyrien getragen, die Stadt Halpa (Aleppo) ist jedoch erst von seinem Sohn Muršiliš I. erobert worden. Muršiliš ist es auch gewesen, der den großen Raubzug nach Babylon unternommen hat (1531). Mit diesem Ereignis endet die I. Dynastie von Babel. Dem gewaltsamen Tod des Muršiliš folgten Thronwirren. Erst Telepinuš konnte dem Reich eine Art von Verfassung geben; sie sollte anarchische Zustände für die Zukunft unmöglich machen.

Zu einer Großmacht ist das Chattireich unter Chattušil II. geworden. Seine Regierung beginnt um 1430. Nach einer Schwächeperiode unter Tutchalia III. hat sein Sohn Šubbiluljuma das Reich zu einer Weltmacht erhoben. Er regierte von etwa 1385 bis 1345. Er ist ohne Zweifel der bedeutendste König, der auf dem Thron der Herrscher in Chattušaš gesessen hat. Er hat die Herrschaft der Hethiter in Anatolien neu begründet und ein System von Vasallenstaaten errichtet. In Nordsyrien kämpfte er gegen Tušratta, den König von Mitanni. Er hatte versucht, diesen durch ein Bündnis mit Artatama von Churri (in der Nähe des Vansees) mattzusetzen. Šubbiluljuma hat Waššuganni, die Hauptstadt des Mitannireiches, erobert. Mit Ägypten (Amenophis IV.) ist er zu einem Ausgleich gekommen, die Grenze zwischen dem Hethiterreich und Ägypten verlief am Libanon. In Nordsyrien hat Šubbiluljuma mehrere Vasallenstaaten geschaffen, darunter Karkemisch am Euphrat und Aleppo. Als Regenten hat er seine Söhne eingesetzt. Das Mitannireich bildete unter Mattiwaza, dem Sohn des Tušratta, einen Pufferstaat zwischen dem Hethiterreich und Assyrien. Die Witwe Echnatons wandte sich an Šubbiluljuma mit der Bitte, ihr einen Prinzen als Gemahl nach Ägypten zu schicken.

Der zweite Nachfolger Šubbiluljumas war – nach einer kurzen Regierung des Arnuwanda – Muršiliš II. (etwa 1343–1313). Seit Šubbiluljuma erscheint in den hethitischen Texten das Land Achijawa (oder Achija). Der Name klingt an Achaia an, und dies hat verschiedene Forscher (E. Forrer, P. Kretschmer) zu der Vermutung veranlaßt, dieses Land mit den Griechen in Verbindung zu bringen. Doch seit den Untersuchungen Ferd. Sommers muß diese Auffassung aufgegeben werden. Es dürfte sich vielmehr um ein anatolisches Volk handeln. Doch ist die Lokalisierung des Landes Achijawa nicht gesichert.

Unter Muwattališ, dem Sohn Muršiliš' II., ist es zum Krieg zwischen den Hethitern und Ägypten gekommen. Es ging um den Besitz von Syrien, vor allem von Nordsyrien. Die Schlacht bei Qadesch ist ein Sieg der Hethiter, wenn die ägyptische Überlieferung dies auch zu verschleiern versucht. Nach den Berechnungen von J. v. Beckerath fand die Schlacht im Jahre 1285 statt. Unter Hattušil III. (etwa von 1283–1260) schlossen die beiden Großmächte einen Friedens- und Freundschaftsvertrag, der in zwei Fassungen, in der hethitischen und der ägyptischen, erhalten ist.

Seit ungefähr 1250 gibt es in Anatolien Unruhen, und am Ausgang des Jahrhunderts wechseln sich die hethitischen Herrscher in rascher Folge ab – der letzte ist Šubbiluljuma II. Bald nach 1200 ist das Hethiterreich zugrunde gegangen, wahrscheinlich nach einer Invasion der Seevölker. Es verschwindet mehr oder weniger spurlos aus der Geschichte. Während sich in Nordsyrien einige Nachfolgestaaten der Hethiter gehalten haben, treten in Anatolien die Phryger an ihre Stelle.

Mit Hilfe der Urkunden ist es möglich, die Zivilisation der Hethiter im einzelnen zu beschreiben. Die Grundzüge sind heute klar, wenn auch noch manche Probleme offenbleiben. Wichtig sind die Staatsverträge in akkadischer und hethitischer Sprache. Aber auch die Rechte des Großkönigs sind gut bekannt, hierfür gibt vor allem die Bilingue des Chattušil III. in Akkadisch und Hethitisch Auskunft. Die Urkunde handelt von der Designation des Thronfolgers, wobei die Heeresversammlung (pankuš) eine wichtige Rolle spielt. In früherer Zeit war das Königtum ein Wahlkönigtum, später war es erblich. Schließlich hat es sich zu einem Großkönigtum orientalischer Prägung entwickelt. Offenbar nach ägyptischer Anregung nannte sich der König »meine Sonne«. Die Königin (Tawananna) behält ihren Titel auch über den Tod des Gatten hinaus.

Bei den Staatsverträgen werden zwei Arten unterschieden, es gibt Verträge mit gleichberechtigten und mit abhängigen Staaten. Dazu gibt es noch Verträge zwischen selbständigen Königen und Vasallen. Die als kuiranas bezeichneten Herrscher sind eine Art von gehobenen Vasallen. Diese müssen jedes Jahr vor dem König erscheinen und den Tribut mitbringen. Bemerkenswert ist die ausgesprochen feudalistische Struktur; die großen Würdenträger erhalten vom König Lehnsland. Doch hat sich unter dem Einfluß der altorientalischen Großreiche allmählich die Tendenz zum Beamtenstaat geltend gemacht. Das hethitische Recht kennt man aus den Gesetzestafeln, die man im Reichsarchiv von Chattušaš gefunden hat. Die Familie ist vaterrechtlich aufgebaut, durch Heirat erlangt der Mann die Gewalt über seine Frau. Ehebrecher und schuldige Frauen können ohne weiteres getötet werden. Eheschließungen von Geschwistern gelten als Inzest. Sie sind, anders als im alten Ägypten, verboten. Die Hethiter kennen die Institution der Leviratsehe, der Bruder des Verstorbenen mußte die Witwe heiraten. Der leitende Gedanke im Strafrecht war die Entschädigung, nicht die Bestrafung des Schuldigen. Für Mord kann ein Wergeld gefordert werden. Auf Körperverletzungen stehen Geldbußen. Die Arztkosten sind zu ersetzen. Todeswürdige Verbrechen sind Blutschande, Vergewaltigung und Sodomie. Im ganzen ist der fortschrittliche Charakter der Strafgesetze klar ersichtlich, entehrende Strafen fehlen, die Talion ist unbekannt. Allein die Sklaven hatten Verstümmelungen zu fürchten, wenn sie Verbrechen begangen hatten.

Die hethitischen Götter sind, wie bei den Griechen, mit übermenschlichen Kräften ausgestattet, in Träumen geben sie den Menschen Wunderzeichen, sie lenken die Orakel. Das hethitische Pantheon war ungewöhnlich groß. Die Hethiter haben alle Götter des Landes verehrt, die Kultsprache ist gepflegt und aufbewahrt worden. Es gab hethitische, protochattische, hurritische, luwische und babylonische Götter, unter ihnen die Ištar von Ninive. Hohe Verehrung genoß die Sonnengöttin von Arinna, sie galt als die Königin des Hethiterlandes. Eine große Bedeutung im Verhältnis zwischen den Göttern und Menschen hatten die Opfer. Der König als der oberste Priester begibt sich im Winter auf die Rundreise zu den Heiligtümern des Landes. Zahlreiche Götterfeste wurden gefeiert. Die Tempel erhielten reiche Abgaben, bevorzugt die Göttin Arinna. Die Tempelanlagen waren eigene Wirtschaftsbezirke mit großen Einnahmen und zahlreichen Hörigen. Vom Leben nach dem Tode erhofften sich die Hethiter wenig Gutes. Sie taten jedoch alles, um die Totengeister zufriedenzustellen. Wer auf Erden gesündigt hatte, den erwarteten im Jenseits schlimme Strafen. Die Toten wurden im allgemeinen verbrannt, es gab aber auch Bestattungen. Von den Babyloniern hatten die Hethiter nicht nur die Keilschrift übernommen, es gab bei ihnen auch einen Stand der Schreiber. Sie lernten nicht nur das Akkadische, sondern auch das Sumerische. Doch haben sie nicht selten ähnlich klingende Wörter verwechselt. Vielleicht durch Vermittlung der Hurriter haben die Hethiter vieles aus dem babylonischen Sagengut übernommen, darunter das Kumarbi-Epos. Dieses weist Ähnlichkeiten zur Theogonie auf. Wie diese Gedanken nach Hellas gekommen sind, weiß man nicht. Benno Landsberger hat an die Vermittlung durch die Phöniker gedacht. Es könnte natürlich auch über Ugarit-Ras Schamra in Nordsyrien zu den Griechen gelangt sein.

In der hethitischen Geschichtsschreibung ist der Einfluß der assyrischen Annalen unverkennbar. In der Regel sind es Berichte an die Gottheit, doch gibt es auch echte historische Erzählungen wie die Schilderung der ersten zehn Jahre des Muršiliš. Überhaupt haben die Hethiter in der Historiographie durchaus eigene Leistungen aufzuweisen, sie verfügten über einen echten historischen Sinn, anders als die meisten Völker des Alten Orients. In der Kunst ist zwischen den Monumenten des hethitischen Großreichs in Boghazköi, Yazilikaja, Alaça Hüyük und den nordsyrischen Monumenten zu unterscheiden. Die großartige Götterprozession von Yazilikaja findet im ganzen Alten Orient kein vergleichbares Gegenbild. Auch die Monumente von Tell Halaf in Nordsyrien, die Baron Max von Oppenheim ausgegraben hat, zählen zur hethitischen Kunst. Sie gehören in die erste Hälfte des 2. Jahrtausends v. Chr. (Die Datierungen des Ausgräbers sind viel zu hoch.)

Unmittelbare Verbindungen zwischen den Hethitern und Hellenen sind nicht nachzuweisen. Die Bewohner des Landes Achijawa als Hellenen zu betrachten, ist nicht mehr aktuell.

Mit dem Verschwinden des Hethiterreiches nach 1200 v. Chr.

hat sich die politische Landschaft Anatoliens stark verändert. Abgesehen von den hethitischen Nachfolgestaaten in Nordsyrien ist von den Hethitern wenig zurückgeblieben. Das bestimmende Element in Anatolien sind jetzt die Phryger, ein indogermanisches Volk, das vom Westen nach Anatolien eingewandert ist.

5. Kapitel
Syrien und Palästina

Im Gegensatz zu den Ländern der alten Hochkulturen am Nil und im Zweistromland, deren Konfiguration durch die großen Ströme bestimmt wird, ist Syrien durch seine vom Norden nach dem Süden verlaufenden Gebirgszüge gekennzeichnet. Sie lassen eine Senke frei, die das Tal für den Orontes im Norden und den Jordan im Süden bildet. Der Orontes ist von den Gebirgen des Libanon und des Antilibanon eingerahmt. Bemerkenswert ist die Längenausdehnung Syriens. Östlich vom Antilibanon und vom Jordantal geht die Landschaft, abgesehen von einem schmalen Streifen Kulturland, in die Arabische Wüste über. Syrien ist ein Bindeglied zwischen den drei alten Kulturlandschaften des Vorderen Orients, zu Kleinasien, mit dem das Land durch die Tauruspässe verbunden ist, mit Mesopotamien, zu dem einige Flußübergänge über den Euphrat bestehen, und mit Ägypten, mit dem es durch die Straße über Askalon und Gaza nach Pelusion in Verbindung steht. Syrien ist des öfteren Zankapfel zwischen den altorientalischen Großmächten gewesen, nicht nur wegen seiner Lage, sondern auch wegen seines materiellen Reichtums. Auf dem Libanon wuchsen außer den berühmten Zedern auch Pinien und Zypressen, die Dattelhaine der Oase von Damaskus waren berühmt. Der Mangel an Fruchtland ließ die Bewohner Phönikiens, ähnlich wie die Hellenen, ihren Blick dem Meer zuwenden. Die Phöniker sind ein bedeutendes Seefahrervolk geworden. Syrien hat unter den Einfällen fremder Völker zu leiden gehabt, insbesondere die Invasionen der Beduinen von Osten her haben den Bewohnern Schaden zugefügt. Sowohl die Amoriter wie auch das Volk Israel sind vom Osten her gekommen, die Israeliten aus dem Raum jenseits des Jordans um 1200 v. Chr. Zeiten der Unabhängigkeit wechselten mit Perioden der Fremdherrschaft von Eroberern, zu denen die Assyrer und die Neubabylonier gehörten. Erst im Perserreich unter den Achämeniden ist dem Land eine gewisse Stabilität zuteil geworden. Zweihundert Jahre später kam Alexander mit seinen Makedonen. Nach seinem Tod ist Syrien, und zwar der südliche Teil des Landes, dem Ptolemaios I., dem Herrn von Ägypten, zugefallen, während die Seleukiden sich mit dem nördlichen Teil begnügen mußten. Im Jahre 64 v. Chr. hat Pompejus das Land in die römische Provinz Syria umgewandelt, im Imperium Romanum ist Syrien bis zum Ende des Altertums verblieben. Schließlich haben die Araber Syrien ihrem Kulturkreis eingefügt, dem es noch heute angehört.[1]

Die Völkergeschichte Syriens beginnt damit, daß in der Frühzeit ein mediterranes Volk von einem armenoiden überlagert worden ist. Doch war dies offenbar nur eine vorübergehende Erscheinung, denn die Bevölkerung blieb im wesentlichen, wie sie vorher gewesen war. Sie nannten sich Kanaanäer, ein Name, der zum erstenmal in der Inschrift des Idri-mi von Alalach erscheint (erste Hälfte des 15. Jahrhunderts v. Chr.). Zu den Kanaanäern gehörten auch die Phöniker. Politisch bestand Syrien aus einer großen Zahl von Stadtfürstentümern, die vor allem durch die Amarnatafeln bekannt geworden sind. Die Ausgrabungen von Ugarit-Ras Schamra haben zusätzlich eine Fülle von Urkunden zutage gebracht. Der Ort liegt 13 Kilometer nördlich von Laodikeia in Nordsyrien. Hier fanden sich Tafeln mit einer neuen Art von Keilschrift und es wurden Dokumente mit einer alphabetischen Keilschrift entdeckt, die inzwischen längst entziffert worden sind. Zu den Forschern, die sich mit diesen Dokumenten beschäftigt haben, gehören Dhorme, Virolleaux und der deutsche Semitist Hans Bauer.

Die ersten Fremden, die ein semitisches Idiom gesprochen haben, sind wohl schon im 3. Jahrtausend v. Chr. nach Syrien gekommen. Dies zeigen ägyptische Denkmäler. Auf ihnen ist zu sehen, wie der ägyptische König Sahurê von semitischen Sklaven Huldigungen empfängt, nachdem der König aus Syrien in seine Heimat zurückgekehrt ist (Sahurê, V. Dynastie, 2430–2242). Die Semiten bewohnten zumeist mit starken Mauern umgebene Städte auf Bergeshöhen oder doch auf erhöhtem Gelände. Noch viel älter ist Jericho, das schon im 5. Jahrtausend als eine befestigte Stadtanlage bezeugt ist. Es ist wohl die älteste umwallte Stadtanlage, sie gehört ins Neolithikum (Kathleen Kenyon).

Um 2000 v. Chr. erscheint eine neue Einwandererwelle. Es sind

1 Albrecht Alt, Kleine Schriften zur Geschichte des Volkes Israel, Bd. III (1959), S. 1–19; dazu der Aufsatz »Völker und Staaten Syriens im frühen Altertum«, ebd., S. 20–48.

dies die Amoriter oder Westsemiten. Wenig später haben sie das Stadium ihrer größten Expansion erreicht. Man findet sie nicht nur in Syrien, sondern auch in Mesopotamien (I. Dynastie von Babel), in Mari am mittleren Euphrat und in Palästina. Die Herrschaft der Hyksos (in Ägypten von 1670 bis 1560 bezeugt) blieb dagegen in Syrien nur eine Episode. Das Machtzentrum der Hyksos in Vorderasien lag in Ägypten, genauer in Nordägypten, nicht in Syrien. Um 1200 kommen die Seevölker, zu ihnen gehören die Philister, die sich in Südpalästina niedergelassen haben. Und die Hebräer haben sich seit etwa 1200 v. Chr. Schritt für Schritt der Siedlungen der Kanaanäer bemächtigt.

Seit etwa 1000 v. Chr. dominieren die Aramäer. Im Gegensatz zu ihnen haben die Phöniker eine durchaus eigenständige Zivilisation entwickelt, zu der man im weiteren Sinn auch Ugarit-Ras Schamra rechnen kann.

Die Existenz zahlreicher Völker und Staaten verleiht der Geschichte Syriens und Palästinas ein buntes Aussehen. Dazu kommt das Eingreifen der altorientalischen Großreiche. Von den kulturellen Leistungen ist die von den Phönikern erfundene Buchstabenschrift besonders folgenreich gewesen. Man kann sie um 1200 v.Chr. ansetzen. Durch die Vermittlung der Griechen hat sie die Zivilisation Westeuropas tiefgehend beeinflußt. Auch die phönikische Kolonisation greift weit über Syrien hinaus, bis hin nach Iberien (Spanien) und Westafrika. Karthago ist jedoch erst im Jahre 814 v. Chr. (nach Timaios von Tauromenion) gegründet worden.

Auch die Israeliten sind ein Nomadenvolk. Aus der arabischen Wüste kommend, haben sie sich in Palästina neues Land gesucht. Nachdem sie den Jordan von Osten her überschritten hatten, standen sie in harten Kämpfen mit den Kanaanäern. Ihre Hauptgegner waren die Philister, ein wehrhaftes Volk, wahrscheinlich aus dem östlichen Mittelmeerraum stammend. Die Landnahme der Israeliten war ein Vorgang von längerer Dauer, er hat sich (nach M. Noth) über ein ganzes Jahrhundert erstreckt. Die Ereignisse sind ungefähr gleichzeitig mit der Dorischen Wanderung in Griechenland. Zu einem Volk haben sich die Hebräer erst in der neuen Heimat zusammengefunden. In Jerusalem, das David den Jebusitern abgenommen hat, fanden sie ihre Hauptstadt. Vorher herrschten über Israel die Richter, dann erst folgten die Könige, der erste war Saul (um 1020), dann David und Salomo. Aber schon unter den Richtern waren bedeutende Persönlichkeiten wie Gideon und Simson. David hat sich zum Herrscher der Stämme des

Südens und des Nordens gemacht, er war König von Israel und Juda. Unter seinem Enkel Rehabeam vollzog sich die Trennung des Landes in zwei Königreiche, Juda im Süden und Israel im Norden. Rehabeam hat im Jahre 926/5 den Thron bestiegen.

Die religiöse Großtat des Volkes Israel ist die Durchsetzung des Monotheismus in voller Reinheit. Damit erhebt sich der Glaube Israels über alle anderen Religionen des Vorderen Orients. Es ist der Gott Jahwe, der »Seiende« (jedenfalls nach der wahrscheinlichen Erklärung), mit dem das Volk Israel einen Bund geschlossen hat, es war zum »auserwählten Volk« geworden. Unterpfand des Bundes war die Bundeslade, ein mit Goldblech beschlagener Kasten, der von zwei Engeln überragt wurde. Die Lade fand ihren Platz in der Stiftshütte, bis ihr Salomo einen prächtigen Tempel errichtete. Den Glauben der Väter in voller Reinheit vertreten die Propheten, sie werden von Gott berufen und besitzen göttliches Charisma, Vorstufen des Prophetentums zeigen Keilschrifttafeln von Mari, auf denen Männer erscheinen, welche die Befehle der Götter, des Dagan und des Adad, verkündigen. Für die sittliche Läuterung des Glaubens haben die Propheten in Israel Entscheidendes geleistet. Den Göttern der Kanaanäer standen sie feindlich gegenüber, ihren Kult haben sie in Israel ausgerottet. Bei den Propheten hat sich der Glaube an den Messias ausgebildet. Davon zeugt der sog. Deuterojesaja (Jesaja 11,1–10). Man erhoffte die Rückkehr des Goldenen Zeitalters unter dem Szepter des Königs David. Damit verband sich die Sehnsucht nach dem Reich des Friedens und der Gerechtigkeit. Im Alten Orient gibt es hierzu nichts Vergleichbares, auch die babylonischen Bußpsalmen reichen nicht an den sittlichen Ernst der Propheten heran.

Das Reich Israel im Norden ist durch die Assyrer im Jahre 721, das Südreich Juda im Jahre 586 durch die Neubabylonier untergegangen. Doch die Wirkung des Monotheismus ist damit nicht zu Ende, auch in der babylonischen Gefangenschaft haben die Juden an ihrem Glauben festgehalten und ihn an spätere Generationen weitergegeben. Durch das Christentum ist er zu einem tragenden Element der abendländischen Kultur geworden, allerdings in einer Form, die sich vom Alten Testament wesentlich unterscheidet.

6. Kapitel
Das Reich der Achämeniden

Das Reich der persischen Achämeniden ist nicht denkbar ohne seinen Vorgänger, das Mederreich. Die Meder erscheinen zum erstenmal in den Annalen des Salmanassar III. von Assyrien (835 v. Chr.). Unter Phraortes (etwa 647–625) haben sie die Vorherrschaft der Assyrer abgeworfen. Der bedeutendste König der Meder Kyaxares (Uma-kištar) hatte im Bunde mit den Neubabyloniern (Chaldäern) Ninive, die Hauptstadt der Assyrer erobert (612). Auch Nordmesopotamien, Armenien und Kappadokien gehörten zu seinem Reich, die Hauptstadt war Ekbatana. Seit 585 war der Halys (Karasu in Ostanatolien) die Grenze zwischen dem Mederreich und dem Lyderreich.

Die Meder waren, ebenso wie die Perser, ein iranisches Volk. Der Aufstieg der Perser verbindet sich mit der Herrscherfamilie der Achämeniden. Stammvater ist Achaimenes, er war ein Vasall der Elamiter. Um 700 v. Chr. waren die Perser aus dem Gebiet des Urmiasees im nordwestlichen Iran nach dem Süden in die Landschaft Persis (Fars) übergesiedelt. Teïspes, der Sohn des Achaimenes, bemächtigte sich der Landschaft Anschan in Elam. Kyros I. (etwa 640–600) war ein Vasall des Königs Assurbanipal von Assyrien. Der Aufstieg der Perser verbindet sich mit Kyros II., den man den Großen genannt hat. Durch die Eroberung des Lyderreiches (547) und des neubabylonischen Reiches (539) wurde er der bedeutendste Herrscher der Alten Welt. Er fiel im Kampf gegen die Skythen an der Nordgrenze seines Reiches (530). Kambyses, sein Sohn, eroberte Ägypten; auf dem Rückweg kam er durch eine Verletzung mit dem Kurzschwert (akinakes) ums Leben (522).[1] Neugründer des Perserreiches ist Darius I. aus einer Nebenlinie der Achämeniden. Er warf die Aufstände verschiedener Prätendenten nieder; der bedeutendste war Gaumata, der Magier, gewesen. Darius hat die persische Satrapienordnung geschaffen, er

1 G. Walser, Festschrift für H. Bengtson (1983), S. 8ff.

ist der Urheber einer neuen Keilschrift, die er in seinen Prunkinschriften – die bedeutendste ist die Inschrift von Behistun – anbringen ließ. Sein Reich erstreckte sich von Thrakien bis nach Vorderindien. Den Ionischen Aufstand der Griechen an der Westküste Kleinasiens konnte er niederwerfen, doch sein Expeditionskorps unterlag bei Marathon (490) den Athenern und Platäern. Auch sein Sohn und Nachfolger Xerxes (486–465/4) war mit seiner Expedition nach Hellas nicht glücklicher. Er wurde zur See bei Salamis (480) und zu Lande bei Plataä (479) geschlagen. Doch blieb Persien auch weiterhin die einzige Weltmacht. Sein Eintritt in den Peloponnesischen Krieg (seit 412) hat diesen zugunsten der Spartaner entschieden, und der Königsfriede (386) bezeichnet noch einmal einen Höhepunkt der persischen Politik. Nach der Zurückeroberung des abgefallenen Ägypten durch Artaxerxes III. (343/2) kam es zum Krieg mit Alexander, dem König der Makedonen. Er begann im Jahre 334 und endete, nachdem sich der Makedonenkönig nahezu des gesamten Perserreiches bemächtigt hatte.

Das Perserreich hat man lange Zeit aus der Perspektive der Griechen betrachtet. Erst Eduard Meyer hat in seiner »Geschichte des Altertums«, Band III, eine gerechte Würdigung der Perser gegeben, er hat vor allem die kulturellen Leistungen hervorgehoben. Dank der Inschriftenfunde und einer vertieften Interpretation der Quellen sind inzwischen Gesichtspunkte geltend gemacht worden, die das Bild des Achämenidenreiches in positivem Sinn verändert haben. Dies geht in jüngster Zeit so weit, daß die Kultur der Perser sogar über die griechische gestellt wird – eine Übertreibung, die den Tatsachen nicht gerecht wird.

Hervorzuheben ist die feudale Struktur des Perserreiches, die nicht nur im Inneren des Reiches, sondern auch im Verhältnis der Herrscher zu den auswärtigen Staaten zum Tragen kam. Bei der Beurteilung der persischen Religion, des Zoroastrismus, darf von neuen Erkenntnissen ausgegangen werden. So scheint die Frage nach der Lebenszeit des Zarathustra nunmehr entschieden; er lebte im 7. Jahrhundert v. Chr., nicht später. Darius I. hat die religiösen Vorstellungen Zarathustras übernommen, wie eine Inschrift aus der Zeit seines Sohnes Xerxes zeigt. Eine bedeutende Rolle spielten die Magier, sie sind als Propheten und Traumdeuter im Gefolge der Könige hervorgetreten.

Darius I. regierte von 522 bis 486 v. Chr., nachdem er sich gegen den Widerstand mehrerer Prätendenten durchsetzen mußte. Dem Reich hat er eine neue Steuer- und Satrapienordnung verliehen, die in den Grundzügen bis zum Ende der Perserherrschaft bestanden hat und in Teilen von dem Makedonen Alexander übernommen wurde. Satrapien gab es ungefähr zwanzig, doch hat sich diese Zahl bereits in den mittleren Jahren des Darius I. verändert. Als Sprache der Verwaltung wurde das Reichsaramäische verwandt. Anders die Monumentalinschriften; neben der altpersischen enthalten sie auch eine babylonische und eine elamische Version. Die wichtigsten Funktionen bekleideten die Satrapen. Ihr Name stammt aus dem Medischen und bedeutet »Schirmer der Herrschaft«. Sie verfügten durch die Gnade des Großkönigs über bedeutende Ländereien, ihr Hof war nach dem Vorbild des großköniglichen ausgestaltet. Die Satrapien blieben oft Generationen hindurch im Besitz ein und derselben Familie. Als Kontrollorgane dienten die »Augen« und die »Ohren« des Großkönigs. Sie unterrichteten den Herrscher über die Zustände, die sie bei ihren Inspektionen angetroffen hatten. Man kann sie mit den *missi dominici* Karls d. Gr. vergleichen.

Im Kriege vermochten die Perserkönige eine beträchtliche Streitmacht aufzubieten. Sie bestand aus dem persischen Reichsheer und den Kontingenten der einzelnen Satrapien, die natürlich von ganz unterschiedlichem Wert waren. Die Mannschaften des Reichsheeres lagen im Frieden als Besatzungen in den Festungen des Reiches. Den Kern des Heeres bildeten die zehntausend »Unsterblichen«. Sie waren die Leibwache des Großkönigs und wurden vom Chiliarchen, dem *hazarapatiš*, befehligt. Dieser Mann war zum ersten Minister des Reiches emporgestiegen. Nach dem Vorbild der Assyrer hatte Darius I. ein zentrales Schatzamt (*ganzaka*) geschaffen, das dazu bestimmt war, die Tribute der einzelnen Satrapien aufzunehmen. Das Straßennetz des Reiches wurde großzügig ausgebaut. Auch hier hatten die Assyrer das Vorbild gegeben. Am wichtigsten war die Königsstraße. Mit 111 Poststationen führte sie von Ephesos über Sardes nach Gordion, sodann über das armenische Bergland bis nach Susa. Folgenreich war auch die Schaffung einer Reichsmünze. Auf ihr war der Großkönig als knieender Bogenschütze abgebildet (die Hellenen nannten die Münze deshalb *toxótes*), sie schlug gewissermaßen den Bogen zwischen Ost und West, denn mit ihrem Gewicht (8,42 Gramm) entsprach sie dem halben Gewicht des Staters von Phokaia, der gebräuchlichsten griechischen Handelsmünze, und dem 60. Teil der babylonischen Mine.

Der Großkönig betrachtete sich als Nachfolger der altbabylonischen und assyrischen Universalherrscher und erhob den Anspruch, der Beherrscher aller Länder zu sein. Mehrfach hat sich Darius I. als »König der Länder aller Stämme« bezeichnet. Diese Einstellung hatte zur Folge, daß sich das Perserreich in ständiger Expansion befand und im Westen das Gebiet des Ägäischen Meeres mit in seinen Bann zog. Bereits der Skythenzug des Darius I. im Jahre 513 läßt die Expansion des Reiches deutlich erkennen. Der Großkönig hatte die Absicht, das gesamte pontisch-kaspische Steppengebiet von der Donaumündung bis zum Jaxartes (Syrdarja) zu unterwerfen, doch hatte er die Entfernungen bei weitem unterschätzt. Über die bessarabische Steppe ist der Kriegszug nicht hinausgekommen. Die Skythen waren allen größeren Kampfhandlungen ausgewichen.

Das Perserreich der Achämeniden ist nahezu 220 Jahre, von 547 bis 330, eine Weltmacht gewesen. Durch ihre Politik, aber auch durch ihr Geld haben die Perserkönige die Geschichte der antiken Welt maßgebend beeinflußt. In den Großkönigen Kyros d. Gr., Darius I. und Xerxes hat das Reich bedeutende Herrscher hervorgebracht. Zahlreiche Völker haben im Perserreich ihre Heimat gefunden, die meisten haben sich unter den Achämeniden wohlgefühlt. Denn diese haben weitgehendes Verständnis für die Eigenheiten der Völker und ihrer Religionen aufgebracht. Kyros d. Gr. beendete die babylonische Gefangenschaft der Juden und ließ sie nach Palästina zurückkehren. Er hat sich dadurch den Dank des Volkes Israel für alle Zeiten gesichert. Eine steigende Welle des Absolutismus seit Xerxes hat in der persischen Politik neue Akzente gesetzt; das Gleiche gilt auch für die Satrapenaufstände, die im 4. Jahrhundert v. Chr. das Reich erschütterten. Trotz mancher Rückschläge hat das Perserreich bis zu seiner Eroberung durch den Makedonen Alexander existiert. Unter ihm, aber auch unter seinen Nachfolgern, den Diadochen, ist manches von der persischen Tradition erhalten geblieben. Unter den Sassaniden hat das Persertum noch einmal eine führende Stellung seit 226 n. Chr. errungen, die erst durch die arabische Eroberung beendet wurde.

7. Kapitel
Der Aufstieg Griechenlands
im Rahmen der Mittelmeergeschichte bis 600 v. Chr.

Einen Überblick über die Geschichte Griechenlands im Rahmen der Mittelmeergeschichte von der Frühzeit bis gegen 600 v. Chr. zu geben ist insofern schwierig, als die Frühgeschichte der Schriftquellen entbehrt und die Forschung im wesentlichen auf das archäologische Material angewiesen ist. Gewiß gibt es einige Hinweise in altorientalischen Quellen, aber diese sind nicht sehr ergiebig, und die Erinnerungen der Griechen an ihre Frühzeit sind nur schattenhaft. Bis gegen 1200 v. Chr., das Zeitalter der Großen Wanderung, wird man daher die Entwicklung nur in großen Zügen verfolgen können, und dies gilt nicht nur für den griechischen Raum, sondern auch für den Westen des Mittelmeergebiets, der noch ganz im Zustand der Vorgeschichte verharrt. Die verschiedenen vorgeschichtlichen Kulturen lassen sich in der Regel nur schwer mit Völkern zur Deckung bringen, sooft dies auch versucht worden ist. Auch die Wanderungen von Völkern und Stämmen, an denen es nicht gefehlt hat, sind höchstens in großen Zügen zu erkennen. Dies zwingt zu einer Zurückhaltung bei allgemeinen Schlußfolgerungen. Doch muß der Versuch gemacht werden, die Richtung zu erkennen und diese in die Geschichte einzuordnen. Außerdem besteht nicht der geringste Zweifel, daß Verbindungen zwischen dem Alten Orient und der westlichen Welt stattgefunden haben.

Im Jahre 1963 wurden in dem siebenbürgischen Ort Tartaria drei Tontäfelchen mit sumerischer Schrift aus der Djemdet-Nasr-Zeit (um 2800 v. Chr.) gefunden. Auf dem einen Täfelchen war eine Jagdszene abgebildet. Sie weist Ähnlichkeiten mit Bildern auf archaischen Siegelzylindern aus Ur in Mesopotamien auf. Beide Tafeln haben Schriftzeichen. Sie entsprechen den Zeichen aus Uruk-Warka. Es sind Piktographen, die noch nicht entziffert sind. (Die Piktographen sind die Vorläufer der sumerischen Keilschrift.) Wie sind die Tafeln aus dem Zweistromland nach Siebenbürgen gelangt? Die Entfernung beträgt ungefähr 2500 Kilometer in Luftlinie. Hängen die Funde mit dem Handelsverkehr zusammen? In der Nähe von Hermannstadt (Sibiu) sind Gold- und Silberminen gefunden worden. Ist dies im Zweistromland bekannt gewesen?

Um 2800 v. Chr. lebten in Siebenbürgen die Vorväter der Thraker. Im 1. Jahrtausend v. Chr. erstreckten sich ihre Wohnsitze von der unteren Donau bis an das Ägäische Meer. Später waren sie Nachbarn der Griechen, doch diese hatten um 2800 v. Chr. noch keine Kontakte mit dem Land, das später den Namen Hellas getragen hat. Die Vorväter der Griechen lebten damals noch in Ostmitteleuropa, wahrscheinlich in der ungarischen Tiefebene. Erst um 2000 v. Chr. sind sie von hier zu ihrer Wanderung nach dem Süden aufgebrochen, gegen 1900 v. Chr. sind sie nach Hellas gelangt. Früher hat man gelegentlich angenommen, daß die Griechen aus Anatolien, und zwar von der Westküste, nach Griechenland gekommen wären. Doch ist diese Hypothese, die auf Ernst Curtius zurückgeht, nicht mehr aktuell. Wenn etwas sicher ist, so ist es die Tatsache, daß die Griechen vom Norden her gekommen sind. Fraglich ist der Zeitpunkt ihrer Ankunft in Hellas. Am wahrscheinlichsten ist der Beginn des sog. Mittelhelladikums (um 1900 v. Chr.). Bis sich die Zugewanderten mit der Vorbevölkerung in Griechenland zusammengefunden haben, ist mit dem Ablauf einer längeren Frist zu rechnen, doch wird allgemein das Späthelladikum, das um 1550 beginnt, als von den Griechen bestimmt betrachtet.

Die indogermanischen Griechen trafen hier auf eine Bevölkerung, die sie als Karer, Leleger oder Pelasger bezeichneten. Die griechische Sprache hat Spuren dieser Vorbevölkerung bewahrt. Es sind die Wörter auf -assos, -issos und -nthos, denn diese sind eindeutig nichtgriechisch; die Griechen haben sie, wie so manches andere, aus der Zivilisation der Vorbevölkerung übernommen. Nicht wenige der übernommenen Wörter gehören einer gehobenen Sphäre der Zivilisation an. Es ist daher wahrscheinlich, daß die indogermanischen Griechen mit ihnen auf griechischem Boden bekannt geworden sind.

Vor dem Frühhelladikum liegt in Griechenland die Diministufe (um 2500 v. Chr.). Noch früher ist das Neolithikum (Sesklo in Thessalien), es geht bis ins 4. Jahrtausend v. Chr. zurück. Während die Diministufe bereits befestigte Siedlungen kennt, ist das Gegenteil im Neolithikum der Fall. Die Diministufe hängt mit der anatolischen Kulturprovinz von Troja I, Poliochni und Thermi (auf Lesbos) zusammen.

Die Einwanderung der Indogermanen in Griechenland bezeichnet die Anfänge der griechischen Geschichte. Die Einwanderung vollzog sich ungefähr gleichzeitig mit dem Auftreten der Hethiter in Anatolien, die wahrscheinlich von Nordosten, d. h. über den Kaukasus, kamen. Der Schwerpunkt ihrer Macht lag im östlichen Anatolien, den Griechen kehrten sie gewissermaßen den Rücken zu.

Die Frage, ob sich die in Hellas eingewanderten Griechen überhaupt als ein einziges Volk gefühlt haben, ist schwer zu beantworten. Die Differenzierung der griechischen Dialekte in Ionisch, Arkado-Äolisch und Dorisch-Nordwestgriechisch ist jedenfalls auf die Zeit vor der Einwanderung zurückzuführen. Doch darf die sprachliche Verschiedenheit nicht ohne weiteres mit einer völkischen gleichgesetzt werden. Volkstum und Sprache decken sich nicht.

Als die Indogermanen von Norden her Hellas betraten, war die Welt des Orients in Bewegung. Von den Hethitern war bereits die Rede, auch in Ägypten hatte mit den Hyksos seit dem Beginn des 17. Jahrhunderts v. Chr. eine neue Zeit begonnen. Selbst im fernen Vorderindien war durch die Einwanderung indogermanischer Stämme eine neue Epoche eingeleitet, sie fällt mit dem Niedergang der altindischen Zivilisation von Mohenjo Daro und Harappa ungefähr zusammen. In dieses Bild fügt sich die Landnahme der Indogermanen in Hellas ein. Im allgemeinen haben sich die einwandernden Völker Ländern mit einer höheren Zivilisation zugewandt, und dies gilt im besonderen auch für das vorindogermanische Hellas. Wie sich der Ausgleich mit den Vorbewohnern im einzelnen vollzogen hat, läßt sich nicht mehr feststellen.

Im Westen des Mittelmeerraumes gibt es nichts annähernd Vergleichbares. In Italien dauerte die Stein-Kupferzeit (Äneolithikum) bis gegen 1700 v. Chr. Zeugnisse für die Zuwanderung fremder Volkselemente von jenseits der Alpen oder aus dem Gebiet östlich der Adria existieren in dieser Zeit nicht. In Italien lebt eine mittelmeerische Bevölkerung. Charakteristisch sind auf den Inseln, vor allem auf Malta, die Großbauten. Sie erinnern an den Orient. Doch sind die Zusammenhänge bisher nicht aufgedeckt. In der Bronzezeit (etwa 1700 bis 1200 v. Chr.) kommt es zur Ausbildung von einheimischen Siedlungsformen in Altitalien, von denen die Terremare-Siedlungen nördlich des Padus (Po) und die Nuraghen auf Sardinien besonders bemerkenswert sind.

Das Problem der Terremaren in der Poebene hat die Forschung vor eine Anzahl von Fragen gestellt. Heute kann es jedoch als gesichert gelten, daß diese Siedlungen trotz gewisser Ähnlichkeiten mit dem römischen Lagerbau mit diesem nichts zu tun haben. Es waren vielmehr Anlagen, die den Bewohnern Schutz vor dem Hochwasser der Flüsse bieten sollten. Die andere Ansicht, sie seien auf eine Klimaverschlechterung in der Bronzezeit zurückzuführen, ist nicht wahrscheinlich. Auffällig sind die Friedhöfe mit offensichtlicher Leichenverbrennung. Sie sind wohl auf die aus dem Gebiet nördlich der Alpen zugewanderten Bewohner zurückzuführen. Woher sind sie gekommen? Am wahrscheinlichsten sind die östliche Schweiz und das Gebiet am Bodensee. Über das Volkstum ist nichts bekannt, doch haben die Zugewanderten einen Beitrag zur Bildung des italischen Volkstums in der Zeit seit etwa 1200 v. Chr. geleistet. Neu sind das gezähmte Pferd und das Vorkommen des Bernsteins, der wohl aus dem Samland, vielleicht auch von den nordfriesischen Inseln stammt. Die Bewohner der Terremare-Siedlungen haben sich dem Gelände hervorragend angepaßt. Sie haben sich in Norditalien Wohnstätten geschaffen, die von besonderer Originalität sind. Sie lebten von der Viehzucht, aber auch vom Ackerbau, der jedoch nur recht primitiv gewesen ist. Doch der Schwemmboden brachte alles hervor, was man zur Nahrung brauchte, selbst bei einer wenig effektiven Landwirtschaft.

Der mit den Terremaren etwa gleichzeitige Apenninkreis weist sichere Zeichen seiner Verbindung mit den Gebieten jenseits der Adria auf, vor allem mit Thessalien und Mittelgriechenland. Das Adriatische Meer hat hier nicht trennend, sondern verbindend gewirkt, doch kann von einer Einwanderung größerer Menschenmassen aus Griechenland nach Italien schwerlich die Rede sein. Handelsbeziehungen hat es dagegen sicherlich gegeben, sie dauerten bis ins Mittelalter und noch weit darüber hinaus, wenn auch in unterschiedlicher Intensität. Große Häfen hat es an der Ostküste Italiens nicht gegeben, auch nicht auf Sizilien. Hier sind Zeugnisse für die Beziehungen mit der Zivilisation der Ägäis nicht selten. In der Bronzezeit finden sich auf Sizilien Gegenstände der mykenischen Kultur wieder und weisen auf eine entwickelte Schmiedekunst hin. Auch auf Sardinien wurde das Metall zubereitet. Davon zeugen zahlreiche Schmelzöfen und Bronzedepots.

Im ganzen hat jedoch Italien seine Selbständigkeit und Originalität – trotz fremder Einflüsse – nicht verloren. Die Bedürfnisse seiner Einwohner ließen sich im allgemeinen im Lande selbst befriedigen. Vor größeren Einfällen ist Italien, abgesehen von der Poebene, bewahrt geblieben.

Im Gegensatz zu Altitalien zeigt Griechenland ein ganz anderes Bild. Aus der bäuerlichen Kultur des Mittelhelladikums, getragen von den Griechen und ihren Vorbewohnern, hat sich die mykenische Kultur entwickelt. Sie gehört dem Späthelladikum an (in der Zeit von etwa 1550 bis gegen 1200 v. Chr.). Bereits gegen 2200 v. Chr. (im Frühhelladikum III) hatte sich Kreta zu einem Kulturzentrum allerersten Ranges entwickelt, im 16. Jahrhundert liegt der Höhepunkt der kretischen Kultur mit den Palästen von Knossos, Phaïstos und Mallia. Sie hatte eine ungewöhnlich weite Ausstrahlung, und zwar nicht nur nach Hellas, sondern auch nach Ägypten, dem Vorderen Orient sowie nach Italien und Sizilien. Die Ausbreitung der kretischen Kultur steht im Zusammenhang mit der Thalassokratie der Kreter, die bis gegen 1400 v. Chr. von einer bedeutenden Flotte getragen wurde. Dann wurde sie von der Herrschaft der mykenischen Griechen abgelöst.

Die bedeutendste Erscheinung ist, abgesehen vom Aufstieg der Hethiter in Anatolien, die Entstehung und Entwicklung der mykenischen Kultur. Sie wird getragen von der indogermanischen Bevölkerung von Hellas, die sich gegenüber der Vorbevölkerung durchgesetzt hat. Während sich das Mittelhelladikum als eine Periode bäuerlicher Kultur erweist (etwa 1900 bis gegen 1550 v. Chr.), entstehen in Mykene tief in den Fels getriebene Schachtgräber (im Jahre 1951 von J. Papadimitriou entdeckt). Zeitlich gehören sie dem Ausgang des Mittelhelladikums an. Wenn sich auch diese Funde und die Ausstattung der Gräber mit den von Heinrich Schliemann entdeckten Schachtgräbern nicht messen können, so sind sie doch als deren Vorläufer von großem historischen Interesse.

Ganz anders die späthelladische Zeit! Sie beginnt in der Mitte des 16. Jahrhunderts v. Chr. Führend sind die Herrengeschlechter. Sie haben sich vor allem in der Argolis ihre wehrhaften Burgen errichtet. Mykene, Tiryns, Nauplia und Midea sind die wichtigsten. Auch die Akropolis von Athen kennt bereits eine Befestigung, das sog. Pelargikon. Die Mittelpunkte der späthelladischen Kultur finden sich in Zentralgriechenland und auf der Peloponnesos. Bemerkenswert ist der Unterschied zu Kreta. Hier dient alles dem verfeinerten Genuß, in Hellas dagegen herrscht ein kriegerischer Geist, der sich auch in den Befestigungsbauten spiegelt. Den

Mittelpunkt der Paläste bildet das Megaron, ein großer rechteckiger Saal mit dem wärmenden Herd. Die griechischen Paläste zeigen eine innere Geschlossenheit und sind grundverschieden von den mittelmeerischen Bauten auf Kreta, die unorganisch um einen Zentralhof angelegt sind und für die die Bezeichnung Labyrinth erfunden wurde. Aber schon im 15. Jahrhundert v. Chr. ist der Rückschritt der späthelladischen Kultur unverkennbar. In das Späthelladikum gehören die sechs Schachtgräber auf der Burg von Mykene, die im Jahre 1876 von Schliemann gefunden worden sind. Es waren die Grabstätten einer Fürstenfamilie; in ihnen fanden sich die Überreste von neun Männern, acht Frauen und zwei Kindern. Was in ihnen an goldenen Gerätschaften gefunden wurde, stammt nicht aus Hellas, es sind vielmehr Schätze, welche die Herren von Mykene auf ihren Raubfahrten erbeutet und mit nach Hause gebracht hatten.

Mit der Entdeckung der Schachtgräber von Mykene hatte seinerzeit die Erforschung der hellenischen Frühgeschichte begonnen. Das Späthelladikum, die mykenische Zeit, ist die Heldenzeit der griechischen Geschichte. Sie dauerte von etwa 1550 bis 1200 v. Chr. Sie geht der griechischen Eisenzeit voraus, ebenso der Großen Wanderung im Mittelmeergebiet. Zwar haben die Hellenen die kretische Silbenschrift übernommen, aber der Inhalt der Aufzeichnungen ist im ganzen enttäuschend, selbst wenn man ihre Entzifferung durch Ventris, Chadwick und die anderen »Mykenologen« für zutreffend hält. Gegen die Entzifferung sind so starke Einwände geltend gemacht worden, daß man sie nicht ohne weiteres akzeptieren kann. Doch gibt es auch andere Quellen zur Geschichte der mykenischen Zeit. Es sind dies die Monumentalbauten und die Sagenüberlieferung, die in den Großepen, der Ilias und der Odyssee, Ausdruck fanden. So spiegeln die ältesten Teile der Ilias die Zustände im mykenischen Griechenland wider, und auch der homerische Schiffskatalog ist mit der Überlieferung der Siedlungsgeschichte durchaus vereinbar (V. Burr).

Um 1500 v. Chr. wird der Beginn der Kuppelgräber datiert. Sie konnten nur gebaut werden, weil Hellas über die notwendigen Arbeitskräfte verfügte, über Sklaven und hörige Bauern, die zum Frondienst herangezogen wurden. Die Parallele zu den Monumentalbauten des Alten Orients liegt hier nahe. In Hellas hat es eine Anzahl von führenden Familien gegeben, sie wohnten in den Burgen und ließen sich in den Schachtgräbern von Mykene bestatten. Als Nachfolger der Kreter haben die Herren von Mykene und ihre Genossen im 14. Jahrhundert v. Chr. die Seeherrschaft errungen. In Verbindung damit hat sich der griechische Handel weite Absatzgebiete erschlossen. Griechische Keramik findet sich in Syrien, Ägypten, auf Cypern, in Italien und auf Sizilien. Auf Cypern haben sich sogar Griechen in größerer Zahl niedergelassen; sie nannten sich Achäer. So hieß auf Rhodos die Burg von Ialysos Achaia. Und Homer nennt die Griechen Achäer. Wenn schließlich auch auf Kreta Kuppelgräber gefunden wurden, so wird man diese mit der Ausbreitung der mykenischen Griechen in Verbindung bringen. Dies alles zeigt, daß die Griechen zum führenden Volk im östlichen Mittelmeer aufgestiegen sind. Die Versuche jedoch, das Land Achijawa (oder Achia), das auf den hethitischen Keilschrifttafeln genannt wird, mit den Hellenen in Verbindung zu bringen (seinerzeit besonders von Emil Forrer), sind nicht überzeugend. Das hellenische Großreich Achijawa hat nur in der Phantasie moderner Forscher existiert, denn eine große zusammenhängende Herrschaft hat es im mykenischen Griechenland schwerlich gegeben. Sie ist allein schon deswegen nicht wahrscheinlich, weil keine Spur einer Bürokratie vorhanden ist, wie sie in Großreichen unentbehrlich ist.

Ein tiefer Einschnitt der Geschichte ist die Große Wanderung (um 1200 v. Chr.). Sie hat nicht nur Hellas, sondern auch andere Teile des östlichen Mittelmeergebiets berührt. In Hellas sind die Dorer und die Nordwestgriechen von Norden her nach Mittelgriechenland und in die Peloponnesos eingewandert. Den Anstoß zur Wanderung haben offenbar Völkerbewegungen im östlichen Mitteleuropa gegeben, an denen die Illyrer einen Anteil gehabt haben. Allerdings ist die Rolle der Illyrer in der modernen Forschung vielfach übertrieben worden.

Universalhistorisch betrachtet dominieren in der Bronzezeit (zwischen 1550 und 1200 v. Chr.) die Reiche des Alten Orients, vor allem Ägypten und das Hethiterreich. Griechenland verharrt dagegen im Zustand einer weitgehenden Zersplitterung. In Italien treten zum erstenmal Völkergruppen auf, die aus dem nordalpinen Raum stammen. Der Schwerpunkt der Veränderungen liegt eindeutig im östlichen Mittelmeergebiet. Hier ringen die Großmächte, Ägypten und das Hethiterreich, um die Hegemonie. Die syrisch-palästinensischen Stadtstaaten sind von ihnen abhängig. Bemerkenswert ist der Aufstieg des Mitannireiches im nördlichen Zweistromland zwischen 1550 und 1450 v. Chr. Mit dem südlichen

Zweistromland geht es dagegen bergab; im Jahre 1531 wird Babylon von den Hethitern erobert und geplündert.

Um 1200 v. Chr. tritt die Mittelmeerwelt in ein neues Zeitalter ein. Hier beginnt die Eisenzeit und mit ihr eine Veränderung vor allem der Waffentechnik, die sich folgenreich ausgewirkt hat. Eine weitere Veränderung stellt die Überschichtung der achäischen Dialekte durch das Dorische dar. Die Dorer waren ein wehrhafter Stamm, dessen Name als »Speerkämpfer« erklärt worden ist (Wilh. Schulze). Dies wäre eine Kurzform von *dorímachoi*.

Die in Hellas eindringenden Völker haben eine breite Zone der Zerstörung zurückgelassen. Dies gilt insbesondere von der Argolis und von der Umgebung von Korinth, aber auch von Kreta. Doch war die mykenische Kultur bereits im Niedergang begriffen. Man hat versucht, die Burgen in den Verteidigungszustand zu versetzen, doch ließ sich das Versäumte nicht mehr aufholen, die neuzuwandernden Stämme erwiesen sich als die Stärkeren. Ob im Verlauf der Wanderung auch Troja auf kleinasiatischem Boden zerstört worden ist, bleibt umstritten. Es könnte dem Angriff thrakischer Völker zum Opfer gefallen sein. Die Veränderungen in Anatolien, insbesondere der Sturz des Hethiterreiches, waren noch bedeutender als die Umwälzungen in Hellas. Dadurch, daß Kreta als Seemacht ausgeschieden ist, wurde den Phönikern der Weg frei gemacht. Ihre Expansion gehört in die Zeit zwischen 1000 und 800 v. Chr., ebenso aber auch die Fahrten der Etrusker nach Italien. Sie haben sich zuerst auf der Insel Elba und in der Toskana niedergelassen.

Seit etwa 1200 v. Chr. sind die Griechen in Verbindung mit dem Alten Orient getreten. Dazu kommt der Aufschwung des Ost-West-Handels, zu dem neben den Hellenen die Phöniker wesentlich beigetragen haben.

Als Grund der Großen Wanderung ist vermutet worden, die neu in den Kreis des Mittelmeeres eintretenden Völker hätten sich in den Besitz des terrestrischen Eisens setzen wollen. Aber dies kann höchstens eine Nebenabsicht gewesen sein, der Hauptgrund war, wie in der Regel bei Völkerwanderungen, die relative Landnot. Sie hat eine Anzahl von Völkern dazu gezwungen, sich eine neue Heimat zu suchen. Wir wissen nicht, ob sie bestrebt gewesen sind, mit den hoch entwickelten Stadtkulturen Vorderasiens in Verbindung zu treten. Es mag sein, daß dies in begrenztem Umfang auch für Griechenland zutrifft, wo immerhin die Burgen mit ihren Schätzen Anziehungspunkte für die Zuwandernden gewesen sein mögen. Auch die in Hellas höher entwickelte Zivilisation mag ein Grund für die Wanderung gewesen sein. Keine einzige Quelle gibt uns Kunde von den Führern, die an der Spitze der neuen Völker gestanden haben. Wenn diese Neuankommenden sich durchgesetzt haben, so ist dies zweifellos auf ihre kriegerische Überlegenheit zurückzuführen.

8. Kapitel

Die Übergangszeit

von etwa 1100 bis 800 v. Chr.

Ein eminent wichtiges Ereignis fällt in die Übergangszeit, und das ist die Besiedelung der anatolischen Westküste durch die Griechen. Sie mag um 1000 v. Chr., vielleicht auch noch etwas früher, begonnen haben. Ernst Curtius hat seinerzeit die Hypothese aufgestellt, die Hellenen seien von Anatolien nach Griechenland gekommen. In unserer Zeit hat sich Vittore Pisani dieser Ansicht angeschlossen – trotzdem kann diese Meinung als widerlegt gelten. An der Wanderung zur See nach Kleinasien haben sich Hellenen aller Stämme beteiligt, die Äoler, Ioner und auch die Dorer. Sie haben sich in dieser Reihenfolge von Norden nach Süden jenseits des Ägäischen Meeres festgesetzt. Die wichtigsten waren die Ioner, sie haben sich, spätestens im 8. Jahrhundert v. Chr., um das Heiligtum des Poseidon Helikonios auf der Halbinsel Mykale gruppiert. Hier, in Anatolien, sind sich die Griechen zum erstenmal ihrer Gemeinsamkeit bewußt geworden, hier haben sich die ersten Ansätze zu einem griechischen Nationalgefühl entwickelt. Die Hellenen standen in harten Abwehrkämpfen gegen die Bewohner Anatoliens. Dieser Zustand macht es verständlich, wenn sie ihre Siedlungen mit festen Mauern umgaben. Es sind dies die ersten griechischen Poleis, von denen die Geschichte kündet. Mit der Entstehung der Stadtgemeinden entwickelte sich ein an die Polis gebundener Patriotismus, dazu eine tiefgehende Intensivierung des politischen Lebens, wie es in dieser Form einzigartig ist. Die Polis ist auf dem Boden Anatoliens entstanden, sie hat auch dem staatlichen Leben in Hellas wesentliche Impulse vermittelt. Verglichen mit der mykenischen Zeit, läßt sich schwerlich übersehen, daß in Hellas ein kultureller Niedergang zu verzeichnen ist. Der Neuanfang nach dem Ausgang der mykenischen Zeit war schwierig, Spuren der Verarmung zeigen sich vielfach.

In dieser Übergangszeit sind aber auch Fortschritte zu verzeichnen. Zu ihnen gehört vor allem die Rezeption der phönikischen Buchstabenschrift durch die Griechen, die damit die erste reine

Lautschrift in der Geschichte der Zivilisation entwickelt haben. Und dies war ein wesentlicher Fortschritt gegenüber den früheren Schriftsystemen, ob man nun an die ägyptische Hieroglyphenschrift oder an die akkadische Keilschrift denken mag.

Vorher hatte es die minoische Schrift gegeben, die als die Linearschrift bezeichnet wird, und zwar in verschiedenen Systemen. Die sog. Linearschrift B hat sogar in Griechenland Fuß gefaßt. Aber gegenüber der Buchstabenschrift der Phöniker ist sie komplizierter und schwieriger, so daß ihre Verdrängung nicht zu verwundern braucht. Die Entzifferung der Linearschrift B ist letztendlich noch nicht geklärt.

Die Phöniker waren Seefahrer und Handelsleute, sie haben, durch den Niedergang der Thalassokratie der Minoer und der Griechen, weit nach Westen ins Mittelmeer ausgegriffen, im Jahre 814 haben sie von Tyros aus Karthago gegründet. Aber schon vorher waren die Phöniker im westlichen Mittelmeer erschienen, denn die früher vertretenen Spätdatierungen sind nicht mehr aufrechtzuerhalten.

Aus der Übergangszeit stammen auch die griechischen Großepen, die Ilias und die Odyssee. Ihre endgültige Form haben sie durch einen großen Dichter erhalten, der im 8. Jahrhundert oder frühestens im 9. Jahrhundert v. Chr. gelebt hat. In den Epen sind ältere Elemente der mykenischen Kultur kunstvoll mit jüngerem Material verschmolzen. Zu den letzteren wird man etwa den Schild des Achilles mit den orientalisierenden Motiven rechnen. Wenn Herodot sagt, Hesiod und Homer hätten den Hellenen ihre Götterwelt geschaffen, so ist dies die volle Wahrheit. Die homerischen Epen sind der Untergrund für das griechische Nationalbewußtsein und die hellenische Religiosität. Wo auch immer Griechen lebten, haben sie sich zu Homer bekannt, in der Großen Kolonisation, die etwa um 750 v. Chr. beginnt, auch in Italien und Sizilien. Die Theogonie Hesiods weist gewisse Berührungen mit dem hethitischen Kumarbi-Epos auf. Dies läßt auf Verbindungen zwischen dem Orient und Hellas schließen.

Und was geschah im Westen? Seit etwa 1000 v. Chr. hat sich hier, wahrscheinlich in mehreren Schüben, die Einwanderung der Etrusker vollzogen. Sie kamen aus der Welt des Ostens, wahrscheinlich aus der Nachbarschaft der Lyder. Ihre ersten Niederlassungen gründeten sie auf Elba und in der Landschaft Toskana. Sie verbanden sich vielfach mit den hier wohnenden Völkern, vor allem mit den Umbrern. Die Etrusker haben die Italiker nicht nur den Städtebau gelehrt, sie haben sich vor allem um die Bearbeitung des Eisens bemüht, das insbesondere zur Anfertigung von Waffen gebraucht wurde.

Im 10. Jahrhundert v. Chr. ist die Palatinssiedlung in Rom entstanden, die Urzelle der späteren Weltstadt. Seit etwa 950 blüht in Italien die Villanova-Kultur; ihren Namen hat sie von einem Fundort bei Bologna. Sowohl die Etrusker wie auch die Umbrer haben an dieser Kultur teilgenommen. Wie in Hellas existieren auch in Italien Bestattung und Verbrennung der Toten nebeneinander. Von jenseits der Adria sind messapische Einwanderer gekommen, sie haben die Bevölkerung Süditaliens mitgeprägt. Ein Teil der früheren Forschung hat den illyrischen Anteil in Italien überschätzt. Im Gegensatz zu den Messapiern sind die Veneter keine Illyrer.

Für Mitteleuropa ist die Urnenfelderkultur charakteristisch, und neben ihr die Lausitzer Kultur. Im unteren Donauraum haben sich die Thraker niedergelassen, die eine eigenständige Kultur aufzuweisen haben. Die Urnenfelderkultur steht wohl in Verbindung mit den Kelten und deren Vorvätern, obwohl hierüber die Diskussion noch nicht abgeschlossen ist. Der Schwerpunkt der kulturellen Entwicklung liegt eindeutig in Südeuropa, mit Ausnahme der Iberischen Halbinsel. Diese ist jedoch im Süden und Südosten von den Phönikern erreicht worden, die hier Handelsfaktoreien gegründet haben. In Skandinavien und Dänemark existiert die jüngere nordische Bronzezeit, die Kulturen der Länder sind jedoch noch weithin unerforscht. Eine gute Übersicht vermittelt die Karte im Großen Historischen Weltatlas (6. Aufl.) S. 7, wozu die Erläuterungen von V. Milojčić (S. 93ff.) hinzuzunehmen sind.

9. Kapitel

Das Zeitalter der Großen Griechischen Kolonisation

von 750 bis 550 v. Chr.

Mit der Großen Griechischen Kolonisation beginnt ein neues Weltzeitalter im Mittelmeergebiet. Viele tausend Griechen haben ihre Heimat verlassen und sind über die See in ferne Länder abgewandert. Der Radius der hellenischen Kolonisation erstreckt sich im Westen bis nach Südspanien (Mainake bei Malaga), nach Unteritalien und Sizilien, im Osten dagegen bis ans Schwarze Meer (Pantikapaion = Kertsch). Hellenische Kolonien finden sich auch an der thrakischen Küste, in Ägypten und in Kyrene. Weiter östlich hat jedoch die Expansion der Assyrer den Griechen Schranken gesetzt. Die Auswanderung der Griechen wäre nicht möglich gewesen, wenn Hellas keinen Bevölkerungsüberschuß gehabt hätte. Zu berücksichtigen wären noch die inneren Zwistigkeiten, die sich an dem Antagonismus der Tyrannen und der städtischen Bevölkerung entzündet haben. Griechenland war zu eng geworden, und als die Kolonisation um 550 v. Chr. allmählich zu Ende ging, da konnte man sagen, daß den Ländern des Mittelmeerraumes ein Saum griechischer Erde angewebt worden sei (Cicero). Es sind Bürger der Stadt Chalkis auf Euböa gewesen, die in kühnen Seefahrten weit in den Westen vorgestoßen sind. Sie haben sich in Campanien niedergelassen und hier die Stadt Kyme (lateinisch: Cumae) im Jahre 754 v. Chr. gegründet. Auch die ersten hellenischen Kolonien auf Sizilien fallen ungefähr in die gleiche Zeit. Es sind dies Naxos, Syrakus und Megara Hyblaia. In Unteritalien war Tarent die einzige von den Spartanern gegründete Kolonie. Das Alphabet von Chalkis hat Kyme übernommen; es ist dies die Mutter aller italischen Alphabete, auch des etruskischen, geworden. Die oft erörterte Frage, ob die Kolonien zu Handels- oder zu Siedlungszwecken angelegt worden sind, ist in dieser Form nicht richtig gestellt. Die Hellenen ließen sich dort nieder, wo sie Möglichkeiten zur Ansiedlung fanden. Die Verbindungen zur Heimat, zur Mutterstadt, haben sie nicht aufgegeben. Die Götter, den Kalender, die Einteilung der Bevölkerung in Phylen und anderes nahmen sie mit. Die Gründungen an der Propontis (Marmarameer) und am Pontos Euxeinos (Schwarzes Meer) sind wohl vorwiegend auf Handelsinteressen zurückzuführen. Von den Gründungen im westlichen Mittelmeerraum ist Massalia (gegr. um 600 v. Chr.) besonders hervorzuheben. Ihre Mutterstadt war das ionische Phokaia in Kleinasien. Für den Handel mit Gallien und sogar mit Germanien hatte Massalia eine große Bedeutung, es hat seine eigenen Kolonien nach Spanien vorgeschoben.

Die Kolonien der Griechen waren selbständige Poleis. Allein die Pflanzstädte Korinths bildeten eine Ausnahme. Dies findet durch die politischen Verhältnisse in der Stadt am Isthmos seine Erklärung. Hier herrschten Tyrannen, die ihre Herrschaft auch auf die Kolonien ausdehnten. Es waren sicherlich nicht immer die Besten, die sich auf die Suche nach neuem Siedlungsland begeben haben. Der Dichter Archilochos, der sich am Zug der Parier nach Thasos beteiligt hat, nennt die Kolonisten das »Elend von ganz Griechenland«.

Seit der Großen Kolonisation finden sich die Hellenen nahezu im gesamten Mittelmeergebiet, und viele fremde Völker, unter ihnen Skythen und Libyer, haben die griechische Zivilisation kennengelernt. Ihre Verbundenheit mit dem Mutterland bekundeten die Kolonien durch die Entsendung ihrer Jugend zu den Spielen von Olympia; sie haben hier nicht wenige Siegeskränze errungen.

Ebenso bedeutend wie die räumliche Ausbreitung der Griechen waren die geistigen und politischen Verbindungen im Zeitalter der Großen Kolonisation. Hier muß vor allem die Entstehung der griechischen Tyrannis seit etwa 700 v. Chr. erwähnt werden, in den Isthmosstädten wie Korinth und Megara, aber auch in den Griechenstädten am Westrand Anatoliens. Sie ist mit einer Zusammenfassung der politischen Gewalt in den Händen mächtiger Persönlichkeiten gleichbedeutend. Diese haben ohne Rücksicht auf die Bürger der einzelnen Gemeinden mit unumschränkter Gewalt regiert. Dabei stützen sie sich auf eine Gefolgschaft von Untertanen, die ihnen den notwendigen Rückhalt gewährt. Die großen Familien sehen sich in den Hintergrund gedrängt, während die Masse der Kleinbürger den Tyrannen willig Gefolgschaft leistet. Es sind innere und äußere Gründe, die den Aufstieg der Tyrannen begünstigt haben, vor allem soziale Probleme. Dazu kommt die Bedrohung mancher Gemeinden durch Feinde von außen. Dieser Gefahr konnte nur durch die Zusammenfassung der Kräfte unter der Führung machtvoller Männer begegnet werden.

Ungefähr zur gleichen Zeit, im 7. und 6. Jahrhundert v. Chr., kommt es zur Aufzeichnung des geltenden Rechts. Dabei sind Städte Unteritaliens und Siziliens vorangegangen. Männer wie Zaleukos von Lokroi und Charondas von Katane sind im Westen beispielgebend gewesen, aber auch Athen hat in Drakon seinen Gesetzgeber gefunden. Dies war ein bedeutender Fortschritt, der sich nicht nur im Rechtsleben folgenreich ausgewirkt hat. Doch hat es auch an Übertreibungen nicht gefehlt. Insbesondere die Versuche, mit Gesetzen gegen Luxus und Verschwendung einzuschreiten, haben sich im gesamten Altertum praktisch als nutzlos erwiesen.

Im ganzen ist aber das politische Leben in den griechischen Poleis in geordneten Bahnen verlaufen. Dies gilt auch für Sparta, das einen eigenen Weg eingeschlagen hat. Dieser ist mit den Problemen der Landnot und dem Verhältnis der Spartaner zu der unterworfenen Vorbevölkerung, den Heloten, untrennbar verbunden. Dies aber führte zur spartanischen Staatserziehung, der Agogé, der sich alle jungen Spartaner, soweit sie Vollbürger waren, zu unterwerfen hatten. Sparta wurde dadurch zu einem ausgesprochenen Zwangsstaat, dessen natürliche zivilisatorische Entwicklung abgeschnitten wurde, und zu einem Kriegerstaat, der sich fremden Einflüssen entzog. In Sparta verkörperte sich der reine Machtgedanke in Griechenland. Sein System beruht auf der Militarisierung des Lebens und auf der erbarmungslosen Unterdrückung der Heloten, die zu Staatssklaven herabgesunken sind. Seit etwa 600 v. Chr. hatte Sparta die uneingeschränkte Führerschaft auf der Peloponnesos inne. Sie beruhte auf der Hegemonie im Peloponnesischen Bund, zu dem sich im Verlauf des 6. Jahrhunderts v. Chr. die maßgebenden Staaten der Halbinsel zusammengeschlossen hatten. Für weitausgreifende Unternehmungen war Sparta nicht ausgerüstet, denn hierzu hätte es einer leistungsfähigen Flotte bedurft, die Sparta auch in den späteren Phasen seiner Geschichte nicht zur Verfügung hatte. Dennoch ist Sparta ein Ordnungsfaktor der griechischen Geschichte gewesen; ohne seine Zustimmung konnte keine Politik von Bedeutung in Hellas gemacht werden. Doch diese Entwicklung hat sich erst seit dem Ausgang des 6. Jahrhunderts v. Chr. vollzogen.

Von entscheidender Bedeutung für das Kriegswesen war die Veränderung der Kampfesart. An die Stelle der Einzelkämpfer trat seit Ende des 7. Jahrhunderts die geschlossene Phalanx. Sparta stand im 8. und 7. Jahrhundert v. Chr. in verlustreichen Kämpfen mit den Messeniern. Es bedurfte der äußersten Kraftentfaltung, um über diesen Gegner siegreich zu bleiben. Wie gefährlich die Lage für den spartanischen Staat gewesen ist, zeigen die Kriegslieder (Elegien) des Tyrtaios, mit denen er seine Landsleute zur Standhaftigkeit aufruft. In den Messenischen Kriegen stand Sparta an einem Wendepunkt seiner Politik, und die griechische Welt hätte ein anderes Gesicht erhalten, wenn nicht die Spartaner, sondern die Messenier Sieger geblieben wären. Der 1. Messenische Krieg endete im 8. Jahrhundert v. Chr. mit der Niederwerfung der tapferen Messenier, die seit dieser Zeit als Staatssklaven (Heloten) die Diener der Spartaner gewesen sind. Dieses Schicksal haben sie auch im 2. Messenischen Krieg (in der Mitte des 7. Jahrhunderts) nicht wenden können. Die Schaffung der geschlossenen Phalanx der Schwerbewaffneten durch die Spartaner hat weitreichende Rückwirkungen auf das Kriegswesen gehabt, denn auch die anderen Griechen haben die Neuerung übernommen. Als Vorbild könnte Assur in Betracht kommen, doch ist dies im einzelnen noch nicht untersucht worden. Auch die Auswirkungen auf das Leben der Bürger waren nicht gering. Gleichheit im Kampf bedingt Gleichheit der bürgerlichen Rechte, das eine ist nicht ohne das andere denkbar. Die Wirkungen zeigen sich in Sparta zuerst. Es wurden gemeinsame Mahlzeiten eingeführt. Die einzelnen Spartaner waren verpflichtet, dazu ihren Beitrag zu entrichten. Wer dazu nicht imstande war, schied aus der Lebensgemeinschaft der Vollbürger aus, er gehörte nicht mehr der Herrenschicht an. Von Jugend auf sind die Spartaner der Staatserziehung unterworfen, siebenjährig verlassen sie das Elternhaus, mit zwanzig Jahren werden sie in die Gemeinschaft der Krieger aufgenommen. Die Jugenderziehung dient einseitig der Wehrertüchtigung. Seit ihrer frühesten Kindheit wird den Spartanern der Verzicht auf die Güter des Lebens eingepflanzt, die Bindung an das Elternhaus geht verloren, die spätere Ehe dient der Erzeugung des Nachwuchses. Die Schattenseiten des spartanischen Lebens zeigen sich jedoch erst im 6. Jahrhundert deutlicher, vorher hatte Sparta noch einen gewissen Anteil am kulturellen Leben der Griechen. Von nun an treten ganz andere Züge in den Vordergrund. Es konstituiert sich in Sparta ein Kriegerstand, der kein Gegenbild in der ganzen Alten Welt, auch nicht bei den Römern, findet. Natürlich mußte dies zu einer Zurücksetzung der Unterschicht und vor allem auch der Frauen führen. Persönliche Bindungen zwischen Männern und Frauen sind selten. Das Kriegerleben der Spartaner nimmt Formen an, die, wie die Knabenliebe, zu einem Bestandteil der spartanischen Existenz werden. Natürlich haben sich die Spartaner dadurch in Hellas allmählich isoliert, aber sie haben auch Nachahmung gefunden. Immer wieder hat es Bewunderer des spartanischen Lebens gegeben; zu ihnen gehört im 4. Jahrhundert v. Chr. der Athener Xenophon, der durch die Ausbildung der spartanischen Legende nicht wenig zur Verherrlichung des Kriegerstaats beigetragen hat.

Während Sparta in der Frühzeit beachtliche Leistungen auf kulturellem Gebiet aufzuweisen hat, ändert sich dies im 6. Jahrhundert v. Chr. Früher hatte es in Sparta Monumentalbauten gegeben, von denen hier der Tempel der Artemis Orthia und der Thron des Apollon von Amyklai wenigstens genannt seien. Auch die fremden Dichter Terpandros von Lesbos und Alkman von Sardes hatten sich in Sparta aufgehalten. Terpandros hatte sogar bei den karnëischen Spielen des Jahres 676/5 den ersten Preis davongetragen, während Alkman in Sparta die Chorlyrik begründete – aber damit war es seit etwa 600 v. Chr. zu Ende. Sparta hat allmählich den Charakter eines reaktionären Polizei- und Militärstaates angenommen, der sich ganz wesentlich von den übrigen Gemeinwesen in Hellas unterschieden hat. Als Krieger genossen die Spartaner weit über Griechenland hinaus hohes Ansehen, sie wurden bewundert, aber nicht geliebt; sie hatten sich zu einem Fremdkörper unter den Hellenen entwickelt. Allerdings war die spartanische Politik zunächst ganz einseitig auf eine Hegemoniestellung auf der Peloponnesos gerichtet, außerhalb der Halbinsel trat sie kaum in Erscheinung. Es ist bemerkenswert, daß der Aufstieg des spartanischen Kriegerstaats sich ungefähr gleichzeitig mit der Entwicklung Assurs in Vorderasien vollzogen hat, doch ist Assur im Jahre 612 dem Ansturm der Meder und Neubabylonier erlegen.

Zwar hat die spartanische Staatsidee innerhalb und außerhalb Griechenlands so manchen Bewunderer gefunden, doch blieb sie ohne Nachahmung. Dies hängt damit zusammen, daß Sparta sich durch seine chronische Landnot unter Druck gesetzt fühlte. Die Entwicklung Athens hat jedenfalls einen ganz anderen Verlauf genommen. Hier waren die großen Adelsfamilien absolut führend, und zwar bis ins 7. Jahrhundert v. Chr. In Athen gab es drei Schichten der Bevölkerung: die großen Grundbesitzer, die Masse der Bauern und die Hörigen. Diese befanden sich in Abhängigkeit von den Grundbesitzern. Die frühe Geschichte Athens und seines Umlandes, von uns als Attika bezeichnet, ist vorwiegend Agrargeschichte. Ein Staatsgedanke hat sich hier erst nach einer längeren Übergangszeit entwickelt. Zwar gab es in Athen keine Heloten wie in Sparta, aber es gab die Hektémoroi. Diese waren gehalten, ein Sechstel des Bodenertrags an die Grundherrn abzuliefern, jedenfalls in der Zeit vor 600 v. Chr. Es ist wohl Solon gewesen, der die Hektémoroi abgeschafft hat.

Um 600 v. Chr. vollzog sich in Hellas eine grundlegende Veränderung. Der griechische Handel hat sich immer weitere Gebiete erschlossen. Griechenland hatte zwar einen großen Bedarf an zusätzlichem Korn, das von auswärts eingeführt werden mußte, aber die Vasenfunde künden von einem bedeutenden Wein- und Ölhandel, für den sich in Unteritalien und am Rande Kleinasiens neue Absatzgebiete erschlossen. Dies aber wäre nicht möglich gewesen, wenn die Griechen nicht über eine leistungsfähige Handelsflotte verfügt hätten. Die wichtigsten Seestädte waren Korinth, Megara und Ägina. Athen steht zunächst noch weit zurück. Es ist der Tyrann Peisistratos gewesen, der seit 561 die Expansion des athenischen Handels entscheidend gefördert hatte. Die grundlegenden politischen Voraussetzungen hatte jedoch nicht Peisistratos, sondern bereits Solon geschaffen. Er war im Jahre 594/3 zum Schiedsmann gewählt worden. Als solcher hat er wichtige Reformen durchgeführt; am bedeutendsten war die Entschuldung der Bauern, dazu kam eine Reform von Münzen, Maß und Gewicht. Große Bedeutung hatte auch seine Gesetzgebung, die eine Verfassungsreform des Staates miteinschloß. Gegenüber den Anliegen der einzelnen Gruppen der Bürger hat Solon den Staatsgedanken hervorgehoben. Aus dem Durcheinander privater Interessen hat er den Weg zum Staat gewiesen. Zwar hat er den Adelsstaat nicht gänzlich abgeschafft, aber er hat einen Ausgleich der Interessen der einzelnen Stände durchgeführt. Dabei haben in erster Linie die Zeugiten beträchtlich gewonnen. Solon teilte die Bevölkerung in drei Klassen, in die Ritter, die Zeugiten, welche die Masse der Hopliten darstellten (früher hat man sie fälschlich als die Gespannbauern angesprochen) und die Theten. Aus der Gruppe der Ritter wurden die Fünfhundertscheffler (Pentakosiomédimnoi) noch eigens hervorgehoben. Ihnen blieben die wichtigsten Ämter des Staates vorbehalten, sie allein konnten Archonten und Schatzmeister werden, während die Zeugiten alle anderen Ämter bekleideten, nicht aber die Theten, die nur in der Volksversammlung (ekklesia) ihre Stimme abgeben durften. Als Gegengewicht gegen den altehrwürdigen Rat vom Areopag schuf Solon den Rat der

Vierhundert, zu dem aus jeder Phyle einhundert Mitglieder erlost wurden.

War Solon der Vater der attischen Demokratie? Die griechische Überlieferung des 4. Jahrhunderts v. Chr. hat diese Meinung geäußert, aber sie ist in dieser Form nicht zutreffend. Solon hat der künftigen wirtschaftlichen und gesellschaftlichen Entwicklung den Weg bereitet, er hat den ersten modernen Staat auf griechischem Boden geschaffen. Diese Tatsache bleibt bestehen, wenn seiner Staatsschöpfung auch noch so manche Unzulänglichkeiten anhafteten. Es fehlt vor allem an einer ausgeprägten Zentralgewalt, da die Volksversammlung (ekklesia) Schwankungen unterworfen war. Dennoch war Athen den anderen griechischen Staaten weit voraus.

Im Jahre 561/60 hatte sich Peisistratos in den Besitz der unumschränkten Gewalt in Athen gebracht, er war Tyrann von Athen, emporgekommen als Führer im Kampf gegen Megara. Obwohl er zweimal die Stadt verlassen mußte, so bedeutete doch seine Herrschaft eine wichtige Zäsur in der Geschichte Athens. Seine Herrschaft stützte sich vor allem auf die Bauern. Wie Solon war er bemüht, den Mittelstand zu heben, der seit dieser Zeit als ein wichtiger Faktor der Politik in Erscheinung tritt. Erst Peisistratos ist es gewesen, der Athen auf die Straße der Expansion geführt hat. Er hat als erster eine wirkliche Handelspolitik inauguriert, die durch die Ausbreitung der Münz-Geld-Wirtschaft wesentlich gefördert wurde. Die Handelsstraße durch die Dardanellen hat er durch die Neubesiedlung der Stadt Sigeion wiederbelebt, auf der Halbinsel Gallipoli wurde eine attische Kolonie unter dem Älteren Miltiades in Abhängigkeit von dem Tyrannen begründet. Im Jahre 528/7 starb Peisistratos eines natürlichen Todes, sein Sohn Hipparchos fiel im Jahr 514 einem Mordanschlag zum Opfer, der ältere Sohn Hippias wurde im Jahre 510 von den Spartanern vertrieben.

Bereits gegen 550 v. Chr. war die Große Griechische Kolonisation zu Ende gegangen. Die Griechen hatten im Westmeer in den Etruskern entschlossene Gegner gefunden; nach der Seeschlacht bei Alalia hatten sie die Insel Korsika aufgeben müssen. Der Höhepunkt der Kolonisation war längst überschritten und die Weltlage befand sich in einem Wandlungsprozeß, der mit dem Aufstieg des Persertums in Verbindung stand.

10. Kapitel
Die Alte Welt von 550 bis 400 v. Chr.

Um 550 v. Chr. haben sich bedeutende Veränderungen in der Alten Welt angebahnt. Sie haben auch Griechenland in ihren Bann gezogen. Am wichtigsten war der Aufstieg des Persertums. Gegen 553 hatte sich Kyros, der Vasall des Mederkönigs Kyaxares, von der Herrschaft der Meder emanzipiert. An die Stelle der Meder traten nun die Perser, die in den folgenden Jahrzehnten eine große Expansion erlebten. Diese wird nur verständlich bei richtiger Einschätzung der Bedeutung des persischen Volkes. In Kyros besaßen sie eine ungemein fähige Führerpersönlichkeit. In wenigen Jahren hat er sich die angrenzenden Reiche Vorderasiens untertan gemacht, ein Vorgang, der in der Alten Welt kaum eine vergleichbare Parallele findet. Zuerst besiegte Kyros die Lyder unter dem König Kroisos (547), darauf folgte die Unterwerfung der Neubabylonier (539). Damit war an die Stelle des altorientalischen Staatensystems die Herrschaft der Perser getreten, eine Veränderung, welche ganz Vorderasien in den Bann geschlagen hat. Über den Aufbau des Perserreiches wurde bereits berichtet; hier sei nur noch erwähnt, daß Kambyses im Jahr 525 auch Ägypten unter die Herrschaft der Perser gezwungen hat.

Mit dem Aufstieg der Perser hatte sich der Schwerpunkt der Alten Welt nach dem Osten verschoben. Er lag nunmehr in den Residenzen des persischen Großreiches, in Persepolis und Susa, von hier aus wurde die Welt regiert. Die Hellenen in Anatolien und Griechenland sollten bald verspüren, daß die persische Expansion bis ans Gestade des Ägäischen Meeres emporbrandete. Und zwar hat die Veränderung die Griechen zu einer Zeit betroffen, in der sich ihre Gesellschaft in einem tiefgehenden sozialen und wirtschaftlichen Umbruchprozeß befand. Die Griechen hatten zur See Verbindungen zu fernen Ländern aufgenommen, ihre Kolonien erstreckten sich bis weit in den Westen, bis nach Südgallien und Spanien; der Radius des hellenischen Handels erreichte viele Küsten in West und Ost, doch hatten die Griechen im Westen in den Karthagern und Etruskern Rivalen, die der hellenischen Ausbreitung Grenzen setzten.

Die Hellenen am Westrand Anatoliens hatten sich mit den Lyderkönigen auseinandergesetzt, sie waren mit Ausnahme Milets ein Teil des Lyderreiches geworden. Dies alles änderte sich von Grund auf, als die Perser den Sieg über die Lyder davongetragen hatten. Auch die Hellenenstädte an der Küste Westanatoliens haben die Perser unterworfen. Sie wurden der Aufsicht persischer Satrapen unterstellt. Das Zusammentreffen von Griechen und Persern blieb nicht ohne Folgen. Es war auch nicht zu erwarten, daß die Expansion der Perser am Ostrand des Ägäischen Meeres zum Stillstand kommen würde. Die Hellenen, vor allem die Ioner im westlichen Anatolien, waren ihren Brüdern der Inseln und des griechischen Mutterlandes in vielfacher Hinsicht verbunden. Außerdem stellte sich nun das Problem der Meerengen, der Dardanellen und des Bosporus. Der Großkönig Darius I. (522–486) hat versucht, die Machtsphäre der Perser auf europäischen Boden, nach Thrakien, vorzuschieben. Doch sollte der Brückenkopf in Thrakien nur der Anfang der persischen Eroberungen sein. Im Jahre 513 unternahm Darius den Kriegszug gegen die Skythen. Er wollte die von ihnen ausgehende Gefahr, welche die Nordgrenze des persischen Reiches bedrohte, durch einen Angriff von Westen her ausschalten. Das Unternehmen lief sich jedoch in Bessarabien fest, nachdem die Perser die untere Donau auf einer Brücke überschritten hatten. Man hatte die Entfernungen unterschätzt; auch in der Versorgung des Heeres ergaben sich Schwierigkeiten. An dem Unternehmen hatten einige griechische Tyrannen, Stadtherren der Hellenenstädte in Kleinasien, teilgenommen, aber auch Miltiades, der Herrscher des thrakischen Chersonesos, der Halbinsel Gallipoli. Wie es heißt, soll er den Hellenen im Heer des Darius den Rat gegeben haben, die Donaubrücke abzubrechen und das Perserheer in der bessarabischen Steppe seinem Schicksal zu überlassen. Der »Brückenrat« ist jedoch nicht ausgeführt worden.

Die Geschichte der Zeit von 500 v. Chr. an ist zumeist aus der Perspektive der Griechen gesehen worden, doch ist dies welthistorisch nicht richtig; denn Leben und Bewegung haben nicht die Hellenen, sondern die Perser gebracht. Ebenso wie die Griechen waren sie Indogermanen, doch hatte ihr Reich eine gänzlich andere Struktur als die hellenische Staatenwelt. Die Welt der Hellenen stand hier gegen einen Feudalstaat, der sich von der Ägäis bis nach

Indien erstreckte. Großkönig und Untertanen waren miteinander in einem gegenseitigen Treueverhältnis verbunden. Die Vorstellung, bei den Persern habe ein öder Despotismus geherrscht, entspricht nicht den Tatsachen.

Ein einschneidendes Ereignis in den Beziehungen zwischen den Hellenen und den Persern war der *Ionische Aufstand*, der im Jahre 500 (oder 499) v. Chr. ausgebrochen ist. Die Ioner errangen einige überraschende Erfolge, doch eine nachhaltige Unterstützung des Mutterlandes blieb aus, und als es den Persern gelang, Milet zu erobern, nachdem sie in der Seeschlacht bei der Insel Lade infolge der Uneinigkeit der Ioner einen entscheidenden Sieg errungen hatten, war der Aufstand beendet. Die Perser konnten daran gehen, ihren Brückenkopf in Thrakien durch Mardonios zu erweitern (492). Man hat dieses Unternehmen gelegentlich als einen Kriegszug gegen Griechenland aufgefaßt, doch diente er lediglich der Vorbereitung, und was die Perser in Thrakien erreichen wollten, haben sie auch erreicht. Die Verluste an Menschen und Schiffen hielten sich in Grenzen.

Da die Ioner bei ihrem Aufstand die Hilfe der Städte Eretria und Athen erfahren hatten, unternahmen die Perser unter Datis und Artaphernes eine Strafexpedition; dabei wurde Eretria zerstört, die Bewohner nach Asien verschleppt. Auch die Athener wären dem gleichen Schicksal nicht entgangen, wenn sie nicht in der Schlacht bei Marathon einen Sieg über die in Attika gelandeten Perser davongetragen hätten. Die Athener hatten unter der Führung von Miltiades und Kallimachos, dem Polemarchen, gestanden. Sie waren nahezu allein gewesen, die Spartaner trafen zu spät in Attika ein, nur die Platäer hatten ein kleines Hilfskorps geschickt. Die Niederlage der Perser war eindeutig, aber sie war keine Katastrophe, während die Athener den Sieg hoch gefeiert haben. Ob die Nachricht von dem Läufer historisch ist, der, vom Schlachtfeld nach Athen geeilt, hier den Sieg verkündete, wobei er vor Erschöpfung tot zusammenbrach, läßt sich nicht entscheiden – es mag eine Legende sein. Die persische Führung jedenfalls mußte sich den Vorwurf machen, die Athener unterschätzt zu haben. Hätten sie sich entsprechend vorbereitet, so wäre ihnen ein entscheidender Sieg über Athener und Platäer sicher gewesen.

Vier Jahre später, 486 v. Chr. starb der persische Großkönig Darius I. Er hatte im Jahre 522 den Thron bestiegen, nachdem er sich gegen eine Reihe von Konkurrenten durchgesetzt hatte. Seine Regierung bezeichnet die größte Ausdehnung des Perserreiches, sein Einfluß reichte bis nach Unteritalien und Sizilien, auch unter den Hellenen des Mutterlandes hatte er manche Parteigänger.

Unter seinem Nachfolger Xerxes verstärkte sich der Absolutismus. Um die Hellenen zu unterwerfen, wurden große Rüstungen im Perserreich eingeleitet. Sie konnten, durch Aufstände verzögert, erst im Jahre 483 beginnen. Zwei Jahre später waren sie beendet, das Riesenheer der Perser setzte sich in Bewegung. Die Kontingente der vielen Völker und Nationen, von Herodot in seinem Geschichtswerk geschildert, versammelten sich im westlichen Anatolien. Xerxes hatte einen kombinierten Kriegszug von Heer und Flotte geplant, die Schiffe wurden von den Phönikern und Ionern gestellt. Bei den Griechen des Mutterlandes herrschte große Angst. Sie wären verloren gewesen, wenn sie in ihrem Abwehrkampf nicht zusammengestanden hätten. Themistokles von Athen ist es gewesen, der die Griechen davon zu überzeugen vermochte, daß die Entscheidung zur See gesucht werden müsse; an einen Sieg zu Lande wagte wegen der großen Überlegenheit der Perser niemand zu denken. Seit dem Jahre 482 hatte Themistokles ein Flottenbauprogramm durchgesetzt; auf der Flotte Athens beruhten die Hoffnungen von ganz Griechenland. Im Jahre 481 schlossen sich die Griechen zu einer Eidgenossenschaft zusammen. Der mächtigste Staat war Lakedaimon (Sparta), dessen Landheer ganz unentbehrlich war. Die Namen der Eidgenossen verzeichnet die Schlangensäule von Delphi, die man nach dem Sieg über die Perser errichtet hat. Auf ihr stehen die Namen von 31 griechischen Staaten, an erster Stelle die Lakedämonier, dann die Athener und die Korinther.

Den Feldzug hatten die Perser von langer Hand mit großer Sorgfalt vorbereitet. Das Reich befand sich im Zustand seiner größten Leistungsfähigkeit. Doch haben Aufstände in Babylonien und Ägypten einen früheren Beginn des Perserzuges verhindert. Die Rüstungen der Perser stellen alles, was in der Vergangenheit geschehen war, weit in den Schatten. Herodot hat die Teilnehmer des Zuges auf insgesamt fünf Millionen Mann beziffert, unter ihnen 1,7 Millionen Kombattanten. Diese Zahlen sind jedoch übertrieben. Die moderne Forschung (General E. v. Fischer) ist nur auf 50000 Kombattanten gekommen, was der Wahrheit ungefähr entsprechen mag. Der Großkönig hatte sich bemüht, die Schwankenden unter den Griechen durch Drohungen und Versprechungen in das persische Lager zu führen.

Was Xerxes unternahm, war alles andere als ein Grenzkrieg, es war ein Eroberungskrieg größten Stils, der sich nicht auf Hellas allein, sondern darüber hinaus auch auf Teile des übrigen Südosteuropa richtete.

Die Durchführung des Feldzugs ließ zunächst keine Wünsche offen. Das persische Heer überschritt auf zwei Schiffsbrücken den Hellespont und zog an der thrakischen Küste entlang nach dem Westen. In Hellas stießen die Perser erst an den Thermopylen auf Widerstand. Die Kämpfe dort, in denen sich die Spartaner unter ihrem König Leonidas durch besondere Standhaftigkeit auszeichneten, stehen in unmittelbarem Zusammenhang mit dem Seegefecht am Artemision (an der Nordspitze der Insel Euböa). Die Griechen und ihre Bundesgenossen aber harrten an den Thermopylen so lange aus, bis sich die Flotte von den Persern lösen und den Euripos (zwischen dem Festland und der Insel Euböa) passieren konnte, eine nautische Bravourleistung, welche die griechische Flottenleitung auf voller Höhe zeigt. Zweifellos hatten die Perser ihr taktisches Ziel, die Öffnung der Zugänge zu Mittelgriechenland, erreicht, den ersten Abschnitt des Krieges hatten sie gewonnen. Attika mußte vor dem heranrückenden Perserheer geräumt werden. Die Zusammenwirkung zwischen dem persischen Landheer und der Flotte war zweckmäßig koordiniert gewesen, die Griechen sahen sich nach dem Süden zurückgedrängt.

Angesichts der persischen Rüstungen hatten sich die Hellenen im Jahre 481 zu einer Eidgenossenschaft zusammengeschlossen. Auf einen Sieg zu Lande hatten sie von vornherein nicht zu hoffen gewagt; sie setzten ihre Hoffnungen vielmehr auf die Flotte, die durch den Flottenbau des Themistokles in Athen eine beträchtliche Stärke erreicht hatte. Sollte es ihr gelingen, die persische Armada an einem für die Hellenen günstigen Ort zur Schlacht zu stellen, so bestanden Aussichten auf einen griechischen Erfolg. Führer der griechischen Flotte war der Spartaner Eurybiades, doch hatte es Themistokles verstanden, ihn mit seinen Ratschlägen zu lenken, insbesondere war es sein Verdienst, die Perserflotte in die Enge zwischen dem atttischen Festland und der Insel Salamis zu dirigieren, wobei sich Themistokles einer Geheimbotschaft an den Perserkönig Xerxes bediente. Die Wahl des Kampfplatzes bot den Griechen die Gelegenheit, sich den Persern als gleichwertiger Gegner entgegenzustellen.

Der Verlauf der Seeschlacht wird durch die Führungskunst des Themistokles geprägt. Er ist übrigens der erste, der die Autonomie des Seekriegs erkannt und dadurch die Entscheidung des Krieges herbeigeführt hat. Die Schlacht hat sich im Sund von Salamis abgespielt, und zwar an seiner engsten Stelle, zwischen dem Hügel Aigaleos in Attika einerseits und der Insel Psyttaleia (Lipsikutala) sowie der Halbinsel Kynosura, die von Salamis spitz nach dem Osten vorspringt, andererseits. Ein Flankenstoß der Athener brachte die Entscheidung, sie kämpften auf dem linken Flügel der Hellenen. Die Seeschlacht dauerte zwölf Stunden, sie endete mit einer totalen Niederlage der Perser. Als entscheidend hat sich in erster Linie das irrationale Element erwiesen. Die Griechen kämpften um Leben und Freiheit. Die Perser waren nicht gut geführt, ihre Flotte war durch den Seesturm am Kap Artemision noch stark mitgenommen, und die auf persischer Seite kämpfenden Ioner waren nur mit halbem Herzen bei der Sache.

Salamis ist eine der großen Schicksalsschlachten der Antike. Der Krieg um Hellas war damit nicht entschieden, erst die Schlacht bei Platää im folgenden Jahr 479 hat die endgültige Wende gebracht. Sieger war der Spartaner Pausanias. Er hat ein bereits verlorenes Treffen aus dem Feuer gerissen. Die Schlacht ist insofern von Interesse, weil die einzelnen griechischen Kontingente sie, im wesentlichen auf sich allein gestellt, durchgefochten haben, ohne sich um die Direktiven des Pausanias zu kümmern. Die folgenden Operationen entbehren seitens der Griechen eines überzeugenden Planes. Die Hellenen waren nicht einig, doch sind sie in der Schlacht bei Mykale (in Ionien, unweit von Priene) noch einmal Sieger geblieben. Griechenland war wieder frei, erst viel später, im Jahr 338, hat ein fremdes Heer wieder griechischen Boden betreten.

A. J. Toynbee hat behauptet, es wäre, vom welthistorischen Standpunkt gesehen, besser gewesen, wenn die Perser, nicht die Hellenen, den Sieg davongetragen hätten. In diesem Fall wäre den Griechen mehr als ein Jahrhundert innerer Kriege erspart geblieben. Doch diese Ansicht ist nicht überzeugend, denn gerade nach ihren Siegen über die Perser haben die Griechen eine Kulturhöhe erreicht, die in der Geschichte der Alten Welt ohne Parallele geblieben ist. Es ist mehr als zweifelhaft, ob dies auch unter persischer Herrschaft möglich gewesen wäre, denn was die Perser geleistet haben, entbehrt der Originalität und der Individualität, wie sie für die Hellenen charakteristisch gewesen sind. Was die Perser geleistet haben, zeigen ihre Bauten, die mit den griechischen nicht zu vergleichen sind. Die Kunst bedarf der Freiheit und des schöpferischen Individuums, und davon gibt es bei den Persern nur wenig.

Man hat vermutet, daß in der persischen Architektur hellenische Anregungen vorhanden waren, aber sie haben sich anders ausgewirkt als die Leistungen der Griechen in ihrem Heimatland.

Von den Griechen haben es einige Staaten vorgezogen, neutral zu bleiben, wie etwa Kreta und Argos. Und an der Zahl waren die Griechen der Eidgenossenschaft den Persern weit unterlegen, sie befanden sich in einer geradezu hoffnungslosen Situation, doch haben sie allen pessimistischen Voraussagen zum Trotz – auch das Delphische Orakel hat sich sehr negativ geäußert –, einen glänzenden Sieg davongetragen. Es war dies ein Wunder, wie es in der Weltgeschichte nicht oft zu verzeichnen ist. Ohne Themistokles und Pausanias wären die Griechen verloren gewesen. Sie haben die Freiheit der Griechen gerettet.

Die persische Expansion, die schon Herodot als die treibende Kraft erkannt hat, konnte sich nicht weiter entfalten. Sie hatte einen schweren Rückschlag erlitten. Auch im Westen des Mittelmeerraumes stand es nicht anders. Hier hatte Gelon, der Tyrann von Syrakus, in der Schlacht am Flusse Himeras einen entscheidenden Sieg über die Karthager errungen, und zwar im gleichen Jahr 480.

Die Siege der Griechen haben die Welt des Mittelmeerraums verändert. Das Perserreich unter Xerxes war an seine Grenzen gestoßen, die Karthager mußten auf eine Eroberung der Insel Sizilien verzichten, die Griechen hatten große Opfer bringen müssen, doch waren sie nicht vergeblich gewesen.

Bei ihrem Kampf gegen die Perser hatten die Hellenen einen Rückhalt an dem von den Lakedämoniern geführten Peloponnesischen Bund gefunden. Er umfaßte alle Staaten der Peloponnesos mit Ausnahme von Argos. Für weitausgreifende überseeische Expeditionen waren die Spartaner nicht ausgerüstet. Das Jahr 478/77 ist das Gründungsjahr des Delisch-Attischen Seebundes. Er verdankte seine Entstehung dem Schutzbedürfnis der Inseln an der kleinasiatischen Westküste, die ohne eine tatkräftige Unterstützung durch die Flotte Athens nicht existieren konnten. Der Seebund hat bis zum Ende des Peloponnesischen Krieges die auswärtige Politik der Griechen wesentlich bestimmt. Es waren die Schiffe der Inseln Chios, Lesbos und Samos, dazu die Beiträge von 480 Talenten, welche die übrigen Mitglieder des Seebundes aufzubringen hatten, die eine bedeutende Rolle in der Abwehr der Perser gespielt haben. Auch an den innergriechischen Kriegen, dem sog. 1. Peloponnesischen Krieg von 461 bis 446/5 und an dem großen Peloponnesischen Krieg von 431 bis 404 haben sie sich auf seiten Athens beteiligt und bedeutende Leistungen hervorgebracht. An führenden Männern fehlte es diesem Zeitalter nicht: auf athenischer Seite waren es Kimon, Perikles und Alkibiades, bei den Spartanern Brasidas und Lysander. Die Athener verfügten zu ihrem Unglück über keinen Politiker, der imstande gewesen wäre, den Peloponnesischen Krieg mit einem für beide Parteien tragbaren Frieden zu beenden. Eine geradezu verhängnisvolle Rolle hat Alkibiades gespielt. Er war im Jahre 413 von den Athenern zu den Spartanern übergegangen, fünf Jahre später, 408, ist er zu den Athenern zurückgekehrt, doch ist es ihm nicht gelungen, die Spartaner zu Boden zu werfen, weil er in Lysander einen Gegner fand, der ihm nicht nur gewachsen, sondern sogar überlegen gewesen ist.

Der Dualismus zwischen Athen und Sparta hat letzten Endes zu einer Selbstzerstörung Griechenlands geführt, obwohl die Lakedämonier als eindeutige Sieger aus dem Krieg hervorgegangen sind. Die Niederlage Athens auf der Sizilischen Expedition (415–413) und die Vernichtung der attischen Seemacht hatte zu einem Vakuum geführt, das Sparta auszufüllen nicht in der Lage war. Athen hatte sich zu Tode gesiegt, es ist durch Höhen und Tiefen geschritten, allein schon die große Pest hatte in den Jahren 430 und 429 einen bedeutenden Teil der Athener dahingerafft. Auch Perikles, den die Athener als Strategen abgesetzt hatten, fiel der Seuche zum Opfer. Und die Perser? Sie hatten zu Beginn der sechziger Jahre die Land- und Seeschlacht am Eurymedon (an der Südküste Kleinasiens) verloren. Seit dieser Zeit war das Ägäische Meer ein griechisches Meer, und im Jahre 449 hatten die kriegführenden Mächte, Athen mit seinem Seebund einerseits, die Perser andererseits, den Frieden des Kallias geschlossen. Er kommt zwar im Geschichtswerk des Thukydides nicht vor, doch kann an seiner Existenz kein Zweifel bestehen. Erst viele Jahre später, 412 v. Chr., sind die Perser durch ihre Subsidienzahlungen an Sparta in den Peloponnesischen Krieg eingetreten; sie haben ihn zugunsten Spartas entschieden. Das persische Übergewicht aber bleibt bestehen, und zwar weit über das Kriegsende hinaus. So ist das 4. Jahrhundert v. Chr. in seiner ersten Hälfte ein persisches Jahrhundert geworden.

Das Ergebnis des Peloponnesischen Krieges, der mit einem eindeutigen Sieg Spartas zu Ende ging, war für Hellas eine Katastrophe. Tausende von Griechen hatten ihr Leben verloren; allein die

Verluste der Athener auf Sizilien gingen in die Zehntausende, und auch die Seeschlachten im Ionischen Krieg, bei Notion, bei den Arginusen und bei Aigospotamoi, kosteten Tausende von Toten auf athenischer Seite, dazu kam noch die Verwüstung weiter Teile fruchtbaren Ackerlandes. Griechenland war aus dem Zentrum der Alten Welt an die Peripherie gerückt, die Gewaltherrschaft spartanischer Harmosten (Militärbefehlshaber) war nicht geeignet, die Organisation des Attischen Seebunds zu ersetzen. Wohin man auch blickte: Griechenland hatte seine führende Rolle verloren, es war von den Persern abhängig, die Spartaner waren nicht imstande, eine neue Ära in der Geschichte der Hellenen zu eröffnen. Den Persern aber waren die Zustände in Hellas geradezu willkommen. Dies zeigt der Königsfriede des Jahres 387/6 v. Chr.

Der Peloponnesische Krieg hat in Thukydides seinen Geschichtsschreiber gefunden. Es ist das erste kritische Geschichtswerk des Abendlandes. Nach einer ausführlichen Darstellung der Vorgeschichte hat Thukydides die kriegerischen Operationen im einzelnen beschrieben, und zwar Jahr für Jahr. Auch die diplomatischen Vorgänge, soweit sie für das Kriegsgeschehen von Bedeutung gewesen sind, finden sich bei Thukydides wieder. Obwohl Athener von Geburt, hat Thukydides größte Unparteilichkeit walten lassen, und um die Vorgänge deutlich zu machen, hat er sich der Reden bedient. Sie sind nicht authentisch, sie sind vielmehr dazu bestimmt, die Lage zu beschreiben, wie sie sich dem Historiker darstellt. Sie sind gewissermaßen eine höhere Ebene von überzeitlicher Bedeutung. Das Werk bricht im Jahre 411 v. Chr. ab, es ist von Xenophon in seinen »Hellenika« fortgesetzt worden, doch in der Qualität reicht die Fortsetzung nicht an das Werk des Thukydides heran. Xenophon ist als Freund der Spartaner bekannt, den Thebanern ist er nicht gerecht geworden.

Auch Thukydides hat nicht gesehen, in welcher Weise sich die Welt verändert hatte: Hellas scheidet als Großmacht aus, das Perserreich steigt empor, es hat den größten Gewinn aus dem Peloponnesischen Krieg gezogen. Diese Entwicklung hat man im Altertum nicht erkannt. Es war nicht richtig, wenn auch weiterhin, selbst nach dem Ende des Peloponnesischen Krieges, Hellas als der Mittelpunkt der Alten Welt betrachtet wurde. Griechenland hat sich durch den Bruderkrieg selbst ruiniert, andererseits hat es ein neues Zeitalter inauguriert, indem es, ohne es zu wollen, den Aufstieg Makedoniens vorbereitet hat, das im Peloponnesischen Krieg nur eine Nebenrolle gespielt hatte. Die großen Leistungen der Hellenen in der Philosophie, im Drama und in der Komödie sind vom Kriegsgeschehen nur am Rand berührt worden – doch was nun folgt ist keine griechische Geschichte mehr, es ist eine Geschichte der persischen Großmacht, später eine Geschichte Makedoniens.

Vorboten des Niedergangs von Hellas sind Männer vom Schlage eines Alkibiades, der in der Welt des Griechentums als ein Fremder erscheint. Dazu kommen Auflösungserscheinungen wie der Zerfall der attischen Demokratie, wie er sich in den oligarchischen Bewegungen manifestiert. Und die Verurteilung des Sokrates zum Tode durch den Trunk aus dem Schierlingsbecher ist gleichfalls ein bedenkliches Zeichen dafür, daß die rechten Maßstäbe abhanden gekommen waren. Wie konnte es in Athen, das doch ein Rechtsstaat war, ein derartiges Fehlurteil geben? Die gegen Sokrates gerichteten Vorwürfe, er habe die Jugend verführt und andere Götter gelehrt als die attische Staatsreligion, waren unbegründet. Sein Ende im Jahre 399 war eines Rechtsstaates unwürdig. Nur wenige Bürger Athens sind sich dessen bewußt gewesen, daß man auf diese Weise einen Staat zugrunde richten kann.

Im Westen des Mittelmeerraums gab es vier Mächte, die hier führend hervorgetreten sind. Es waren dies die Karthager, die westlichen Griechen auf Sizilien und in Unteritalien, die Römer und die Etrusker. Die Karthager – in römischen Quellen werden sie Punier, eigentlich die »Roten« genannt – stammen aus der Stadt Tyros in Phönikien. Von hier waren sie – nach der Tradition des Timaios – im Jahre 814 nach Nordafrika ausgewandert und hatten dort Land besetzt. Die Punier waren ein Handelsvolk, das zahlreiche Niederlassungen gegründet hat, an der nordafrikanischen Küste, auf Sardinien und Korsika, aber auch an der Küste der Pyrenäenhalbinsel. Mit den Hellenen lebten sie im allgemeinen im Streit, und wenn die griechische Kolonisation um 540 v. Chr. allmählich zu Ende ging, so war daran der Widerstand der Karthager schuld. Auch die Etrusker, die sich, vom Osten kommend, zunächst in der Toskana, dann auch in Umbrien niedergelassen hatten, waren Feinde der Griechen. Die italischen Völkerschaften verharrten im Zustand weitgehender Zersplitterung, nur die Römer vermochten sich eine Führungsrolle zu erkämpfen, aber dies hat viele Jahrzehnte gedauert. Kurz vor 500 v. Chr. war es den Römern gelungen, die etruskischen Könige aus ihrer Stadt zu vertreiben, die hier mehrere Generationen hindurch die politische Führung innegehabt hatten. Die etruskischen Königsnamen sind legendär, mit Ausnahme der Familie der Tarquinier, die schließlich vertrieben worden sind. Sie hatten übrigens wesentlich dazu beigetragen, aus Rom eine Stadt entstehen zu lassen. Die bedeutendste Leistung ist wohl die Entwässerung des Forums, das nunmehr zum Mittelpunkt einer wirklichen Stadt geworden ist. Bald nach der Vertreibung der Könige schloß die römische Republik einen Verkehrsvertrag mit den Karthagern; es ist der erste der römisch-karthagischen Verträge, nach Polybios im Jahre 507. Eine wichtige Rolle spielte auch die Stadt Massalia (Marseille), die unweit der Rhônemündung um 600 v. Chr. von Griechen gegründet worden war. Sie nahm wichtige Handelsinteressen an der nordspanischen Küste wahr, ihr Handel erstreckte sich das Rhônetal aufwärts bis tief hinein nach Gallien und darüber hinaus sogar bis nach Germanien. Über Massalia ist die griechische Schrift zu verschiedenen Völkern Galliens gelangt, und wenn sich in Gallien und sogar in Germanien griechische Vasen finden, so sind sie wohl vor allem über Massalia transportiert worden.

Zu den wichtigsten Griechenstädten in Unteritalien zählen Tarent, Kroton, Sybaris, Kyme und Neapel, auf Sizilien Akragas, Kamarina, Megara Hyblaia und Syrakus. Die Hellenen haben die Welt des westlichen Mittelmeeres mit den Segnungen der griechischen Kultur bekannt gemacht, aber es fehlte ihnen an der Macht, sich auch im Binnenland Unteritaliens und Siziliens durchzusetzen. Hier hielten sich die einheimischen Völkerschaften, die Sikuler und Sikaner auf der Insel, in Unteritalien die italischen Völker, die im Verlauf des 5. Jahrhunderts ihrerseits zum Angriff übergingen. Rom befand sich in der Königszeit (im 6. Jahrh. v. Chr.) und in den ersten Jahrzehnten der Republik im Kampf mit seinen Nachbarn, den Äquern, Volskern und vor allem mit den Etruskern. Im Jahre 396 konnten die Römer die Stadt Veji erobern. Das geistige Leben der Römer und der anderen Italiker erhielt Anregungen von den Griechen; die griechische Schrift wurde durch Kyme (Cumae) vermittelt. In der Gesetzgebung der Römer machten sich Einflüsse aus den unteritalischen Griechenstädten, aus Lokroi durch Zaleukos und aus dem sizilischen Katane durch Charondas, geltend. Auch in der XII-Tafel-Gesetzgebung sind hellenische Vorbilder vorhanden. Und wenn sich Rom nach der Einnahme durch die Kelten (387) mit einer durchlaufenden Mauer umgab, so mag hierfür das Vorbild von Syrakus bestimmend gewesen sein. Bereits in früher Zeit hatten die Etrusker Kunst und Mauerbau von den Hellenen gelernt. Und Spina im Delta des

Padus (Po) weist in seiner großen Nekropole Gegenstände aus Griechenland, aber auch Einfuhrgüter aus Etrurien und dem übrigen Italien auf.

In Mitteleuropa lagen die Wohnstätten der *Kelten*, sie haben die Zivilisation des La-Tène-Kreises hervorgebracht. Im Osten lebten die Sarmaten und Skythen, die ihrerseits in Kontakt mit der Zivilisation der Hellenen am Schwarzen Meer gestanden haben. Südlich von ihnen, auf der Balkanhalbinsel, wohnten thrakische und dakische Völker, im Alpengebiet die Räter, an der südfranzösischen Küste die Ligurer, auf der Pyrenäenhalbinsel kreuzten sich hellenische, punische und keltische Einflüsse. In Norddeutschland, Dänemark und Skandinavien wohnten germanische Völker, denen jedoch eine Ausbreitung nach dem Süden durch die Kelten versagt blieb.

Am wichtigsten in Mitteleuropa sind zweifellos die *Kelten*, sie haben sich nicht nur nach Südengland, sondern auch über die Pyrenäen nach Spanien ausgedehnt; hier sind sie mit der punischen Zivilisation in Verbindung gekommen. Von einer Staatenbildung in Mitteleuropa ist nichts bekannt, wobei zu bedenken ist, daß die Überlieferung nahezu ausschließlich aus Bodenfunden besteht. Doch hat es weitreichende Handelsverbindungen gegeben; der Kontakt zwischen dem Norden und dem Süden ist nicht abgerissen, wie die Bernsteinfunde im Süden bezeugen.

Eine Schlüsselstellung im Osten hat das Perserreich inne. Die führende Bevölkerung sind die Arier, die Perser, Meder und Baktrer, aber das persische Reich ist nach dem Ende der Perserkriege nicht mehr auf alter Höhe. Es gibt Aufstände im iranischen Osten, um 404 geht den Persern Ägypten verloren, auch in Syrien und Phönikien steht die persische Herrschaft auf tönernen Füßen. Doch bestehen Handelsverbindungen zum östlichen Asien, zur See, von Südbabylonien aus, und auch zu Land auf den Seidenstraßen. Und außerdem ist Persien ein reiches Land, sein Gold hat letzten Endes den griechischen Bruderkrieg entschieden.

Überhaupt ist das Zeitalter von etwa 550 bis 400 v. Chr. eine Periode zahlreicher Kriege gewesen. Es ist dies eine Zeit unverhüllter Machtpolitik, die in dem Peloponnesischen Krieg ihren Höhepunkt erlebt.

Und doch hat es in dieser Zeit ein reges geistiges Leben gegeben, insbesondere bei den Griechen. In Ionien hat die hellenische Philosophie bedeutende Höhepunkte erlebt, sie hat glanzvolle Namen aufzuweisen, sie beginnen mit Thales von Milet und Heraklit von Ephesos. Das Erstaunliche ist nun die Tatsache, daß weit von Hellas und Kleinasien entfernt Männer gelebt haben, die gleichfalls neue Ideen der Menschheit geschenkt haben: in Indien Buddha (560 bis 480 v. Chr.) und in China Konfuzius († 479). Beide haben auf die Gedanken ihrer Mitmenschen einen tiefgehenden Einfluß ausgeübt. Für Indien und China bedeuten ihre Lehren einen neuen Anfang, denn beide hatten sich zum Ziel gesetzt, das Innenleben der Menschen zu erneuern und ihnen neue Ziele ihres geistigen und moralischen Strebens zu setzen. Man hat gelegentlich von der »Achsenzeit« einer neuen Weltanschauung gesprochen, doch ist der Einfluß der beiden großen Denker erst viel später nach Europa gelangt. Sie sind zunächst allein für ihre Landsleute die Bannerträger eines neuen religiös-philosophischen Denkens gewesen, das weit außerhalb des abendländischen Kulturkreises seine Wirkung gezeigt hat.

Die überragende Gestalt im 5. Jahrhundert v. Chr. ist der Athener Perikles. Er wurde um 490 v. Chr. geboren und starb im Jahre 429 an der Pest. Perikles hat Athen auf die Höhe seiner Entwicklung geführt, er hat seine Heimatstadt zur führenden Macht in Hellas erhoben. Obwohl er gezwungen war, Kriege zu führen, hat er doch den Versuch unternommen, Hellas den Frieden zu geben. Er selbst gehörte zu den Opfern des Peloponnesischen Krieges. Der Herold seiner Taten ist der Geschichtsschreiber Thukydides, der ihn selbst gekannt und auch weithin verstanden hat, obwohl der Historiker einer jüngeren Generation angehört. Perikles' Werk erschöpfte sich nicht in der Politik, der er entscheidende Akzente verliehen hat. Er hat sich auch für die kulturelle Mission seiner Vaterstadt eingesetzt. Auf Perikles gehen eine Anzahl von repräsentativen Bauten zurück, mit zahlreichen Künstlern und Gelehrten stand er in Verbindung. Er hat Athen aus provinzieller Enge herausgeführt und ein neues Zeitalter eröffnet.

In den Jahren zwischen 461 und 431 war Perikles der führende Staatsmann Athens. Seit 443 hatte er keine bedeutenden Gegner mehr in seiner Heimatstadt, nachdem sein Antipode Thukydides, der Sohn des Melesias, in die Verbannung hatte gehen müssen. Das Volk von Athen leistete dem Perikles willig Gefolgschaft. Er führte seine Landsleute vor allem durch sein Auftreten in der Volksversammlung (*ekklesia*). Ihm stand das Wort zu Gebote, und der junge Eupolis hat es selbst bezeugt, daß er in seiner Rednergabe allen anderen Politikern überlegen war. Wie Thukydides es ausdrückt, war Athen zwar dem Namen nach eine Demokratie, in

Wirklichkeit aber die Herrschaft des ersten Mannes. Man würde sein Herrschaftssystem heute eine autoritäre Demokratie nennen.

Die Aufgaben, die Perikles zu bewältigen hatte, waren nicht leicht. Athen stand zunächst noch im Kriege mit den Persern, erst im Jahre 449 kam es zum Frieden (Friede des Kallias). Bereits vorher war der athenisch-spartanische Dualismus entstanden, durch den Hellas in zwei Lager geteilt wurde. Dieser Zustand ist erst im Jahre 446/5 durch einen Vertrag beendet worden; in den dreißiger Jahren flammte der Gegensatz wieder auf, er endete im Peloponnesischen Krieg, aus dem – nach vielen Rückschlägen und Niederlagen – Sparta als Sieger hervorgegangen ist. Perikles hat nur den Anfang erlebt.

Mittelpunkt des geistigen Lebens im 5. Jahrh. v. Chr. war Hellas. Hellenische Ideen haben in weiten Teilen der Alten Welt Widerhall gefunden, vor allem in den griechischen Kolonien in Unteritalien und auf Sizilien. Die Griechen in Übersee haben sich eifrig bemüht, mit den Landsleuten in Hellas selbst zu wetteifern, und es ist wiederholt vorgekommen, daß Griechen auf Sizilien eine neue Heimat gefunden haben. Von Sizilien und Unteritalien sind die Errungenschaften der griechischen Kultur weitergewandert zu den Völkern Altitaliens und Iberiens. Auch in den Kolonien der Hellenen am Schwarzen Meer hat griechisches Denken eine neue Heimat gefunden, wenn auch in einer vielfach veränderten Form in Verbindung mit einheimischen Elementen. Doch reichte die Zahl der Griechen nicht aus, um weite Gebiete zu durchdringen. So sind das Innere Siziliens und Unteritaliens nur ganz oberflächlich vom Hellenentum berührt worden. Hier pflanzte sich die einheimische Kultur der Sikeler und Italiker fort, doch gab es von außen her Anregungen, die aus der Zivilisation der einheimischen Völker nicht wieder verschwunden sind. Mit den Griechen ist ihre Götterwelt nach dem Westen gewandert, die römische Göttertrias Jupiter, Juno, Minerva verdankt den Hellenen ihre Prägung, ebenso die griechischen Heiligtümer, die sich an den Küsten Italiens und Siziliens erhoben. Man erinnere sich des Heraheiligtums an der Mündung des Sele in Kampanien. Und mit den Griechen sind Elemente ihrer Religiosität in Italien heimisch geworden. Es war dies eine Zivilisation, welche der italischen und sizilischen überlegen war.

Ein bekanntes Beispiel ist das Leben Platons (428–347). Er ist dreimal auf Sizilien gewesen, wie vor ihm so viele andere aus dem hellenischen Mutterland. Mit seiner Ideenlehre hat er ein neues

Element in die Geschichte des griechischen Geistes eingefügt. Seine Lehre, die ihn als einen großen Erzieher der Menschheit kennzeichnet, hat sich zwar erst allmählich durchgesetzt, sie hat aber dadurch, daß sie die Menschen von den flüchtigen Erscheinungen abwandte, um sie dem Ewigen und Unveränderbaren zuzuwenden, eine geistige Umwälzung hervorgerufen, die unabsehbare Folgen gezeitigt hat. Platon, der Schüler des Sokrates, steht an einer Zeitenwende. Mit der griechischen Polis ging es zu Ende, die Anfänge des Aufstiegs der Militärmonarchie der Makedonen unter Philipp II. (359–336) hat Platon noch selbst erlebt.

Man hatte Perikles seines Strategenamts enthoben. Das Volk war der Belastung durch die Pest nicht gewachsen und erblickte in Perikles den Schuldigen. Dies aber war ein großes Unglück. Als man ihm sein Amt zurückgab, war es zu spät, denn er hatte nur noch kurze Zeit zu leben.

In manchen modernen Darstellungen steht zu lesen, Perikles sei letzten Endes wegen der fehlenden Gefolgschaft der Erfolg versagt geblieben. Dies hat schon Eduard Meyer widerlegt, der seine Helfer und Freunde im einzelnen aufgezählt hat. Denn es hat eine ganze Schar von Politikern gegeben, die ihm geholfen haben, und zwar bei vielen Projekten. Daß wir von manchen nicht mehr als den Namen kennen, ist allein auf die unzulängliche Überlieferung zurückzuführen.

Die entscheidende Frage ist die, ob Perikles mit seiner Politik auf dem richtigen Weg war. In dem Krieg gegen Persien und den Peloponnesischen Bund hat er allerdings die Kräfte Athens überfordert; der Zweifrontenkrieg hätte mit einer Niederlage geendet, wenn Perikles nicht zur rechten Zeit mit den Persern Frieden geschlossen hätte. Aus dem Peloponnesischen Krieg wäre er als Sieger hervorgegangen, wäre nicht die Pest gekommen, die ein Massensterben in Athen hervorrief, das niemand hatte voraussehen können. Der Delisch-Attische Seebund war ein mächtiges Gebilde, das als Kampforganisation weit über allen ähnlichen Vereinigungen in Hellas gestanden hat. Und solange Perikles lebte, haben die Bundesgenossen treu zu Athen gestanden; erst nach seinem Tod zeigten sich Risse im Gebälk des stolzen Hauses, und erst im letzten Teil des großen Krieges ist das Gebäude eingestürzt. Der Seebund hatte die Ägäis zu einem attischen Meer gemacht, sein Einfluß erstreckte sich noch weit darüber hinaus. Der Bund hielt die Meerengen am Bosporus und an den Dardanellen unter Kontrolle, im Süden reichte er bis Rhodos und Karpathos. Sogar im Ionischen Meer waren die großen Inseln von Korkyra bis Zakynthos mit Athen verbündet, und wenn man bedenkt, daß die Inseln an der Westküste Anatoliens wie Lesbos, Chios und Samos zu den ältesten Mitgliedern des Seebunds gehörten, so wird man etwas von der Macht dieser Vereinigung empfinden, welche die Politik Athens unterstützt und getragen hat.

Das authentische Quellenmaterial ist sehr gering, die Lebensbeschreibung Plutarchs ist in Einzelheiten nicht vertrauenerwekkend, über Perikles' Politik gibt es nur wenig Bemerkenswertes. Seine Verbindung mit der Milesierin Aspasia hat schon im Altertum die Federn in Bewegung gesetzt. Die persönliche Zuneigung der beiden Menschen war ungewöhnlich, sie erweckte Feindschaft und Unverständnis, doch konnte Perikles die Angriffe der Gegner in Prozessen abwehren. Doch gab es in seinen letzten Jahren eine gehässige Opposition, die ihm zu schaffen gemacht hat. Aspasia hat Perikles überlebt; nach seinem Tod schloß sie die Ehe mit Lysikles, einem Freund des Perikles. Daß sich Aspasia entscheidend in die Politik eingemischt hätte, ist eine Legende. Sie hat in guten und bösen Tagen treu zu Perikles gehalten. Dieser war ein aufgeklärter Mensch. Um so mehr überrascht die Tatsache, daß er auf seinem letzten Lager sich ein Amulett überreichen ließ, das die Krankheit abwehren sollte. Es hat ihm nichts mehr genützt, er starb und ließ die Athener ratlos zurück.

Nach seiner ersten sizilischen Reise gründete Platon in seiner Vaterstadt die Akademie, eine Stätte der Forschung und Lehre, die das Vorbild für andere ähnliche Organisationen geworden ist. Sie lag auf der Feldmark vor Athen und führte ihren Namen nach dem attischen Heros Akádemos. Die Schüler Platons gingen in viele Länder und trugen wesentlich zur Bildung eines wissenschaftlichen Weltbildes bei. Mit seinen Schriften, insbesondere mit dem »Staat« und den »Gesetzen«, hat Platon Werke geschaffen, die in späterer Zeit einen bedeutenden Einfluß auf das politische Denken der Menschen ausgeübt haben. An der Politik seiner Vaterstadt, aber auch an den politischen Verhältnissen auf Sizilien hat Platon zu seiner Enttäuschung nichts ändern können, aber es hat doch viele Menschen gegeben, die sich Platons Gedanken zu Herzen genommen haben.

Im »Staat« hat es Platon ausgesprochen, daß sich an den beklagenswerten politischen Verhältnissen nichts ändern werde, es sei denn, daß die Philosophen Könige werden oder daß die Könige ihrerseits beginnen, sich der Philosophie zuzuwenden. Platon war so optimistisch zu glauben, daß eine neue Politik erreichbar sei, wenn die Menschen ihre Vernunft gebrauchen und sich neuen Idealen zuwenden.

Es hat im Altertum keinen Menschen gegeben, der so tief und konsequent über das Wesen des Staates und seiner Lenker nachgedacht hat – aber die große Veränderung ist ausgeblieben, die Politik ist das geblieben, was sie immer gewesen ist, eine Politik der Macht, und zwar im Osten genauso wie im Westen.

Die großen, grundlegenden Völkerverschiebungen vom Gestade des Atlantischen Ozeans bis nach Innerasien sind im allgemeinen nur noch an der Hinterlassenschaft der wandernden Völker abzulesen. Die führenden Persönlichkeiten sind nicht bekannt, doch muß es sie gegeben haben wie in der Zeit der germanischen Völkerwanderung etwa siebenhundert oder achthundert Jahre später. Die Seereisen der karthagischen und hellenischen Schiffskapitäne wie des Samiers Kolaios, der durch die Straße von Gibraltar nach Tartessos gefahren ist oder die Reise des Karthagers Hanno an der Westküste Afrikas entlang bis zur Kamerunbucht sind nur ein paar Beispiele für den weltweiten Verkehr auf den Meeren, der in erster Linie dem Handel diente. Er ist aber auch für die Entdeckungsgeschichte von grundlegender Bedeutung geworden. Auch das Vordringen griechischer Kaufleute entlang den großen Strömen ins europäische Binnenland muß hier erwähnt werden.

Die Funde griechischer Münzen im Westen bis hin nach Britannien, im Osten bis nach Indien und Ostasien sind Zeugnisse eines Handelsverkehrs, der sogar die Länder an der Peripherie der antiken Welt erfaßt hat, wobei es unentschieden bleiben muß, ob hierbei auch der Zwischenhandel eine Rolle gespielt hat. Der Einsatz leistungsfähiger Überseeschiffe, deren Typen sich von den gebräuchlichen Kriegsschiffen der Hellenen unterscheiden, ist gleichfalls ein Beweis für die Verbindungen über weite Strecken hinweg, und wenn man davon hört, daß persische Abgesandte zu Schiff bis nach Unteritalien gekommen sind, so ist auch dies ein Zeichen für Kontakte, an die man in früherer Zeit gar nicht zu denken gewagt hatte. In Hellas selbst vereinigte das olympische Hochfest die Hellenen aus Ost und West zu sportlichen Wettkämpfen, die alle vier Jahre auf der Peloponnesos ausgetragen wurden. Die Siegerlisten weisen zahlreiche Hellenen aus den Kolonien, aus Unteritalien und aus Sizilien auf. Sie haben weder die Vorbereitungen noch die lange und gefährliche Reise gescheut, um hier in

Olympia vor einer nach Tausenden zählenden Zuschauermenge den Zweig des Ölbaums als Siegeszeichen zu erringen. In der Welt des Alten Orients hatte es nichts Vergleichbares gegeben. Die Sieger wurden in Wort und Bild hoch gefeiert und waren schon zu Lebzeiten zu den Unsterblichen emporgehoben. Noch bis ins 5. Jahrh. v. Chr. standen allein die ideellen Werte im Vordergrund, erst die spätere Zeit hat zu einer Säkularisierung der Olympischen Spiele geführt.

Die griechischen Urkunden weisen eine große Zahl von Verträgen auf, die zwischen einzelnen Staaten abgeschlossen worden sind. Sie sind im allgemeinen Zeichen eines rechtsstaatlichen Zustands, durch den sich die Griechen miteinander verbunden fühlten. Die politische Wirklichkeit sah jedoch oft anders aus. Ein dunkler Fleck war ohne Zweifel die Sklaverei, sie war allgemein verbreitet, niemand dachte daran, sie abzuschaffen. Noch Platon soll – ob die Überlieferung authentisch ist, bleibt fraglich – auf dem Sklavenmarkt von Ägina verkauft worden sein. Die Sklaverei verstößt gegen die Würde des Menschen, und man wundert sich, wenn selbst erhabene Geister unter den Philosophen keinen Anstoß an ihr genommen haben. Allein schon der Zustand der Sklaverei war eine Beleidigung für den Betroffenen, mag es auch vorgekommen sein, daß die Sklaven als Hausgenossen in manchen Familien eine freundliche Aufnahme gefunden haben. Die Probleme der antiken Sklaverei sind in unserer Zeit durch die Arbeiten der Mainzer Akademie, die Joseph Vogt inauguriert hat, in den Mittelpunkt des allgemeinen Interesses gerückt und haben das Bild der Sklaverei neu geprägt, doch an dem Zustand der Unfreiheit der Sklaven haben auch sie nichts ändern können. Mit großen Mengen von Sklaven hat man im gesamten Altertum zu rechnen, eine entscheidende Veränderung hat erst allmählich das Christentum gebracht.

Mittelpunkt des geistigen Lebens im 5. Jahrh. v. Chr. waren Griechenland und die griechischen Kolonien in aller Welt. Aber auch im Osten der antiken Welt gab es eine geistige Veränderung. Sie ist von dem jüdischen Volk ausgegangen. Die Juden hatten mehrere Jahrzehnte (von 597 bzw. 586 an) in der babylonischen Gefangenschaft gelebt. In Babylonien hat sich eine grundlegende Veränderung ihres Wesens vollzogen, große Teile von ihnen haben sich in den neuen Verhältnissen von ihrer traditionellen Lebensweise abgewandt. Sie sind zu Händlern und Verkäufern geworden, der Ackerbau wurde ihnen fremd. Als sie nach der Eroberung des neubabylonischen Reiches durch Kyros d. Gr. in ihre alte Heimat zurückkehren durften (wahrscheinlich bald nach dem Jahre 539, der Eroberung Babyloniens durch die Perser – vielleicht 534), da begann für sie ein neues Leben, und es war ganz natürlich, daß sich die zurückgekehrten Juden auf dem Boden ihrer früheren Heimat auf ihre alten Überlieferungen besannen. Ganz besondere Bedeutung haben hierbei Männer wie Esra und Nehemia gehabt, wenn auch die Datierung in das Jahr 459 (Ed. Meyer) heute kaum noch aufrechtzuerhalten ist (K. Galling u. a.). Nach der Beendigung des Exils hat sich in der alten Heimat die jüdische Überlieferung gebildet, vor allem der Pentateuch, der mit seinen historischen Berichten und mit den prophetischen Büchern den Grundstock der Bibel darstellt. Die Geschichtsschreibung der Juden ist von Eduard Meyer hoch gepriesen worden, und in der Tat finden sich in einigen Büchern historische Berichte, die man getrost der hellenischen Geschichtsschreibung an die Seite stellen kann. Die Entstehung und Ausformung der einzelnen Schriften des Pentateuchs sind eine bedeutende Leistung, wenn sich auch die einzelnen Verfasser und Bearbeiter nicht mehr feststellen lassen. Ihre Leistungen sind um so höher einzuordnen, als es im Alten Orient etwas auch nur annähernd Vergleichbares nicht gegeben hat. Zusammenhänge mit griechischen Entwicklungen sind schwerlich anzunehmen; man hat zwar auf die Festsetzung der Athener in der Pentekontaetie in der Stadt Dor an der philistäischen Küste hingewiesen – aber geistige Verbindungen irgendwelcher Art sind nicht vorhanden. Das Geistesleben der Juden hat sich nach eigenen Gesetzen entwickelt, von außen unbeeinflußt. Natürlich ist die Nachbarschaft der Phöniker und Ägypter nicht ganz ohne Spuren geblieben, doch irgendwelche entscheidenden Rückwirkungen sind hier nicht zu verzeichnen. Die Juden haben in einzigartiger Weise ihre Überlieferung gepflegt und weitergegeben. Insofern verdienen die Schriften der Juden hohe Aufmerksamkeit. In hellenistischer Zeit sind sie durch die Septuaginta zu einem Teil der griechischen Tradition geworden, zuerst in Ägypten, später auch in den anderen Ländern, in denen sich Juden niedergelassen hatten.

Wie sah es in der Alten Welt um 400 v. Chr. aus? Während das Perserreich sich in einer Periode des Niedergangs befunden hat, stand der Staat der Lakedämonier in Hellas auf seinem Höhepunkt. In Italien suchte Rom die Völker in seiner Umgebung unter seine Führung zu zwingen, doch war die Entwicklung zur herrschenden Macht in Italien noch nicht vorauszusehen. Karthago dagegen hatte zur See Verbindungen bis an den Rand der Oikumene, es war handelspolitisch die Führungsmacht im westlichen Mittelmeerraum. Bedeutend waren die Eroberungen des griechischen Denkens, in weiten Teilen der Alten Welt wurde das Griechische verstanden. In Vorderasien herrschte das Aramäische vor, das von vielen Völkern gesprochen wurde, in Italien gab es die Dialekte der einheimischen Völker. Eine Sonderstellung nahmen die Etrusker ein; es gibt eine bedeutende Zahl etruskischer Inschriften, in erster Linie Grabinschriften in ermüdender Einförmigkeit. Weder im Westen noch im Osten wurde der Versuch gemacht, unterworfenen Völkern die Sprache der politisch Führenden aufzuzwingen, nur die hellenische Sprache und Zivilisation haben auch in der Fremde Anklang gefunden.

11. Kapitel
Vom Ende des Peloponnesischen Krieges bis zu Alexanders Tod
von 404 bis 323 v. Chr.

Die Epoche vom Ende des Peloponnesischen Krieges bis zum Tode Alexanders d. Gr. ist eine Zwischenzeit. In ihr haben sich zwar bedeutende Veränderungen in der antiken Weltgeschichte vollzogen, aber diese betrafen vorwiegend die östliche Mittelmeerwelt und Vorderasien, kaum den Westen. Es ist dies die Zeit, die durch eine Anzahl von Einzelpersönlichkeiten geprägt worden ist, durch Philipp II. von Makedonien und seinen Sohn Alexander, durch den Tyrannen Dionysios I. von Syrakus und andere. Die Welt ist zwar nicht zum Spielball dieser Männer geworden, doch haben sie einen maßgebenden Einfluß auf die politische Entwicklung ausgeübt. Griechenland tritt als bestimmender Faktor der Weltpolitik in den Hintergrund, eine grundlegende Veränderung, die letzten Endes eine Folge des Ausgangs des Peloponnesischen Krieges gewesen ist. Die weltpolitische Stellung des Perserreichs nehmen nun die Makedonen ein. Sie haben dem Zeitalter einen neuen Charakter gegeben, eine Entwicklung, die unter Philipp II. beginnt, von Alexander auf den Gipfel geführt und von den Diadochen nach Alexanders Tod fortgesetzt worden ist.

Der Peloponnesische Krieg hatte die Spartaner mit Hilfe der Perser als die Sieger gesehen. Sie hatten durch die Entsendung von Militärgouverneuren (Harmosten) an zahlreichen wichtigen Plätzen ihre Herrschaft aufgerichtet. Es war dies eine Zwangsherrschaft, die von den betroffenen Städten um so lästiger empfunden wurde, als die Herrschaft Athens im Delisch-Attischen Seebund den Mitgliedern auch mancherlei wirtschaftliche Vorteile gebracht hatte. Vor allem hatte sich das Seeräuberunwesen fatal ausgewirkt. Sparta verfügte über keine ausreichende Flotte, die attische Seepolizei wurde schmerzlich vermißt. Die Hegemonie Spartas hatte im übrigen wenig Freunde in der griechischen Welt. Sie beruhte nämlich einzig und allein auf dem militärischen Übergewicht, das die Spartaner errungen hatten. Geistige Grundlagen waren nicht vorhanden, führend war zunächst Lysander, der Sieger des Peloponnesischen Krieges. Für Sparta waren nur wenig Sympathien vorhanden, und die Zahl seiner Bevölkerung reichte bei weitem nicht aus, um auf längere Zeit über die Hellenen zu herrschen. Noch schlechter stand es mit Athen. Ihm fehlten alle Voraussetzungen für einen künftigen Wiederaufstieg. Die führenden Männer waren entweder im Kriege gefallen oder sie hatten sich beim Volk mißliebig gemacht. Dazu kam noch die Errichtung eines Terrorregiments in Athen durch die ›Dreißig‹. Wem sein Leben und sein Besitz lieb waren, der schwieg zu dem Unrecht, das in Athen geschah. Auf den Höhen des Parnes gelang es Thrasybul, eine Schar von Männern zu sammeln, die es sich zum Ziel gesetzt hatten, die athenische Schreckensherrschaft zu stürzen. Im Jahre 403, unter dem Archontat des Eukleides, kam man zu einer Übereinkunft. In Athen gab es eine allgemeine Amnestie, aber noch immer herrschten in Eleusis die attischen Oligarchen, erst im Jahre 401/400 konnten die beiden Gemeinden wieder miteinander vereinigt werden. In Sparta war Lysander gestürzt worden – auch dies war eine einschneidende Veränderung.

Im Perserreich stand es nicht besser. Im Jahre 404 war Ägypten abgefallen, die Perser hatten es nicht verhindern können. Das Perserreich war damit zwar nicht tödlich getroffen, aber der Abfall Ägyptens, das von einheimischen Königen regiert wurde, machte die innere Schwäche des Perserreiches vor aller Welt sichtbar. Persien war die Führungsmacht der Alten Welt gewesen, aber es stand auf tönernen Füßen. Hofintrigen spielten eine besonders verhängnisvolle Rolle. So zog der Jüngere Kyros, der Vizekönig von Kleinasien, aus, um seinen älteren Bruder Artaxerxes II. vom Thron zu stoßen. Er hatte zu diesem Zweck griechische Söldner angeworben, sie waren nach dem Ende des Peloponnesischen Krieges überall für gutes Geld zu haben. Der Zug endete im Herbst 401 in der Schlacht bei Kunaxa in Babylonien: Kyros verlor sein Leben, der Zug hatte seinen Sinn verloren. Die griechischen Söldner machten sich unter großen Schwierigkeiten auf den Rückmarsch durch die Bergwelt Armeniens, bis sie in der Nähe von Trapezunt das Schwarze Meer erreichten. Der Zug der Zehntausend, von dem Athener Xenophon beschrieben, war eine Ruhmestat der griechischen Kriegsgeschichte. Er hatte andererseits die Schwäche des niedergehenden Perserreiches gezeigt, das trotz zahlenmäßiger Überlegenheit nicht imstande war, die verhältnismäßig geringe Zahl der griechischen Söldner zu vernichten.

Die Verbundenheit der Spartaner und der Perser fand bald nach

404 ein Ende. Schon vier Jahre danach kam es zum spartanisch-persischen Krieg in Kleinasien; die Spartaner erwiesen sich als absolut überlegen, sie trieben die persischen Scharen vor sich her. Sparta sah sich gezwungen, sich der Hellenen in Westkleinasien anzunehmen, als Schutzherr der Griechen durfte es nicht seine Brüder jenseits der Ägäis ihrem Schicksal überlassen. Es ist vor allem Agesilaos, der König von Sparta, gewesen, der seit dem Jahre 396 bedeutende Erfolge in Anatolien errungen hat. Aber die Perser haben dafür gesorgt, den Spartanern in Hellas selbst Gegner zu erwecken. Mit Hilfe des persischen Geldes wurde in Hellas eine Koalition aus dem Boden gestampft, die sich den Spartanern – nach anfänglichen Rückschlägen wie in der Schlacht am Nemeabach – gewachsen zeigte. Als Gegner der Spartaner trat vor allem Athen auf, und sein Feldherr Konon war es, der im Jahre 394 bei Knidos einen Seesieg über die Spartaner davontrug. Den entscheidenden Anteil hatte eine persische Flotte an diesem Sieg gehabt, die die spartanische Seeherrschaft beendete. Damit brach die Herrschaft der spartanischen Harmosten zusammen. Konon, der bei Aigospotamoi (405) den Spartanern unterlegen war, kehrte nach Athen zurück, mit persischem Geld baute er die Befestigungen, den Piräusring und die Langen Mauern in Athen wieder auf. Dazu trat eine Anzahl von Inseln in ein Bündnis mit den Athenern ein, auch die alten für die Versorgung der attischen Bevölkerung unentbehrlichen Kleruchien Lemnos, Imbros und Skyros wurden wieder mit dem attischen Staat vereinigt. Auch die Verbindung zwischen Korinth und Argos im Jahre 392 schuf ein Gegengewicht gegen die Lakedämonier. Diese mußten einsehen, daß sie zu einer Niederwerfung ihrer Gegner in Hellas nicht imstande waren. Aber die Entscheidung lag längst nicht mehr in Hellas, sondern bei den Persern. Ohne sie konnte auch in Hellas nichts von Bedeutung geschehen. Auf einem Kongreß in Sardes gelangte man zum Abschluß. Es ist dies der Königsfriede (387). Die Griechen sahen sich gezwungen, den von den Persern diktierten Frieden anzunehmen.

Der Wortlaut ist bekannt geworden durch ein Aktenstück, das der Satrap Tiribazos den in Sardes versammelten griechischen Abgesandten zur Kenntnis gegeben hat. Es lautete: »Artaxerxes, der Großkönig, hält es für gerecht, daß die Städte Asiens ihm gehören und von den Inseln Klazomenai und Cypern, daß die anderen Griechenstädte aber, kleine wie große, autonom sein sollen außer Lemnos, Imbros und Skyros, die wie in alten Zeiten den Athenern gehören sollen.« Die Spartaner wurden ermahnt, dafür zu sorgen, daß die Friedensbedingungen ausgeführt würden. Die Spartaner wurden dadurch zu Garanten des Königsfriedens; er war für die Griechen eine *koinè eiréne* und blieb ohne Befristung. Griechenland aber war in eine große Zahl von Einzelstaaten aufgespalten, die Griechen selbst waren dem Großkönig untertan, ein Zustand, der bis zur Gründung des Korinthischen Bundes (338/37) durch König Philipp II. von Makedonien bestanden hat. Dies ist das Zeitalter der persischen Hegemonie. Sie wurde durch die Verteilung persischen Goldes an die Hellenen unterstützt, das in großen Mengen nach Hellas floß. Manche griechische Politiker haben sich durch die Perser bestechen lassen, auch Demosthenes hat während der Alexanderzeit persisches Gold genommen. Die Griechen hatten ihre weltpolitische Rolle verspielt, sie gehorchten den Befehlen des Großkönigs, selbst die Spartaner hatten nur noch wenig zu sagen. Und alle Versuche, in Griechenland einen allgemeinen Frieden zu schaffen, sind im Sande verlaufen. Immerhin wurde im Jahre 377 der Zweite Attische Seebund gegründet. Wenn er auch in seiner Ausdehnung nicht an den Ersten Attischen Seebund heranreichte, so ist er als ein Versuch, dem politischen Leben der Hellenen neue Impulse zu geben, nicht unwichtig. Auch zum Aufstieg Athens hat er seinen Teil beigetragen.

Abgesehen vom Zweiten Attischen Seebund hat es auch noch andere hellenische Hegemoniebildungen gegeben. Von ihnen ist vor allem der Böotische Bund zu nennen. Im Jahre 379 war die spartanische Besatzung zum Abzug aus der Kadmeia von Theben gezwungen worden, spartanische Interventionen unter Agesilaos und Kleombrotos waren vergeblich geblieben. In Böotien hatte Epaminondas die Führung erlangt. Er hat die Spartaner in der Schlacht bei Leuktra (371) entscheidend geschlagen, wobei er zum ersten Mal die schiefe Schlachtordnung angewandt hat. Aber die Hegemonie Thebens dauerte nur eine kurze Zeit, von 371 bis 362 v. Chr. In diesem Jahr fiel Epaminondas bei Mantineia. In früherer Zeit hat man gelegentlich versucht, aus Epaminondas einen panhellenischen Heros zu machen – aber davon kann keine Rede sein. Tatsächlich hat er Theben und Böotien zu einem vorübergehenden Aufstieg verholfen. Böotien verfügte nicht über die Machtmittel, die es für eine Führungsrolle in Hellas gebraucht hätte. Wenn Böotien für eine begrenzte Zeit die Vormacht Griechenlands gewesen ist, so hing dies mit den Interessen Persiens zusammen, das diese Entwicklung gewünscht hatte. Im ganzen hatte sich durch den Aufstieg Thebens nicht viel geändert, für eine weltpolitische

Rolle waren die Böoter nicht gerüstet. Im Grunde haben die Böoter nur den Weg für die Makedonen freigemacht – aber diese Entwicklung hat sich erst seit 359 unter Philipp II. angebahnt. Auch der Aufstieg Thessaliens unter Jason von Pherai (372–370) hatte weltpolitisch nur wenig zu bedeuten. Wohin man auch blickt: in Hellas gab es keine Macht, die durch eine Einigung des Landes eine neue Zeit für die Griechen hätte heraufführen können. Anders sah es jedoch auf *Sizilien* aus. Nur wenige Jahre nach dem Untergang der athenischen Expedition vor Syrakus (413 v. Chr.) erhob sich über der Insel die dunkle Wolke der karthagischen Invasion. Selinus und Himera fielen der Zerstörung anheim, auch Akragas ging den Hellenen verloren, am Ende blieb nur noch Syrakus den Griechen erhalten. Im Jahre 406 jedoch wandte sich das Blatt. Dionysios I. trat an die Spitze der Syrakusaner. Dionysios I. hat für eine Befestigung der Stadt Sorge getragen; im Krieg, der 397 v. Chr. begann, hat er die Karthager nahezu aus ganz Sizilien vertrieben. Nach einem erheblichen Rückschlag konnte Dionysios I. im Jahre 392 zu einem Friedensschluß mit den Karthagern gelangen. Nach einem Sieg über den griechischen Städtebund am Elleporos konnte Dionysios auch die Stadt Rhegion erobern (386). Damit hatte der Tyrann von Syrakus auch jenseits der Meerenge auf italischem Boden Fuß gefaßt. Dazu kam noch die Errichtung von Flottenstützpunkten auf der Insel Issa (Lissa) in der Adria. Auch in Ankon (Ancona) und in Adria an der Po-Mündung setzte er sich fest, ebenso an der Südspitze der Insel Sardinien. Der Hauptgegner des Dionysios war immer noch Karthago, mit dem zwei weitere Kriege geführt werden mußten. Ein voller Erfolg ist Dionysios versagt geblieben, denn die Karthager vermochten sich im Westen Siziliens zu behaupten. Dem Tode des Tyrannen folgten auf Sizilien Unruhen in den Städten. Weder Dionysios II. (367–357) noch Dion, sein Schwager, haben hieran etwas Wesentliches ändern können. Erst dem Timoleon, den die Stadt Korinth nach Sizilien entsandt hatte, ist die Befriedung der sizilischen Städte durch die Beseitigung der Tyrannen und durch den Sieg am Krimisos über die Karthager (342) gelungen. Seit dem Jahre 337 herrschten auf Sizilien wieder Ruhe und Ordnung, doch hatten die Karthager den Westteil der Insel behauptet.

Die Kämpfe auf Sizilien waren mit großer Härte auf beiden Seiten geführt worden. Der Gegensatz zwischen den Griechen und den Karthagern hatte sich in der Vernichtung der Gegner entladen, die Karthager hatten mehrere Städte, unter ihnen Selinus und

Himera, vollkommen zerstört (409). In Himera hatten sie nicht weniger als 3000 Griechen den Manen des Hamilkar geopfert. Wenn die Hellenen sich auf der Insel behaupten konnten, so verdankten sie dies den großen Führergestalten, Dionysios I. und Timoleon. Mehrfach hatte das Schicksal der sizilischen Griechen auf des Messers Schneide gestanden. Und nicht viel anders war die Lage der Griechen in Unteritalien, die sich dem Ansturm der Lukaner und Messapier ausgesetzt sahen.

Das Perserreich im Osten, die Karthager im Westen – das waren die Gegner der Hellenen. In Italien hatten die Römer die Vorherrschaft über Latium errungen, aber auch sie hatten beachtliche Gegner. Die bald nach 400 v. Chr. in Oberitalien eingedrungenen Kelten waren im Jahre 387 bis nach Rom gelangt, nachdem sie an der Allia einen entscheidenden Sieg über das römische Aufgebot errungen hatten. Aber sie zogen bald wieder ab, das Land zwischen dem Apennin und den Alpen hatten sie in Besitz genommen und dadurch ein neues Element den italischen Völkern hinzugefügt.

In der Welt des Geistes herrschten immer noch die Griechen ganz unumstritten. Platon († 347) war von europäischer Bedeutung, er fand nirgendwo ein auch nur von ferne vergleichbares Gegenbild. Doch hatten seine Reisen nach Sizilien politisch nichts Entscheidendes bewirkt, man hatte seine Ermahnungen in den Wind geschlagen. Jedoch waren die Griechenstädte auf Sizilien, so schwierig ihre politische Lage auch sein mochte, Zentren des hellenischen Geistes, sie haben ganz wesentlich zum Geistesleben an den Küsten Westeuropas beigetragen. Dies gilt insbesondere für Massalia, das ein Hort hellenischer Kultur in Südfrankreich geblieben ist. Die Verbindungen mit dem Mutterland waren nicht aufgegeben, immer noch besuchten die Hellenen aus dem Westen die Olympischen Spiele, und ihre Götter waren die gleichen wie die von Griechenland. Auch in Ionien behauptete sich das Griechentum, doch es stand unter persischer Herrschaft, und es war der Zeitpunkt abzusehen, zu dem auch hier die persische Lebensweise den Sieg über die griechische davontragen würde. Auf welche Weise sollte den Griechen in Kleinasien ein Retter kommen? Die Staaten des griechischen Mutterlandes waren zu schwach, sie waren vielfach miteinander verfeindet, und es fehlten ihnen die Männer, die eine grundlegende Veränderung der griechischen Politik herbeiführen konnten. Dabei wurde das griechische Mutterland den Bewohnern zu eng, sie brauchten neuen Siedlungsraum, und dieser war nur in Kleinasien zu finden. Die griechischen Poleis waren einzeln zu einer weitausgreifenden Politik nicht imstande, sie bemühten sich ängstlich, ihre Existenz zu sichern; der einzige größere Staat, Lakedaimon, betrieb eine traditionell griechische Politik. Seine Flotte war im Jahre 394 bei Knidos im Meer versunken, und durch das Emporkommen Thebens hatten sich deutliche Risse in der spartanischen Herrschaft gezeigt. Die Siege des Epaminondas hatten den Spartanern die Hegemonie aus den Händen genommen; die Bildung eines eigenen messenischen Staates beraubte die Spartaner des wertvollen Fruchtlandes auf der Peloponnesos und der Heloten, die bisher den Spartanern für die Wirtschaft ganz unentbehrlich gewesen waren. Die Blicke der Griechen richteten sich nach dem Norden: Makedonien hatte bisher außerhalb Griechenlands gestanden, seine Bewohner hatten zwar den wohltätigen Einfluß der hellenischen Kultur empfangen, vor allem der König Archelaos (413–399) hatte für die Verbreitung der griechischen Kultur viel in Makedonien geleistet, aber der entscheidende politische Durchbruch stand noch bevor.

Im Jahre 359 hatte sich in Makedonien eine einschneidende Veränderung vollzogen. Der junge König Perdikkas III. war im Kampf gegen die Illyrer mitsamt einer großen Zahl von Makedonen umgekommen. Da sein Sohn Amyntas noch unmündig war, mußte dessen Onkel, Philipp II., die Regierung in Makedonien übernehmen. Mit ihm betritt ein Mann die Bühne der Politik, der den Aufstieg Makedoniens eingeleitet und das Land zu einer Großmacht erhoben hat. Zunächst als Reichsverweser, seit 354 als König hat Philipp II. eine neue Seite im Buch der Geschichte Makedoniens aufgeschlagen. Als Feldherr wie als Diplomat hat er Hervorragendes geleistet, er hat die Illyrer geschlagen, sich mit den Athenern auseinandergesetzt, Amphipolis und Pydna gewonnen sowie Olynth erobert (348). Am wichtigsten aber war die Schaffung eines Heeres, wie es Makedonien zuvor noch niemals besessen hatte. Im Jahre 346 kam als Ausgleich zwischen Philipp II. und Athen der Friede des Philokrates zustande, der ein labiles Gleichgewicht herstellte, bis es, etwa sechs Jahre später, dann doch wieder zum Krieg zwischen Athen und Makedonien kam. Die Politik des Demosthenes hatte ihn planmäßig herbeigeführt – aber die Makedonen erwiesen sich den Athenern, Böotern und den anderen Bundesgenossen Athens überlegen. Die Schlacht bei Chaironeia (2. August 338) entschied zugunsten der Makedonen. Philipp aber wollte die Hellenen nicht vernichten, obwohl dies in seiner Macht gelegen hätte. Er begründete den panhellenischen Bund von Korinth, mit dem er einen allgemeinen Frieden (*koinè eiréne*) schloß. Sein Ziel war der Krieg gegen die Perser, der bereits im Frühjahr 336 eingeleitet wurde. Doch wurde Philipp im Sommer des gleichen Jahres in Aigai bei der Hochzeit seiner Tochter Kleopatra mit dem König Alexander von Epirus ermordet. Mit ihm hatte nicht nur Makedonien, sondern Europa einen Herrscher von höchstem Rang verloren. Die Weltgeschichte hielt den Atem an, denn Philipp II. war erst 46 Jahre alt. Was hätte er noch alles leisten können?

Unter seiner Regierung war die Hegemonie von den Griechen auf die Makedonen übergegangen. Schon war ein makedonisches Heer nach Kleinasien übergesetzt.

Philipp war ein Autokrat, die Zustände in seiner Familie waren ein Ärgernis, als Politiker hatte er seine Gegner weit übertroffen, auch als Feldherr war er durchweg vom Glück begünstigt. Wie aber sollte es weitergehen?

Das Perserreich war längst nicht mehr das, was es unter Kyros d. Gr., unter Dareios und Xerxes gewesen war. Im 4. Jahrhundert v. Chr. hatte es lang dauernde Satrapenaufstände gegeben. Auch das persische Heerwesen hatte viel von seiner alten Qualität verloren: Die stärkste Stütze der Großkönige waren jetzt die griechischen Söldner, die sich in allen Schlachten vorzüglich geschlagen haben. Bemerkenswert war die Hausmacht der Satrapen, der Provinzialgouverneure; sie führten private Kriege, ohne sich viel um den Großkönig zu kümmern. Manche Satrapien verfügten über große Mittel und vererbten ihren Besitz den Nachkommen; auch in der auswärtigen Politik waren sie selbständig, denn der Großkönig war weit, von einer straffen Führung des Reiches war nichts zu spüren. Natürlich konnten diese Zustände den Griechen und Makedonen nicht verborgen bleiben. Es kam auch gelegentlich vor, daß persische Würdenträger nach Makedonien flüchteten – sie werden die Makedonen nicht im unklaren über die Zustände im Perserreich gelassen haben.

Im Hinblick auf die Zahl der Bewohner waren die Perser den Makedonen und Griechen um ein Vielfaches überlegen, aber ihre Massen waren nur schwer zu mobilisieren, die Entfernungen waren weit, und bis die Streitkräfte an den Versammlungsorten im Westen des Reiches eingetroffen waren, vergingen Monate.

Ganz anders die Makedonen. Ihr Land erstreckte sich unter Philipp II. (359–336) von der Nordgrenze Thessaliens bis in die Gegend von Prilep und bis zum mittleren Wardar (Axios). Im Westen bildeten das Grammosgebirge und der Ochridasee die Grenze gegenüber den Illyrern, im Osten der Strima (im Altertum Strymon genannt). Am oberen Haliakmon lagen die Kernlandschaften Makedoniens, die Elimeia und die Orestis. Die Hauptstadt war in früherer Zeit Aigai, das wohl mit dem heutigen Vergina identisch ist; später war es Pella am unteren Axios. Zum Meer hatten die Makedonen nur wenig Beziehungen, die Hafenstädte an der Küste wie Pydna und Methone befanden sich im Besitz der Hellenen. In Makedonien gab es Stammesfürsten, die sich dem König nur beugten, wenn er sie seine Macht verspüren ließ. Möglichkeiten der Ausdehnung gab es nur im Süden, nach Hellas, und im Osten, in der Richtung auf den Nestosfluß und darüber hinaus auf die Meerengen. Es ist das unbestreitbare Verdienst Philipps II., die Möglichkeiten zu einer Expansion voll ausgeschöpft zu haben. Daß es dabei endlich auch zu einem Zusammenstoß mit dem Perserreich kommen mußte, ist weniger auf geopolitische als auf innere Ursachen zurückzuführen. Sie wurden vor allem von der griechischen Publizistik, von Isokrates und anderen, herbeigeführt. Dabei gingen die Makedonenkönige davon aus, daß nicht die Zahl der Kämpfer, sondern die Qualität des Heeres entscheidend sei. Es war ein panhellenischer Rachekrieg, den Philipp zu führen gedachte. Er wollte Rache nehmen für die Zerstörung der griechischen Heiligtümer in den Perserkriegen. Dieses Motiv ist durch die antiken Quellen absolut gesichert, so weit hergeholt es uns heute auch erscheinen mag.

Alexanders Thronbesteigung im Jahre 336 war das Werk der Generäle Philipps II., vor allem Antipaters. Das makedonische Heer war längst auf den Perserkrieg vorbereitet, es hatte seine Überlegenheit über Griechen, Thraker und Illyrer ganz eindeutig erwiesen. Die makedonische Phalanx mit den baumlangen Sarissen war aus allen Schlachten als Sieger hervorgegangen, auch die Reiterei der Hetairen war eine Waffe, für die es kein vergleichbares Gegenbild gab. Allerdings wies der makedonische Staatsschatz eine gähnende Leere auf, doch Alexander hoffte im Perserreich genügend Geld zu finden, um seine Kriegskosten bestreiten zu können. Die Frage, ob Alexander einen eingehenden Plan bei der Eroberung des Perserreiches besessen hat, ist wohl so zu beantworten, daß zur Eroberung Kleinasiens bei der Kriegssitzung in Pella ein Plan entworfen worden war, der im wesentlichen eingehalten werden konnte. Er war in eingehender Diskussion erörtert worden, wobei außer Alexander selbst die großen Helfer, vor allem Parmenion, zu Wort gekommen waren. Dieser Plan hat das persische Weltreich zum Einsturz gebracht. Er ist von fern mit dem Schlieffenplan zu vergleichen, der im Jahre 1914 in abgeänderter Form durchgeführt worden ist. Die Schwierigkeit im Jahre 334 v. Chr. bestand darin, daß sehr große Räume zu überwinden waren, eine Tatsache, die Alexander vor schwerwiegende Entscheidungen gestellt hat.

Die erste moderne Geschichte Alexanders hat der junge Johann Gustav Droysen geschrieben, sie erschien 1833. »Der Name Alexander«, so schrieb Droysen, »bezeichnet das Ende einer Weltepoche, den Anfang einer neuen.« Damit hatte Droysen in der Tat das Wesentliche getroffen. Die Eroberung des Perserreiches ist wirklich eine grundlegende Veränderung in der Geschichte der Alten Welt, sie findet im gesamten Altertum keine vergleichbare Parallele.

Alexander wußte, daß in den persischen Residenzen große Reichtümer an Gold und Silber aufgespeichert waren. Dies war zweifellos ein Motiv für den Krieg gegen Persien. Seine Hauptabsicht aber war der Sieg über seinen Rivalen, den Perserkönig Darius III., dem die großen Hilfsmittel seines Reiches zur Verfügung standen. Doch Alexander fühlte sich seinem Gegner weit überlegen. Sein Vater König Philipp II. hatte die Griechen besiegt, das makedonische Heer hatte sich als unüberwindlich erwiesen. Der Anfgriffsgeist der Makedonen und die Führungskunst Alexanders waren Faktoren, die es mit jedem Gegner aufnahmen; sie hatten keinen Feind in Europa und in Asien zu fürchten. Dazu kam die sorgfältige Vorbereitung des Feldzuges. Nach außen hin war der Krieg ein Unternehmen des Korinthischen Bundes, obwohl im Vergleich zu den Makedonen nur eine geringe Zahl von Hellenen an dem Unternehmen teilgenommen hat. Doch hat Alexander auf den panhellenischen Charakter des Krieges Wert gelegt. Es war ein Feldzug, der die Taten der Perser rächen sollte, die sie vor mehr als einhundertfünfzig Jahren in Griechenland verübt hatten. Und es ist zum mindesten nicht unwahrscheinlich, daß Alexander mit Auflösungserscheinungen im Perserreich gerechnet hat: Im Verlauf des 4. Jahrhunderts v. Chr. hatten die Satrapenaufstände in Anatolien den Perserkönigen nicht wenig zu schaffen gemacht. Und letzten Endes konnte er auch auf die Sympathien der Hellenen im westlichen Kleinasien zählen, die sich immer noch nicht damit abgefunden hatten, Untertanen des persischen Großkönigs zu sein. Allerdings waren sie seit mehreren Generationen im Verband des persischen Reiches, und es gab nicht wenige unter ihnen, die sich längst mit der persischen Herrschaft abgefunden hatten. Doch die Propaganda der Hellenen hatte sie wieder aufgeweckt, und so war es kein Wunder, wenn nur wenige dem Perserkönig die Treue hielten.

Alexanders Heer zählte 30000 Mann zu Fuß und 5000 Reiter, dazu kamen von den griechischen Bundesgenossen noch 7000 Mann zu Fuß und 600 zu Pferd. Sie haben übrigens auf dem Feldzug keine große Bedeutung gehabt. Dem Perserkönig stand nicht nur ein nahezu unerschöpfliches Potential an Menschen zur Verfügung, er verfügte auch über einige exzellente Heerführer. Darius III. selbst war dagegen nur eine schwache Figur. Am besten waren die hellenischen Söldner, sie waren den Makedonen nahezu gleichwertig. Mit ihrer Flotte waren die Perser weit überlegen, daher hatte sich Alexander zum Ziel gesetzt, zunächst die Küstengebiete des Perserreiches zu erobern, eine Absicht, die ihm, wenn auch mit einigen Schwierigkeiten, gelungen ist.

Die militärischen Operationen, insbesondere die Feldschlachten, tragen den Stempel Alexanders. Seine Generäle haben ihm mit ihrem Rat in Einzelfällen zur Seite gestanden.

In der Kriegskunst war Alexander ein Schüler seines Vaters Philipp II. Und dieser hatte viel von dem Thebaner Epaminondas gelernt. In seinen großen Feldschlachten ist jedoch die Originalität Alexanders ganz unverkennbar. Bemerkenswert ist die Tatsache, daß seine Strategie jeweils völlig verschieden war. Er kannte kein Schema, und was ganz besonders ins Auge fällt, ist die Tatsache, daß er immer die Initiative ergriffen hat. Dies erklärt seine Überlegenheit gegenüber allen Gegnern, mit denen er es in Asien zu tun hatte. Im folgenden soll der Ablauf der Schlachten kurz geschildert werden.

Bereits die erste Feldschlacht am Granikos (im Mai/Juni 334) ist ein Beispiel für die Führungskunst Alexanders. Doch muß hinzugefügt werden, daß sein Erfolg durch grundlegende Fehler der persischen Führung begünstigt worden ist. Diese hatte die Reiterei hinter dem steilen Flußufer aufgestellt. Erst hinter ihnen standen in einem zweiten Treffen die griechischen Söldner, die Kerntruppe der Perser. Dies war eine geradezu absurde Anordnung, die mit Notwendigkeit zu einer Katastrophe führen mußte, selbst ein Laie wird dies ohne weiteres begreifen. »Die strategische Ahnungslosigkeit der persischen Führung ist kaum zu übertreffen.« Dieses Urteil ist auch heute noch gültig.

Alexander hat mit seiner Hetairenkavallerie auf breiter Front den Flußübergang erzwungen – bei einem aufmerksamen Gegner wäre dies ohne weiteres zu verhindern gewesen. Geradezu leichtsinnig war es, daß Alexander sich mehrfach in einer Weise exponiert hat, die zwar einem Offizier, nicht aber einem Feldherrn angestanden hätte. Im Zweikampf mit dem Satrapen von Lydien, Spithridates, wäre er verloren gewesen, wenn ihn nicht Kleitos, der Kommandeur der Leibschwadron (*ile basiliké*), gerettet hätte. Entscheidend war die Vernichtung der griechischen Söldner. Sie wurden durch die Hetairenkavallerie und die Phalanx der Pezhetairen in die Zange genommen. Ihre Verluste waren enorm, 2000 Mann gerieten in Gefangenschaft und wurden nach Makedonien gebracht, zur Zwangsarbeit in den makedonischen Bergwerken. (Ähnliches hat es auch in unserer Zeit gegeben.)

Der Sieg Alexanders ist um so höher zu veranschlagen, weil die griechischen Söldner zu den besten Truppen gehörten, die damals existierten. Und doch sind sie Alexander unterlegen.

Bereits in der Schlacht am Granikos zeigte sich etwas, das in allen Kämpfen Alexanders eine wichtige Rolle gespielt hat: Die Makedonen fühlten sich durch den Elan ihres Königs mitgerissen, es wäre ihnen niemals in den Sinn gekommen, daß die Schlacht verlorengehen könnte. Die Führung und das Beispiel ihres Königs waren die Garanten des Sieges, sie wetteiferten mit ihm um den Preis der Tapferkeit. An Belohnungen und an Fürsorge für seine Soldaten hat es der junge König nicht fehlen lassen. Und noch ein wichtiger Zug des Makedonenkönigs: Er ließ dreihundert von den Persern erbeutete Rüstungen nach Athen senden. Sie stellten eine Weihegabe an die Göttin Athene dar, der panhellenische Charakter des Krieges sollte hervorgehoben werden. Ohne Zweifel ist bei dieser Weihung (mit einer entsprechenden Inschrift) die Propaganda mit im Spiel. Denn wenn die Legende der Inschrift lautete: »Alexander, der Sohn Philipps, und die Hellenen mit Ausnahme der Spartaner weihen diese als Siegesbeute von den Barbaren, die Asien bewohnen«, so war dies an die Adresse der verbündeten Griechen gerichtet, und die Abwesenheit der Spartaner wurde noch besonders hervorgehoben.

Die weiteren Operationen in Kleinasien werden hier übergangen, auch die Belagerungen der Städte Milet und Halikarnaß; es mag nur gesagt werden, daß Alexander das von ihm besetzte Territorium als »speergewonnenes Land«, als sein Eigentum betrachtete. Es kann überhaupt keine Rede davon sein, daß die Hellenenstädte in Westkleinasien in den Korinthischen Bund eingegliedert worden wären.

Im November 333 fand in der syrischen Küstenebene bei Issos die Schlacht zwischen Alexander und dem persischen Großkönig Darius III. statt. Der Verlauf des Treffens ist in den griechischen Quellen geschildert, von persischer Seite gibt es, wie auch bei den anderen Alexanderschlachten, keine Informationen. Aber der Verlauf ist, vor allem durch Arrian, so dargestellt worden, daß man sich ohne Schwierigkeiten ein Bild machen kann, das im wesentlichen den Tatsachen entsprechen dürfte. Es hatte keine Fernaufklärung gegeben, so daß die beiden Gegner aneinander vorbeigezogen waren. Das Ergebnis bestand darin, daß die Perser im Rücken Alexanders standen, die Schlacht mußte (in der Gegend des heutigen Alexandrette) mit verkehrten Fronten geschlagen werden. Alexander sah sich von seinen rückwärtigen Verbindungen abgeschnitten, in der Schlacht ging es für ihn um alles oder nichts.

Die Zahlen für das Alexanderheer werden mit 42000 Mann zu Fuß und mehr als 5000 Reiter angegeben. Sie mögen ungefähr stimmen. Wenn aber Arrian, ein im übrigen seriöser Historiker, die Streitmacht der Perser auf 600000 Mann beziffert, so ist dies eine gewaltige Übertreibung. Sicher waren die Perser zahlenmäßig überlegen, mehr läßt sich nicht sagen. Bei seiner Aufstellung in der syrischen Küstenebene hatte Alexander alles getan, eine Umfassung von seiten des Gegners zu verhindern. Beide kämpften mit verkehrten Fronten; hätten die Perser gesiegt, so wäre das Alexanderheer verloren gewesen. Der Schlacht hatte Alexander eine eingehende Rekognoszierung vorausgehen lassen. An dem rechten Flügel seiner Aufstellung standen die Prodromoi, leichte Reiter; ihnen schlossen sich die Schwadronen der Hetairenkavallerie an; es folgten zur Mitte hin die Regimenter der Pezhetairen; auf dem äußersten linken Flügel standen die thessalischen Reiter unter Parmenion. Die Attacke Alexanders zersprengte den linken persischen Flügel. Bei den Makedonen entstand eine Lücke in der Schlachtreihe, und zwar in der Mitte. In diese sind die hellenischen Soldtruppen auf persischer Seite hineingestoßen. Auch am linken Flügel der Makedonen stand es nicht gut, die Schlacht war auf des Messers Schneide. Der Großkönig, in Unkenntnis über die Gesamtlage, verlor die Nerven und wandte sich zur Flucht. Allein die griechischen Söldner, seine Kerntruppe, bewahrten Haltung, sie konnten sich aus dem allgemeinen Zusammenbruch retten. Im Lager des Perserkönigs fielen die Mutter, die Gattin und zwei Töchter des Großkönigs in die Hände Alexanders.

Wieder hatte die Hetairenkavallerie mit Alexander an der Spitze die Schlacht entschieden. Wenn es ihm gelang, den Großkönig gefangenzunehmen, war der Krieg gewonnen. Obwohl der Makedonenkönig alles daran setzte, den flüchtigen Gegner zu erreichen, ist ihm dies nicht gelungen, denn Darius ist über Aleppo entkommen. Alexander erbeutete seinen Wagen, in ihm befanden sich der Bogen, der Schild und der Königsmantel: Man denkt hier an die Verfolgung Napoleons nach der Schlacht bei Belle Alliance am 18. Juni 1815. Die Geschichtsschreibung (Ptolemaios bei Arrian II 11,8) hat es sich entgehen lassen, die geradezu enormen Verluste der Perser bei ihrer Flucht im einzelnen zu beschreiben. Wieder hatten sich die Führungskunst Alexanders und die Tapferkeit seines Heeres als entscheidend erwiesen.

Zu den glänzendsten Leistungen Alexanders gehört die Belagerung der Seestadt Tyrus. Die Schwierigkeit für Alexander bestand darin, daß Tyrus mitten im Meer lag. Es hatte keine Verbindung mit dem Festland; von diesem war die Stadt durch einen 800 m breiten Meeresarm getrennt, der bis zu 5 ½ m tief war. Vom Lande aus schien die Stadt unbezwingbar, denn eine Flotte stand den Makedonen zunächst nicht zur Verfügung. Alexander aber ließ vom Festland her einen Damm zur Stadt aufschütten; auf ihm wurden die Belagerungsmaschinen der Makedonen herangeführt. Von der See her kamen Schiffe, sie waren von phönikischen und cypriotischen Städten gestellt worden. Nach einer insgesamt etwa sechs Monate dauernden Belagerung wurde Tyrus im Sturm genommen, wobei Tausende von Bewohnern fielen und noch mehr auf dem Sklavenmarkt verkauft wurden. War die Einnahme von Tyrus notwendig? Hatten sich die Opfer gelohnt? Dies läßt sich wohl bejahen, denn Alexander, der nach Ägypten ziehen wollte, konnte die Stadt nicht unbezwungen zurücklassen. Von ihr aus hätten die Perser Gelegenheit gehabt, die rückwärtigen Verbindungen Alexanders abzuschneiden (wenn die persische Heeresleitung dies ausgenutzt hätte). Eine der Folgen der Eroberung von Tyrus war die Gründung der Stadt Alexandrien in Ägypten zu Anfang des Jahres 331 v. Chr. Sie mußte die Funktionen übernehmen, die vorher Tyrus im östlichen Becken des Mittelmeeres innegehabt hatte.

Die Eroberung der Inselstadt Tyrus ist ein hervorragendes

Beispiel für die vorausschauende Strategie Alexanders. Wäre Tyrus nicht gefallen, so hätte sich der König Schwierigkeiten ausgesetzt, die gar nicht abzusehen waren. Er hätte möglicherweise die Früchte des ganzen Feldzugs aufs Spiel gesetzt. Nach der Einnahme von Tyrus und nach der Besetzung Ägyptens, die sich kampflos vollzogen hat, war Alexanders Herrschaft in den Ländern westlich des Euphrat weitgehend stabilisiert. Er war im Besitz eines Territoriums, das sich von der Adria bis weit hinein nach Vorderasien erstreckte. Die erste Phase der Eroberung des Perserreiches war beendet.

Die letztlich entscheidende militärische Auseinandersetzung erfolgte am 1. Oktober 331 v. Chr. bei Gaugamela (nordöstlich von Mosul). Es ist gelegentlich dem Alexander vorgeworfen worden, er habe durch seinen Aufenthalt in Ägypten dem persischen Großkönig Gelegenheit gegeben, sich auf eine neue Auseinandersetzung mit ihm vorzubereiten (Graf Yorck von Wartenburg) – aber diese Version trifft nicht das Richtige, denn es wäre ein Fehler gewesen, wenn Alexander Ägypten nicht in Besitz genommen hätte.

Auch in der Schlacht bei Gaugamela werden Angaben über die Heereszahlen bei den Persern vermißt, denn niemand wird daran glauben, daß die Perser eine Million Mann zu Fuß und über 40 000 Mann zu Pferd aufs Feld geführt haben, obwohl dies bei den Alexanderhistorikern zu lesen ist. Andererseits kann es nicht stimmen, daß Alexander seinem Gegner sogar überlegen gewesen ist, wie dies ein seriöser Historiker, W. W. Tarn, angenommen hat. Nein, die Perser waren ihren Gegnern wiederum überlegen wie in der Schlacht bei Issos, wenn auch nicht um das Zwanzigfache, wie es bei Arrian zu lesen steht. Alexander hatte sein Heer in einem Nachtmarsch auf den Kampfplatz geführt; hier ließ er die Truppen verpflegen und ausruhen, während die Perser gerüstet den Gegner erwarteten. Alexander selbst hatte den Ratschlag Parmenions abgelehnt, die Perser in der Nacht zu überfallen, weil er die Unberechenbarkeit eines Kampfes in der Dunkelheit fürchtete. Dieses Mal ging es, wenn irgendwann, ums Ganze. Angeblich soll sich der rechte Flügel der Makedonen gerade vor der Mitte der persischen Schlachtreihe befunden haben (wenn dies richtig ist, so wäre die Annahme Tarns auf jeden Fall verfehlt). Bei Beginn der Schlacht ritt Alexander mit seiner Hetairenkavallerie nach rechts, um die Perser in ihrer linken Flanke zu fassen, die Perser rückten dementsprechend nach links, die Lücke in ihrer Aufstellung wurde von

Alexander sofort erkannt. Und wiederum begab sich Darius auf die Flucht. Er war dem Ansturm der Makedonen nicht gewachsen, es war niemand in seiner Umgebung, der ihn zur Standhaftigkeit aufgefordert hätte. Dies aber erwies sich als Unglück für die Perser, ganz abgesehen davon, daß auch ein Teil der persischen Garde seine Rettung in der Flucht sah. Die Gesamtlage war für sie keineswegs ungünstig, denn ihr rechter Flügel unter dem Satrapen Mazaios von Babylonien hatte die beiden Treffen Alexanders durchstoßen und sich auf sein Lager gestürzt. In dieser Situation richtete der am linken Flügel Alexanders kommandierende Parmenion einen Hilferuf an den König, der sofort mit seiner Hetairenkavallerie herbeieilte. Er kam zu einem Zeitpunkt an, an dem sich die Lage am linken Flügel wieder stabilisiert hatte. Wieder waren es die thessalischen Reiter gewesen, die ihr Bestes getan und die Perser zurückgeschlagen hatten. Alexander aber hatte kostbare Zeit verloren, die ihm für die Verfolgung des Perserkönigs fehlte.

Wer den Bericht über die Schlacht bei Gaugamela liest, wird sich wundern, daß die Perser trotz ihrer zahlenmäßigen Überlegenheit kein Mittel gefunden haben, den Sieg davonzutragen. Denn auch in dieser Schlacht hatten sich auf persischer Seite griechische Söldneroffiziere befunden, die mit der Kampfesweise der Makedonen durchaus vertraut waren. Auf Grund ihrer zahlenmäßigen Überlegenheit war sich die persische Heeresleitung sicher, die Schlacht zu gewinnen, aber die Niederlage bei Issos hatte sie nicht belehrt. Alexander hatte sich in genialer Weise den Verhältnissen angepaßt, gegen den Ansturm seiner Hetairenkavallerie hatten die Perser kein Mittel gefunden, obwohl es nahegelegen hätte, mit Feldbefestigungen zu operieren. Die von ihnen eingesetzten Sichelwagen haben sich als ein untaugliches Mittel erwiesen, sie hätten in ein historisches Museum gehört, denn ihre Zeit war vorbei.

Die Jahre von 330 bis 327 waren ausgefüllt mit den Kämpfen gegen den Königsmörder Bessos und gegen Spitamenes. Hierbei hat der Makedonenkönig gezeigt, daß er auch dieser schwierigen Aufgabe ohne weiteres gewachsen war. In den Jahren von 327 bis 325 folgt der indische Feldzug. Im Mai/Juni 326 wurde die Schlacht gegen den indischen König Porus am Hydaspes geschlagen. Es war die letzte in der Reihe der großen Feldschlachten Alexanders. Sie zeigt gegenüber allen früheren Treffen ein völlig verändertes Bild. Dabei wäre zu beachten, daß Porus ein ganz anderer Gegner war als der Perserkönig Darius III., der im Sommer des Jahres 330 den Tod durch Mörderhand gefunden hatte. Seit diesem Zeitpunkt betrachtete sich Alexander als Nachfolger der Achämeniden.

Die Schlacht am Hydaspes hat Alexander aus dem Anmarsch geschlagen. Bekanntlich ist dies ein sehr schwieriges Unternehmen, weil jederzeit mit einem Angriff des Feindes auf die Truppe, die sich noch nicht in Schlachtordnung befindet, zu rechnen ist. Dazu kam in diesem Fall noch ein schwieriger Flußübergang, den Alexander brillant gemeistert hat. Gegenüber der Streitmacht des Porus hatte der Makedonenkönig den größten Teil seines Heeres unter Krateros zurückgelassen, während er selbst weiter stromabwärts mit 5000 Reitern und 6000 Mann zu Fuß ohne große Mühe den Flußübergang vorgenommen hat. Die Inder hatten geradezu unvorstellbare Verluste, Porus geriet in Gefangenschaft, zwei seiner Söhne wurden getötet. Auf indischer Seite waren Elefanten eingesetzt worden. Alexander hatte den Befehl gegeben, die Lenker der Elefanten unschädlich zu machen, eine Anordnung, welche die Elefantenwaffe zum Teil unbrauchbar machte.

Der Überblick über die Alexanderschlachten läßt erkennen, daß die Siege vor allem auf den persönlichen Einsatz des Makedonenkönigs und auf seine Direktiven zurückzuführen sind. In dieser Beziehung hatte er von seinem Vater gelernt, die Schlacht bei Chaironea (338) war seinerzeit durch die Taktik Philipps II. entschieden worden. Und dieser war bei dem Thebaner Epaminondas in die Schule gegangen.

Die Eroberung des Perserreiches hat eine grundlegende Veränderung der antiken Weltgeschichte gebracht. Lag der Schwerpunkt vorher eindeutig auf seiten des persischen Weltreiches, so war durch Alexander eine neue Lage eingetreten, die den Lauf der antiken Geschichte von Grund auf umstürzte. Ohne die kriegerischen Taten des Makedonenkönigs wäre dies nicht möglich gewesen. Was Xerxes durch seinen Kriegszug nach Hellas nicht erreicht hatte, war dem Alexander gelungen, und zwar in vollem Umfang. Er war der neue Herr der Welt. Und wenn ihm ein längeres Leben vergönnt gewesen wäre –, Alexander ist nur 32 Jahre und sechs Monate alt geworden – so hätte er auch seine Pläne zur Eroberung der Länder am westlichen Mittelmeer ausgeführt (oder doch zum mindesten in Angriff genommen), aber dies hat sein früher Tod in Babylon am 10. Juni 323 v. Chr. verhindert.

Nicht nur als Feldherr und Stratege hatte Alexander Hervorragendes geleistet, auch in der Administration hatte er neue Wege eingeschlagen. Nach dem Vorbild der frühen Perserkönige, des Kyros und Darius I., hatte er sich bemüht, die einzelnen Nationen des Vielvölkerstaats in ihrer Eigenart zu fördern, die Lyder, Ägypter, Babylonier und vor allem die Iranier, er hat sie zu Partnern seiner Makedonen gemacht. Die Massenhochzeit zu Susa, auf der Tausende von Makedonen persische Frauen geheiratet haben, zeigt den Weg, den er zu gehen beabsichtigte. Die Makedonen haben sich nach dem Tode des Königs von dieser Verschmelzungspolitik abgewandt, eine makedonische Reaktion war die Folge.

Bedeutend waren die Folgen auf dem Gebiet der Wirtschaft. Anstelle der früheren Stagnation trat unter Alexander ein unverkennbarer Aufschwung in der Wirtschaft ein. Er war so grundlegend, daß die Wirkung des Alexanderzuges mit der Entdeckung Amerikas verglichen worden ist (U. Wilcken). Es gab Geld in Hülle und Fülle, hauptsächlich als Folge der Ausmünzung des von den Persern in ihren Residenzen aufgespeicherten Edelmetalls. Durch die Erschließung der weiten Räume des iranischen Ostens und durch die Eroberung Vorderindiens nahm der Welthandel neue Dimensionen an. Während sich in Griechenland ein Rückgang bemerkbar machte, zeigte die Entwicklung in Phönikien, wo sich die Enden der großen Verkehrsstraßen befanden, eindeutig nach oben. Selbst die Zerstörung von Tyrus wurde durch die Begründung Alexandriens wettgemacht. Alexander soll mehr als siebzig Städte in Vorderasien, vor allem im Iran, gegründet haben; Sie wurden zu Mittelpunkten des neu sich entfaltenden Überlandhandels. Dazu kam die Ausbreitung der griechischen Sprache in der Form der Koiné. Diese war ein abgeschliffenes Attisch und trat im Orient als Verkehrssprache an die Stelle des Aramäischen. Auch das war eine wesentliche Veränderung.

Die Eroberung Vorderasiens hatte auch ihre Schattenseiten. Die persischen Paläste wurden zerstört, und nach der Eroberung von Tyrus sind angeblich 30000 Menschen auf den Sklavenmarkt gewandert. Alexander selbst hat wenig Rücksicht gegenüber den Einheimischen walten lassen. Er hat gelegentlich geradezu Ausrottungsfeldzüge durchgeführt, man erinnere sich hier des Totenopfers für Hephaistion. Auch gegenüber seinen Freunden hat sich die dunkle Seite seines Charakters gezeigt, erinnert sei an den Untergang des Kleitos, des Philotas und seines Vaters Parmenion, den Alexander ermorden ließ, weil er in ihm das Haupt der makedonischen Opposition erblickte. Es ist Schachermeyr gewesen, der gegenüber der früheren Geschichtsschreibung die negativen Züge im Charakter des Makedonenkönigs mit Recht hervorgehoben hat. Aber Alexander hat keineswegs ein Trümmerfeld in Asien zurückgelassen, im Gegenteil, er hat eine neue Blüte geschaffen, die auch den einheimischen Völkern zugute gekommen ist. Und seine letzten Pläne, an deren Realität niemand zweifeln kann, wie die Umsegelung der Arabischen Halbinsel und der Zug zu den Säulen des Herakles, wären Unternehmen von allergrößter Bedeutung für die Alte Welt geworden, wenn es dem König gelungen wäre, sie auszuführen.

Alexander ist der Schöpfer der absoluten Monarchie und des Herrscherkults. Gewiß hatte es auch schon vorher Herrscher gegeben, deren Ziel die absolute Monarchie war. Auch sein Vater, der Makedonenkönig Philipp II., hatte gewisse Vorstufen dazu erreicht, aber er war doch der Heerkönig der Makedonen geblieben. Doch überragte er sie alle an Macht und Einfluß, er war der Führer und Wohltäter seiner Untertanen. Auf seinen Leistungen hatte Alexander aufgebaut, sein Heer wäre ohne die Vorarbeit seines Vaters nicht denkbar gewesen. Auch der Herrscherkult beginnt mit Alexander, er ist griechischen (nicht orientalischen) Ursprungs. Auf Grund seiner übermenschlichen Leistungen haben ihn die Hellenen in die Welt der Götter emporgehoben, in gewisser Hinsicht bereits zu seinen Lebzeiten. Gegen Ende seines Lebens suchte ihn, als er sich auf dem Weg nach Babylon befand, eine große Zahl von Gesandtschaften aus dem westlichen Mittelmeergebiet auf (es mag sein, daß hier Alexanders Westpläne ihren Schatten vorauswarfen), es waren aus Nordafrika die Libyer, aus Italien die Lukaner, Bruttier und Tyrrhener. Nicht ganz gesichert sind Gesandte der Karthager, Äthiopen, Skythen, Kelten und Iberer; diese stehen zwar bei Arrian (Anab. VII 15,4 ff.), aber sie werden weder von Ptolemaios noch von Aristobul genannt, sie sind vielmehr von einer Überlieferung bezeugt, die weniger gut beglaubigt ist. Wie dem auch sein mag – das Erscheinen der Gesandten ist ein Zeichen für die weltweite Anerkennung, die Alexander auch bei entfernten Völkern gefunden hatte.

Mit dem Namen Alexanders verbinden sich zahlreiche Entdekkungen, vor allem in Indien. Dazu gehört auch die Küstenfahrt seines Freundes Nearchos, die diesen von der Indusmündung in den Persischen Golf geführt hat (325), während der König den beschwerlichen Weg durch die gedrosische Wüste gewählt hatte. Ungefähr um die gleiche Zeit war Pytheas aus Massalia nach Britannien und der Küste des mittleren Norwegen gefahren, er hatte sogar Britannien umrundet, eine hervorragende nautische Leistung, welche die Kenntnis der nordwestlichen Oikumene bedeutend erweitert hat. Doch hat Alexander hiervon offenbar nichts mehr erfahren. Die Fahrt des Pytheas ist erst später bekannt geworden, doch haben manche den Mann aus Massalia für einen Lügner gehalten, ein Verdikt, das erst in unserer Zeit durch Karl Müllenhoff erledigt worden ist.

Alexander hat ganz neue Perspektiven eröffnet. Er ist das Vorbild für viele der späteren Könige geworden.

Im Jahre 338 wurde bei Chaironeia die entscheidende Schlacht zwischen Philipp II. und den Griechen ausgetragen. In dem gleichen Jahr ging in Mittelitalien der Aufstand der Latiner zu Ende. Er war im Jahre 340 ausgebrochen und hatte die Hegemonie der Römer in Latium auf eine harte Probe gestellt, und dies um so mehr, als die Latiner in den Volskern, Aurunkern und Sidikinern Bundesgenossen gefunden hatten. Die Römer sahen sich allein gelassen, von den Latinern blieben ihnen nur Ardea und Lavinium treu. Erstaunlicherweise behielten die Römer im Bunde mit den Samniten die Oberhand. Mit der Auflösung des politischen Latinerbunds hatte Rom einen vorteilhaften Frieden erreicht, die Rivalität Roms und der Latiner war beendet. Seit 338 sind die Latiner in drei Gruppen geteilt, die erste dargestellt von autonomen Städten (Tibur, Praeneste, Lavinium, Cora). Die Städte der zweiten Gruppe fanden Aufnahme in das römische Bürgerrecht, es waren die Orte Aricia, Lanuvium, Nomentum und Pedum. Die übrigen kamen in den Besitz des römischen Halbbürgerrechts (*civitas sine suffragio*), unter ihnen auch die campanischen Städte Capua, Cumae und Suessula.

Die Neuordnung des Jahres 338 ist die Keimzelle der römisch-italischen Wehrgemeinschaft, die als der politische Kern des römischen Italien gelten darf.

Die Römer aber hatten in den Samniten entschlossene Gegner. Mit ihnen mußten mehrere Kriege geführt werden; deren bedeutendster war der sog. 2. Samnitenkrieg (328–304; der erste Krieg ist mit großer Wahrscheinlichkeit nicht historisch). Für die Römer gab es manche Rückschläge, der größte ist die Kapitulation eines römischen Heeres in den Caudinischen Pässen im Jahre 321. Die Kriege endeten vorläufig im Jahre 304. Seit dieser Zeit waren die Römer die führende Macht in Mittelitalien. Beendet wurden die Auseinandersetzungen mit den Samniten erst am Ende des 3. Samnitenkrieges (299/8–290). Die Samniten waren mit den

Kelten, Etruskern und Umbrern verbündet gewesen (Sieg der Römer bei Sentinum, 295).

Auf Sizilien hatte *Timoleon* die Ordnung wiederhergestellt. Er war von Korinth nach Syrakus geschickt worden und hatte im Jahre 341 die Karthager am Flusse Krimisos besiegt. In dem Frieden mit den Karthagern wurde der Fluß Halykos im westlichen Sizilien als Grenze zwischen dem syrakusanischen und dem karthagischen Gebiet festgesetzt. Von den Syrakusanern hoch geehrt, hat Timoleon einige Jahre danach sein Leben in Frieden beschlossen. Er war der Befreier der sizilischen Griechen. Es ist keine Frage: Das Schwergewicht der Alten Welt hatte sich seit dem Alexanderzug nach dem Osten verschoben. Hellas war nicht mehr das Herz und das Hirn der Welt, es war zunächst von Alexander, dann von den Diadochen abhängig. Das Perserreich hatte seine führende Rolle an die Makedonen abgegeben. Man kann daher die Zeit von etwa 330 v. Chr. an als das Zeitalter des makedonischen Imperialismus bezeichnen. Da Alexander an der Ausführung seiner Westpläne durch den frühen Tod in Babylon (am 10. Juni 323) gehindert worden ist, bleibt die Frage offen, wie sich die politische und wirtschaftliche Entwicklung vollzogen hätte, wäre dem König ein längeres Leben beschieden gewesen. Im Westen hat sich eine ganz andere Entwicklung vollzogen. Sowohl in Italien wie auch in Nordafrika haben sich neue politische Zentren gebildet, es sind dies Rom und Karthago, welche der künftigen Entwicklung den Weg gewiesen haben. Sie haben die Randländer des westlichen Mittelmeerraumes in ihren Bann gezogen, vor allem die Iberische Halbinsel, in der sich die Kraftlinien Karthagos und Roms gekreuzt haben. Und Mitteleuropa? Hier lebten die Kelten, ihre Zivilisation ist durch eine Fülle von Funden bekannt geworden. Sie sind in vielfacher Weise mit der antiken Welt in Verbindung getreten, die Zone ihres Einflusses hat sich von Britannien und Gallien im Westen bis nach Südrußland im Osten erstreckt.

Im ganzen hat sich die antike Welt grundlegend verändert. Die Führung liegt eindeutig im Osten – aber der Tod Alexanders schuf neue Probleme, die von seinen Nachfolgern, den Diadochen, gelöst werden mußten.

12. Kapitel
Die hellenistische Welt und Rom
von 323 bis 30 v. Chr.

Die Zeit nach dem Tode Alexanders wird durch die Bildung einer neuen Staatenwelt gekennzeichnet. Am wichtigsten sind zwei Dinge: Die makedonische Heeresversammlung in Babylon nimmt Abstand von den Eroberungsplänen des Königs, die sich auf den Westen des Mittelmeerraumes richteten. Sie hat die Pläne ausdrücklich verworfen, eine Entscheidung von grundlegender Bedeutung für die weitere historische Entwicklung. Die andere Tatsache besteht darin, daß auch die Verschmelzungspläne Alexanders aufgegeben worden sind. Auf die Verbindung zwischen Makedonen und Persern, die von Alexander inauguriert worden war, hat man verzichtet. Nach dem Willen der Heeresversammlung sollten die Makedonen die Herren sein, von einer Mitregierung der Perser war nicht mehr die Rede.

Diese Entscheidungen stehen über der Entwicklung der kommenden Jahrhunderte. Die nächsten zwanzig Jahre von 323 bis 301 v. Chr. sind geprägt von dem Kampf um das Universalreich. Um das Alexanderreich zu erhalten oder um es neu aufzurichten, ist eine Anzahl von verlustreichen Kriegen geführt worden. Erst in der Schlacht bei Ipsos (301) ist die Idee des Universalreichs untergegangen. Bei diesen Kämpfen haben Männer wie Perdikkas, Antigonos Monophthalmos und Eumenes eine maßgebende Rolle gespielt. Aber auch ihre Gegner, die für die Partikularstaatsidee eingetreten sind, Männer wie Ptolemaios, Seleukos, Lysimachos und Kassandros, haben den Lauf der Geschichte wesentlich mitbestimmt. Sie sind letzten Endes die Sieger geblieben. In früherer Zeit hat die Geschichtsforschung diese Entwicklung vom Universalreich zu den Partikularreichen in der Regel als eine Fehlentwicklung betrachtet; sie hat dabei übersehen, daß sich hier Kräfte entfaltet haben, die etwas Neues geschaffen und im ganzen für die Alte Welt zum Segen geworden sind. Letzten Endes sind diejenigen Kräfte emporgekommen, die auf den Grundlagen des Alexanderreiches neue Staaten und eine neue Zivilisation errichtet haben.

Die entscheidenden Jahre sind die folgenden: Im Jahre 321 v. Chr. ist Perdikkas, der Chiliarch, auf dem Feldzug in Ägypten ermordet worden. Im gleichen Jahr findet in Triparadeisos in Nordsyrien eine Neuordnung des Reiches statt: Antipater, bisher Stratege von Europa, wird zum Reichsverweser, Antigonos Monophthalmos zum Aufsichtsführenden über Asien ernannt. Als der hochbetagte Antipater im Jahre 319 stirbt, wird Polyperchon sein Nachfolger, ein offensichtlicher Mißgriff, der sich rächen sollte. Der Grieche Eumenes wird Reichsfeldherr von Asien, vermag sich aber hier gegen seine Gegner nicht durchzusetzen. Im Jahre 315 verkündet Antigonos Monophthalmos von Tyrus aus die Übernahme der Reichsverweserschaft. Die Folge ist ein Koalitionskrieg, in dem Antigonos sich mit den anderen Diadochen (Kassandros, Lysimachos, Ptolemaios und Seleukos) auseinanderzusetzen hat. Er endet mit dem Frieden von 311, in dem man Antigonos eine Art von Oberaufsicht über Asien zugesteht. Wenig später (310/09) wird Alexander IV., der Sohn Alexanders d. Gr., beseitigt. Auch seine Mutter, die Iranierin Rhoxane, wird umgebracht. Damit ist die Familie Alexanders d. Gr. erloschen.

Eine wichtige Zäsur für die Diadochen ist das Jahr 306: Demetrios, der Sohn des Antigonos Monophthalmos, besiegt in einer Seeschlacht bei Salamis auf Cypern den Satrapen von Ägypten, Ptolemaios, worauf Antigonos den Königstitel annimmt und diesen auch auf seinen Sohn überträgt. Damit beginnt ein neues Zeitalter, denn auch die anderen Diadochen schmücken sich mit dem Königstitel, womit die Auflösung des Alexanderreiches in Teilreiche dokumentiert wird. Die Könige sind Ptolemaios, Kassandros, Lysimachos und Seleukos (der wahrscheinlich erst 304 den Königstitel angenommen hat). Zwei Ereignisse der nächsten Jahre sind von besonderer Bedeutung: die Belagerung von Rhodos durch Demetrios; sie endet im Jahr 304, ohne daß es dem Demetrios gelungen wäre, die Stadt zu bezwingen. Im Frühjahr 302 wird der Panhellenische Bund von Korinth gegründet, und zwar nach dem Vorbild des älteren Panhellenischen Bundes unter Philipp II. von Makedonien (338/37). Aber mit der Schlacht bei Ipsos und dem Sieg der Koalition der Diadochen Lysimachos, Seleukos und Kassandros ist es mit der Hegemonie des Antigonos zu Ende. Demetrios kann sich aus dem Untergang retten, er herrscht von 294 bis 287 als König über Makedonien. Im Jahre 299/8 war es zu einer wichtigen dynastischen Hochzeit gekommen: Seleukos heiratete mit großem Gepränge Stratonike, die Tochter des Demetrios und der Phila. Dagegen war Kassandros, der härteste Gegner des Demetrios, wahrscheinlich 298 gestorben. Doch wenige Jahre später fielen Lysimachos und Pyrrhos in Makedonien ein (287). Demetrios wich nach Kleinasien aus und geriet im folgenden Jahr in die Gefangenschaft des Seleukos. Er wurde zwar gut behandelt, erlangte aber die Freiheit nicht wieder und starb im Jahre 283. Im Winter 283/2 folgte ihm Ptolemaios I. im Tode nach. Den Schlußstrich in den territorialen Kriegen zog die Schlacht bei Kurupedion (281). Der Sieger war Seleukos; Lysimachos blieb auf dem Schlachtfeld. Sein Reich wurde im wesentlichen die Beute des Siegers. Als Seleukos die Herrschaft des Lysimachos auf europäischem Boden antreten wollte, fiel er einem Attentat des Ptolemaios Keraunos, des ältesten Sohnes des 1. Ptolemäers, zum Opfer (280). Dieser aber unterlag den Kelten, die von Norden her in Makedonien eingefallen waren. Es folgte eine schlimme Zeit für das Land, bis im Jahre 277 Antigonos Gonatas, der Sohn des Demetrios und der Phila, zum König der Makedonen ausgerufen wurde.

Damit geht die Diadochenzeit definitiv zu Ende. Auf dem Boden des Alexanderreiches haben sich inzwischen drei bedeutende Staaten konstitutiert: Vorderasien bis hin zu den Grenzen Indiens als das Reich des Seleukos und seines Nachfolgers Antiochos I. (280–261), Ägypten unter Ptolemaios II. (283–261, nachdem er bereits 285 Mitregent seines Vaters, des 1. Ptolemäers, geworden war) und Makedonien, seit 278 unter Antigonos Gonatas. Das Charakteristikum dieser Zeit ist die Existenz von drei bedeutenden Territorialstaaten. Sie beherrschen die Politik der folgenden Jahrzehnte, bis sich am Ende des 3. Jahrhunderts v. Chr. die Römer in die Angelegenheiten des hellenistischen Ostens einmischen. Sie haben sich als die Stärkeren erwiesen und der Welt ein neues Gesicht gegeben.

Die Diadochenzeit hat man im allgemeinen als eine typische Übergangszeit betrachtet. Doch für den Ablauf der antiken Universalgeschichte bedeutet sie mehr. Erst in der Diadochenzeit hat das Makedonentum, zusammen mit den Hellenen, die Herrschaft über den Vorderen Orient errungen; erst in dieser Periode hat sich das Griechentum als führende Kulturmacht durchgesetzt. Die Weltherrschaft des griechischen Geistes hat in dieser Zeit in Vorderasien und Ägypten feste Wurzeln geschlagen. Die griechische Koiné ist zu einer Sprache geworden, die vom Indus bis hin zur Cyrenaica verstanden wurde. Dies aber war die Voraussetzung für den Aufschwung der hellenistischen Kultur, deren Schöpfungen sich im fernen Afghanistan ebenso finden wie an den Grenzen Nubiens. Und es hat nicht wenige unter den Einheimischen gegeben, die versucht haben, zu den Hellenen emporzusteigen, wenn dies auch erst im 2. Jahrhundert v. Chr. in der Namengebung seinen Ausdruck findet.

War bisher Athen der Mittelpunkt des Geisteslebens der Griechen gewesen, so hat sich dies in der Diadochenzeit grundlegend geändert. An die Spitze treten nun die Residenzen der neuen Diadochenreiche, vor allem Alexandrien. Hier schuf der erste Ptolemäer in dem Museion eine Forschungsstätte, wie sie die Welt noch nicht gesehen hatte. Er ließ sich dabei von Demetrios von Phaleron, einem Philosophen des athenischen Peripatos, beraten. Viele Gelehrte gingen im Museion der Forschung und Lehre nach; das Vorbild war der Peripatos in Athen. Doch an finanziellen Mitteln hat das Museion alle anderen Institutionen weit übertroffen, denn die Ptolemäer haben hier ihren Reichtum voll zum Einsatz gebracht. Philologen, Naturwissenschaftler, Philosophen und vor allem Ärzte erhielten hier Gelegenheit, sich der Forschung zu widmen und mit ihren Schülern zu diskutieren. Dabei war die große Bibliothek ein Hilfsmittel, wie es in der ganzen antiken Welt einmalig war. Beachtlich ist das hohe persönliche Interesse, das die Ptolemäer, vor allem der erste unter ihnen, den Wissenschaften entgegengebracht haben. Bereits in der Diadochenzeit sind an verschiedenen Orten großartige Bauten aufgeführt worden. Die bedeutendsten sind wohl der Koloß von Rhodos und der Pharos von Alexandrien. Der Koloß ist eine überdimensionale Statue des Sonnengottes, errichtet, nachdem die Rhodier die Belagerung ihrer Stadt siegreich überstanden hatten, d. h. nach 304 v. Chr. Er ist ein Werk des Chares von Lindos, eines Schülers des berühmten Lysippos. Die Figur war aus Bronze gegossen und stand länger als sechzig Jahre am Eingang zum Hafen von Rhodos, bis ein Erdbeben (227 oder 226) die Statue umstürzte. Wenn man angenommen hat, der Koloß habe mit gespreizten Beinen an der Hafeneinfahrt gestanden, so ist dies längst als ein Irrtum erwiesen. Auch der berühmte Pharos von Alexandrien ist um 280 v. Chr. entstanden. Er hatte eine Höhe von sechzig Metern und wurde von einer Kolossalfigur gekrönt. Vielleicht sollte sie den Gott Poseidon oder Ptolemaios I. Soter darstellen. Im übrigen ist der Pharos das Vorbild für die Leuchttürme der Antike und des Mittelalters geworden. Er hat viele Jahrhunderte am Eingang zum Großen Hafen auf der

Insel Pharos auf Kap Lochias gestanden. Im 14. Jahrhundert n. Chr. wurde der Pharos durch den Anprall der Wogen zerstört. Zu den großen Kunstwerken ist auch der Alexandersarkophag von Sidon zu zählen. Er wurde im Jahre 1887 in der Königsnekropole gefunden. Der König Abdalonymos hat ihn in der Diadochenzeit herstellen lassen. Er trägt Reliefs, Schlachtenszenen und Jagddarstellungen. Der Künstler ist unbekannt. Die Villa del Fauno in Pompeji zierte das berühmte Bild der Alexanderschlacht. Ihm lag ein Fresko zugrunde, dessen Schöpfer wahrscheinlich Philoxenos von Eretria aus der Diadochenzeit gewesen ist. Der gleichen Zeit gehört das Standbild des Demosthenes an. Es ist im Auftrag seines Neffen Demochares im Jahre 280/79 in Athen errichtert worden – wohl das eindrucksvollste Bild des großen Redners und Patrioten, das aus dem Altertum erhalten ist (heute in der Ny Carlsberg Glyptotek in Kopenhagen).

Die hellenistische Periode der antiken Geschichte ist gekennzeichnet durch die Hegemonie der Territorialstaaten, des Ptolemäerreiches, des Reiches der Seleukiden und des Reiches der makedonischen Antigoniden. Bis zum Ende des 3. Jahrhunderts v. Chr. ist ihre Vorherrschaft unbestritten, erst um den Wechsel vom 3. zum 2. Jahrhundert v. Chr. wendet sich das Blatt durch den Aufstieg Roms. Nach der Schlacht bei Zama, in der Rom den entscheidenden Sieg über Karthago errungen hat, vermag sich Rom auch in die Politik des Ostens einzuschalten, und die Freiheitserklärung des Titus Quinctius Flamininus im Jahre 197 zeigt Rom bereits als die Schiedsrichterin, die auch über Hellas gebietet. Die Auseinandersetzung mit Antiochos III., dem Seleukiden, steht vor der Tür.

Die Politik der großen hellenistischen Herrscher ist insofern bemerkenswert, weil sie sich ohne fremde Einflüsse, vor allem ohne den Einfluß Roms, vollzogen hat. Zwar hat sich Rom durch die beiden Illyrischen Kriege von 229 und 219 in das Schicksal der Menschen jenseits der Adria eingemischt, und der erste makedonische Krieg von 215 bis 205, der zur gleichen Zeit wie der Zweite Punische Krieg von den Römern geführt worden ist, zeigt die von Westen her aufsteigende Wolke, die ihre Schatten bis nach Hellas geworfen hat. Der Friede von Naupaktos (217) ist der letzte Friedensschluß, der noch ohne Mitwirkung der Römer allein unter Griechen abgeschlossen worden ist.

Es sind Entwicklungen von bedeutender Tragweite, die sich zwischen 280 und 200 v. Chr. im hellenistischen Osten vollzogen haben. Der Hellenismus ist alles andere als eine Friedenszeit. Und auch die Frage, ob es sich hier um das Ringen um das hellenistische Gleichgewicht gehandelt hat, ist eher negativ zu beantworten. Denn wenn etwas sicher ist, so steht hier bei den drei großen Königreichen das Streben nach der Hegemonie im Vordergrund. Obwohl die führende Bevölkerung in allen hellenistischen Monarchien von den Makedonen gestellt wird, so sind doch die Interessen der drei Großreiche gänzlich verschieden. Es gab eine Anzahl von Streitpunkten, die wiederholt zu Kriegen geführt haben. Es ging um den Besitz von Koilesyrien zwischen den Seleukiden und den Ptolemäern – nicht weniger als sechs syrische Kriege sind von ihnen geführt worden –, auch um die Seeherrschaft ist zwischen den Ptolemäern und Antigoniden mehrfach gerungen worden. Dazu kamen noch zahlreiche andere Probleme, die teilweise mit dem Volkstum zusammenhingen. Das Erstaunlichste aber ist der Aufstieg Makedoniens unter Antigonos Gonatas (276–239), der ganz neue Verhältnisse auch in Hellas geschaffen hat. Überhaupt ist der Niedergang Griechenlands ein deutliches Phänomen, das sich schon seit der Alexanderzeit und noch mehr unter den Diadochen bemerkbar macht.

Mit der Politik verbindet sich die Wissenschaft, vor allem in Alexandrien. Dank der Munifizenz der Ptolemäer blüht hier das Museion. Die Zahl der Männer, die hier gewirkt haben, ist groß. Gelehrte wie Eratosthenes aus Kyrene (285–205), Kallimachos sowie eine nicht geringe Schar von Ärzten mit Herophilos und Erasistratos an der Spitze, haben in Alexandrien gewirkt und den Ruhm des Museion in alle Welt verbreitet. Auch der große Mathematiker und Physiker Archimedes hat einige Jahre in Alexandrien gelebt. Schließlich hat er sich nach Syrakus, seiner Heimat, zurückbegeben, wo er im Jahre 212 den Tod von der Hand eines plündernden römischen Soldaten gefunden hat. Neben Alexandrien verblaßt der Ruhm Athens, obwohl seine Philosophenschulen viel von ihrem alten Ruhm bewahrt haben. Der vielseitige Straton von Lampsakos hat hierzu in seinem langen Leben nicht wenig beigetragen. Doch Gelehrte wie Platon und Aristoteles hat dieses Zeitalter in Athen nicht mehr gesehen.

Bereits in den Anfang des Zeitalters, ins Jahr 280, fällt der Übergang des Pyrrhos, des Königs von Epirus, nach Italien; er ist dem Hilferuf der Stadt Tarent gefolgt. In verlustreichen Schlachten hat er mit den Römern die Klingen gekreuzt, auch auf Sizilien hat er sich als Schwiegersohn des Agathokles zur Geltung gebracht, doch hat er im Jahre 275 Italien wieder verlassen. Im Jahre 272 fiel er im Straßenkampf in der Stadt Argos in der Peloponnesos. Sein Gegner war Antigonos Gonatas, der König der Makedonen, gewesen.

Die Kriege der hellenistischen Staaten untereinander sind ohne Ausnahme auf die Machtpolitik zurückzuführen. Dies gilt für den sog. Ersten Syrischen Krieg zwischen Ptolemaios II. und Antiochos I. von 274 bis 271, ebenso aber auch für den Chremonideischen Krieg (er trägt seinen Namen nach einem prominenten attischen Politiker) von 267 bis 261. Auch der 2. Syrische Krieg, in dem Ptolemaios II. gegen Antiochos II. und Antigonos Gonatas kämpfte, hatte keinen anderen Grund. Dynastische Ursachen hatte dagegen der 3. Syrische Krieg, in dem es um die Nachfolge im Seleukidenreich gegangen ist. Er heißt auch der Laodikekrieg, weil die ehemalige Gattin des Antiochos II. dieses Namens eine Rolle gespielt hat. Das Seleukidenreich sah sich in eine Krise gestürzt, denn schon im Frühjahr 247 hatten die Parther sich selbständig gemacht; auch das Großkappadokische Reich unter Ariarathes hatte sich von den Seleukiden gelöst (um 260). Zusammen mit der Abspaltung des gräko-baktrischen Reiches unter Diodotus (um 250) sah sich das Seleukidenreich sowohl im Oberen Asien wie auch in Anatolien entscheidend geschwächt; die Zahl der Makedonen reichte nicht mehr aus, um das Seleukidenreich zusammenzuhalten, zumal die Interessen der Makedonen in Ost und West nicht miteinander übereinstimmten. Eine weitere Schwächung brachte die Errichtung eines eigenen Königtums durch Antiochos Hierax, den jüngeren Bruder des Seleukos II., in Anatolien (242–228/7). Das Seleukidenreich ist stark erschüttert worden, aber mit dem Regierungsantritt Antiochos III. ging es wieder aufwärts. Seine Regierung fiel in die Zeit von 223 bis 187 v. Chr. In dem Krieg gegen das Ptolemäerreich wurde der Seleukide bei Raphia in Südsyrien entscheidend geschlagen (217). Zum erstenmal haben sich auf der Seite der Ptolemäer einheimische Ägypter vorzüglich bewährt. Doch hat dies Antiochos nicht gehindert, seinen Zug in die Oberen Satrapien zu unternehmen, wodurch er weite Gebiete des Ostens wieder seiner Herrschaft unterstellen konnte (212–205). Dieser Kriegszug hat bei den Zeitgenossen einen tiefen Eindruck hinterlassen. Er fand ungefähr gleichzeitig mit dem 2. Punischen Krieg statt. Den Imperialismus der hellenistischen Könige illustriert der Geheimvertrag zwischen Philipp V. von Makedonien und Antiochos III. über die Aufteilung des Ptolemäerreiches (203/02 v. Chr.). Während Antiochos III. in Südsyrien einrückte (5. Syrischer Krieg), hatte Philipp V. gegen Attalos I. von Pergamon, gegen die Rhodier und Kyzikos zu kämpfen. Auch Byzanz stand auf seiten der antimakedonischen Koalition. In dem gleichen Jahr 201 erschien eine Gesandtschaft der Rhodier und des Attalos I. in Rom, die um Hilfe gegen die Makedonen nachsuchte. Die Römer sagten diese zu, und im Jahre 200 begann der zweite römisch-makedonische Krieg. Er endete mit dem Sieg der Römer bei Kynoskephalai (197 v. Chr.).

Das 3. Jahrhundert v. Chr. hatte Rom bedeutende außenpolitische Erfolge gebracht, zudem war die Stadt von einer italischen zur Hegemonialmacht im westlichen Mittelmeer geworden. In der Auseinandersetzung mit Karthago hatte es die Oberhand gewonnen, auf die Ostseite des Adriatischen Meeres den Fuß gesetzt. Es ist dies die Zeit, in der Rom durch seine großen Heerführer, vor allem durch Scipio Africanus Maior, Männer hervorgebracht hat, die den Blick der Römer auf neue Kontinente gerichtet haben. In der Innenpolitik macht sich der Aufstieg einer Führungsschicht (Nobilität) bemerkbar, die auf politischem und militärischem Gebiet Bedeutendes geleistet hat. Die Kämpfe zwischen den Patriziern und Plebejern waren durch die Lex Hortensia (287) beendet worden, die Patrizier waren dabei, die Herrschaft mit den Plebejern zu teilen. Schon im Jahre 367/66 war durch die Leges Liciniae Sextiae bestimmt worden, daß einer der beiden Consuln in Zukunft ein Plebejer sein sollte – doch hat es immerhin einige Jahrzehnte gedauert, bis diese Anordnung auch durchgeführt worden ist. Rom war keine Demokratie. Das Volk war zwar in den Comitien souverän, in Wirklichkeit aber regierte der Senat, der die Erfahrung vieler Generationen verkörperte. Der Senat hat im wesentlichen die Richtlinien der Innen- und Außenpolitik bestimmt, das Volk, soweit es das römische Bürgerrecht besaß, hat dies mehr oder weniger bestätigt.

In der kriegerischen Auseinandersetzung mit dem König Pyrrhos von Epirus blieben letzten Endes die Römer Sieger. Die römischen Bundesgenossen waren nicht gewillt, ihre Bindungen an Rom gegen die Vorherrschaft eines hellenistischen Fürsten einzutauschen, und der 3. Vertrag zwischen Rom und Karthago, wahrscheinlich vom Jahre 278, zeigte deutlich, daß Rom zu den führenden Mächten Italiens gehörte. Wenig später, im Jahre 273, schloß Rom einen Freundschaftsvertrag mit Ptolemaios II., und der Friede mit Tarent im Jahre 272 brachte den langjährigen Konflikt mit der unteritalischen Hellenenstadt zu einem für Rom vorteilhaften Ende. Nach der Einnahme von Rhegion im Jahre 270 herrschten die Römer über ganz Mittel- und Süditalien. Ein Teil davon war römisches Bürgerland, die anderen Territorien gehörten den römischen Bundesgenossen (*socii Italici*), sie waren durch Einzelverträge mit Rom verbunden. In Italien war die römisch-italische Wehrgemeinschaft führend (nach einer Prägung Mommsens). Sie hat die großen kriegerischen Auseinandersetzungen seit dem 1. Punischen Krieg getragen.

Im Jahre 264 begann der 1. Punische Krieg. Es ging um Sizilien. Die Römer fanden hier die Unterstützung des Königs Hieron II. von Syrakus. Der Flottenbau der Römer im Jahre 262 brachte die Wende. Von nun an setzten sich die Römer auf dem Meere durch, sie siegten bei Eknomos (256) und konnten sogar nach Afrika übersetzen. Doch die Expedition endete 253 in einem totalen Zusammenbruch. Die Karthager setzten sich unter Hamilkar Barkas (dem ›Blitz‹) in Heirkte und auf dem Berg Eryx auf Sizilien fest, erst der Seesieg des C. Lutatius bei den Ägatischen Inseln (241) brachte das Ende des Krieges, der von beiden Parteien große Opfer gefordert hatte. Sizilien – mit Ausnahme des syrakusanischen Königreichs – gehörte nun den Römern. Im Jahre 237 besetzten die Römer in einer Schwächeperiode der Karthager (diese waren von 241 bis 238 durch einen Söldneraufstand an den Rand des Abgrundes gebracht worden) die Inseln Sardinien und Korsika. Seit der gleichen Zeit weilte Hamilkar Barkas in Spanien, wo er den Einfluß der Karthager zur Geltung brachte. Am bedeutendsten war seine Gründung von Neukarthago (Cartagena). Nach seinem Tode im Jahr 229 übernahm sein Schwiegersohn Hasdrubal das spanische Kommando. Zwischen ihm und den Römern wurde im Jahre 226 der Ebrovertrag geschlossen, in dem sich der Punier verpflichtete, den Ebro nicht in kriegerischer Absicht zu überschreiten. Rom fürchtete das Zusammengehen der Punier mit den Kelten. Gegen diese mußte in Oberitalien (bei Telamon und Clastidium) gekämpft werden, im Jahre 222 eroberten die Römer Mediolanum. Inzwischen waren die Römer jenseits der Adria eingeschritten (229). Das war der 1. Illyrische Krieg, dem zehn Jahre später noch ein zweiter gefolgt ist (219). In dem gleichen Jahre hat Hannibal, der Sohn des Hamilkar, Sagunt erobert. Danach begann der 2. Punische Krieg, der mit Recht auch der Hannibalische Krieg genannt wird (218–201).

In diesem Krieg hat sich Hannibal als ein überragender Feldherr gezeigt, er meisterte nicht nur den Übergang über die Alpen (wahrscheinlich über den Col de Clapier in der Mont-Cenis-Gruppe), er besiegte auch die Römer in der Schlacht am Trasimenischen See (217) und vor allem in der Schlacht bei Cannae (im August 216), der ersten Vernichtungsschlacht in der Geschichte des Altertums. Im Jahre 215 trat Makedonien in den Krieg an der Seite der Punier ein, doch sah sich Hannibal in seinen Hoffnungen getäuscht (1. Römisch-Makedonischer Krieg, 215–205), da die Makedonen seit 212 in Hellas gegen die Ätoler zu kämpfen hatten. Die Römer hatten im Jahr 210 P. Cornelius Scipio nach Spanien geschickt, der im Jahre 206 die karthagische Herrschaft in Spanien zerstörte (Sieg bei Ilipa). Im Jahre 205 schloß man den Frieden von Phoinike. Der Erste Römisch-Makedonische Krieg war beendet, eine Entlastung Hannibals hatte er nicht gebracht. Die Endphase des großen 2. Punischen Krieges beginnt – nach der Eroberung der Insel Sizilien (Fall von Syrakus im Jahre 212) – mit dem Übergang des P. Cornelius Scipio nach Afrika im Jahre 204. Der Sieg der Römer bei Zama Regia (202) zwang die Karthager zum Frieden (201). Rom hatte den schweren Krieg nach siebzehnjährigem Ringen gewonnen. Das Westbecken des Mittelmeeres stand unter der Vorherrschaft der Römer, Karthago war zu einer Macht zweiten Ranges geworden. Allein die großen hellenistischen Staaten, Makedonien, das Reich der Seleukiden und das der Ptolemäer, standen noch aufrecht.

Aber es gab einen wesentlichen Unterschied zwischen Rom und den hellenistischen Staaten: Die Römer hatten mit Hilfe ihrer Bundesgenossen einen Staat aufgebaut, der sich von der Iberischen Halbinsel bis jenseits der Adria erstreckte. Was die Zahl seiner Bewohner (nicht nur der Bürger) und was die Organisation seiner Provinzen anbetraf, war Rom den hellenistischen Staaten eindeutig überlegen. Auch in der Kriegführung hatte Rom entscheidende Siege über all seine Gegner errungen. Selbst Niederlagen und Rückschläge hatte Rom überwunden, es war zur Führungsmacht im Mittelmeerraum aufgestiegen. Im Jahre 228 hatte zum ersten Mal eine römische Gesandtschaft Korinth und Athen besucht. Mit den hellenistischen Staaten stand Rom in diplomatischer Verbindung. Mit Absicht wurde die Idee der trojanischen Herkunft der Römer propagiert, und die Kontakte mit den sizilischen Griechen haben ihre Rückwirkungen auf die römische Zivilisation gezeitigt. Militärisch jedoch war Rom viel stärker als alles, was die hellenistischen Staaten aufzubieten hatten. Im Osten wurde die Expedition des Seleukiden Antiochos III. in die Oberen Satrapien (212–205) bewundert, doch in Rom waren die völkischen Auseinandersetzungen in Vorderasien und Ägypten kein Geheimnis. Von der hellenistischen Wissenschaft waren nur Einzelheiten in die westliche Welt gelangt, und was ein Wissenschaftler wie Archimedes bedeutete, wußte hier – abgesehen von den Griechen auf Sizilien – niemand. Hier bestand bei den Römern ein großer Bedarf, der nur durch einen engen Kontakt zwischen Rom und den Zentren des Ostens ausgeglichen werden konnte.

Das 3. Jahrh. v. Chr. ist eine Hochblütezeit der exakten Wissenschaften. Sie ist verbunden mit dem Museion von Alexandrien, aber auch mit Syrakus und anderen Griechenstädten. Besonders wichtig war die Existenz bedeutender Bibliotheken, wie sie in Alexandrien, aber auch an anderen Bildungsstätten vorhanden waren. Man weiß zwar von den übrigen Kulturzentren nur wenig, doch kann kein Zweifel darüber bestehen, daß auch an anderen Orten die Wissenschaften lebhafte Pflege gefunden haben. Ein Beispiel aus einer etwas späteren Zeit ist Pergamon unter den Attaliden, das vor allem im 2. Jahrh. in hoher Blüte gestanden hat. Bereits unter Alexander d. Gr. hat die Wissenschaft von der Geographie eine lebhafte Pflege gefunden. Männer wie Nearchos und Megasthenes haben das antike Weltbild durch ihre Entdeckungen erweitert, in der Diadochenzeit hat sich diese Entwicklung fortgesetzt. Während unter Alexander Indien und der Persische Meerbusen erforscht worden sind, treten unter den Diadochen Gegenden wie das Kaspische Meer (Patrokles) und die an Ägypten im Süden angrenzenden Gebiete hinzu. Die Zeit war allmählich reif, ein neues Weltbild zu schaffen, und dies ist schließlich durch Eratosthenes von Kyrene (285–205 v. Chr.) auch geschehen. Er hat die Forschungen Alexanders benutzt und ist der erste gewesen, der über das in den homerischen Epen niedergelegte Wissen weit hinausgekommen ist. Allein schon Dikaiarchos mit seinem Diaphragma (in der Diadochenzeit) bedeutet einen neuen Anfang, und dies ist von Eratosthenes in hervorragender Weise fortgeführt worden. Seine größte Leistung ist seine Erdmessung gewesen. Er hat ein System von geometrischen Figuren, von Vierecken, erfunden, die er an seine Koordinaten angelegt hat. Natürlich hatte sein System einen nicht zu leugnenden Nachteil: Es fehlte an astronomischen Ortsbestimmungen, und die Entfernungsangaben der antiken Reisenden waren von sehr unterschiedlichem Wert. Eratosthenes errechnete 252000 Stadien für den Gesamtumfang der Erde, womit er – unter der

Voraussetzung, daß das von ihm benützte Stadion 157,5 Meter lang gewesen ist – der Realität sehr nahe kam, nämlich auf 39690 km (in Wirklichkeit: 40075 km).

Im 3. Jahrh. ist auch zum ersten Mal die Hypothese des heliozentrischen Weltsystems aufgestellt worden, von Aristarch von Samos. Er hatte schwere Widerstände zu überwinden, und man wundert sich deshalb nicht, daß sich seine Hypothese erst in der beginnenden Neuzeit (Kopernikus) durchgesetzt hat – aber danach hatte man das Fernrohr Galileis. Einen Katalog der Fixsterne hat Hipparch angefertigt. Er ist wohl auch der Entdecker der Präzession. Unter ihr versteht man das Fortschreiten der Jahrespunkte durch die Ekliptik. Andere halten freilich den Babylonier Kidinnu (griech. Kidenas) für den Entdecker der Ekliptik (um 314 v. Chr.).

Die Fortschritte der Mathematik verbinden sich mit Eukleides (Euklid) und Archimedes, denen später, im 2. Jahrh. v. Chr., ein Dritter, nämlich Apollonios von Perge, an die Seite tritt. In seinen berühmten »Elementen« hat Euklid das Wissen um die Elementargeometrie in verständlicher Form niedergelegt. Ihm ist auch die Vervollkommnung der Terminologie und die lückenlose Darbietung der Beweise gelungen. Dieses Buch hat nächst der Bibel die weiteste Verbreitung in der Weltliteratur gefunden. Bis nahezu in die Gegenwart war es als Schulbuch unübertroffen.

Der berühmteste Mathematiker war jedoch der Grieche Archimedes aus Syrakus. Nachdem er in Alexandrien studiert hatte, ist er in seine Heimat Syrakus zurückgekehrt. Archimedes ist der Erfinder der Integralrechnung, mit deren Hilfe er Flächen und Volumina bestimmt hat. Auch Raummessungen der Rotationsflächen zweiter Ordnung sind ihm gelungen, dazu hat er Volumen- und Flächenbestimmungen der Kugel durchgeführt. Archimedes hatte erkannt, daß der Inhalt der Kugel zwei Drittel des ihr umschriebenen Zylinders beträgt, eine grandiose Entdeckung. Die Figur hat er auf seinem Grabmal in Syrakus einmeißeln lassen. Er hat den Tod von der Hand eines marodierenden römischen Soldaten bei der Einnahme von Syrakus im Jahre 212 gefunden. Cicero, als Quästor, hat sein Grab im Jahre 75 v. Chr. wiederentdeckt. Die Syrakusaner hatten sich nicht um sein Grab gekümmert, obwohl Archimedes ein berühmter Bürger der Stadt und ein großer Patriot gewesen war.

Der etwas jüngere Apollonios von Perge hat in Alexandrien und Pergamon gelebt. Sein Hauptwerk waren die Kegelschnitte (koniká). Er hat die Begriffe Ellipse, Parabel und Hyperbel in die

Terminologie eingeführt, dazu aber auch noch viele andere mit ihnen zusammenhängende Probleme behandelt.

Die großen Fortschritte der Mathematik sind nicht denkbar ohne die Beziehungen der einzelnen Gelehrten zueinander; so war Archimedes mit mehreren Mathematikern in Alexandrien befreundet.

Die Physik hatte in Straton von Lampsakos einen herausragenden Gelehrten; er war von 287–268 Schulhaupt des Peripatos in Athen, nachdem er vorher in Alexandrien gelebt hatte (die Ptolemäer sollen ihn mit einem großen Geldgeschenk nach Athen entlassen haben). Er wurde als Urheber der Theorie vom Vakuum bezeichnet, wobei er gewisse Anregungen und Vorarbeiten Platons und des Aristoteles weitergeführt hat. In der heutigen Wissenschaft gilt er als der erste experimentierende Physiker. Er hat sich auf fast allen Gebieten der antiken Wissenschaften betätigt, dazu war er ein hervorragender Lehrer, der sowohl in Alexandrien wie in Athen zahlreiche Schüler um sich versammelte.

Von den anderen Repräsentanten der Wissenschaften seien die Mediziner vor allem genannt. Es gab im griechischen Raum mehrere Ärzteschulen, von denen die des Hippokrates von Kos (* 460) die berühmteste gewesen ist. Aber ihr Ruhm wurde in hellenistischer Zeit von der alexandrinischen Schule verdunkelt. In Alexandrien am Museion wirkten Herophilos und der etwas jüngere Erasistratos (dieser unter Ptolemaios II.). Beide sind von der Anatomie ausgegangen und haben nicht nur Leichen seziert, sondern sogar Vivisektionen vorgenommen, die letzteren an Verbrechern, die ihnen zur Verfügung gestellt worden waren. Beide, Herophilos und Erasistratos, gründeten eigene Schulen. Herophilos ist der Entdecker des Nervensystems. Er hat sich aber auch auf vielen anderen Gebieten der Medizin betätigt, wie z. B. in der Augenheilkunde; auch die Pulslehre hat er begründet. Erasistratos dagegen ist der Entdeckung des Blutkreislaufs wenigstens nahegekommen. Herophilos hat sich mit den hippokratischen Schriften beschäftigt. Die Ärzteschule des Hippokrates blühte im Hellenismus weiter. Man könnte sich vorstellen, daß die große Zahl der Kriege in hellenistischer Zeit die medizinische Wissenschaft gefördert hat – aber davon ist nichts aus den Quellen bekannt.

Die Römer standen hinter den hellenistischen Ärzten weit zurück. Zwar hat sich im Jahr 219 der erste griechische Arzt in Rom niedergelassen, aber die römischen Quellen berichten wenig Gutes von ihm; er führte den Spitznamen *carnifex* (Henker).

Überhaupt kann in Rom von Wissenschaft nicht die Rede sein. Erst die Punischen Kriege hatten die Römer mit griechischen Menschen in Verbindung gebracht, und zwar auf Sizilien. Das Erstaunliche ist die Tatsache, daß die technischen Erfindungen kaum für praktische Zwecke ausgenützt worden sind. Man hat im 3. Jahrh. v. Chr. von einer Hochblüte der Technik in Alexandrien gesprochen (Alb. Rehm). Neben Archimedes wäre vor allem Ktesibios von Alexandrien zu nennen. Dieser ist unseres Wissens der erste, der den Luftdruck für technische Erfindungen genutzt hat. Dies betrifft die Feuerspritze, die Orgel (wahrscheinlich die Wasserorgel) und das Luftdruckgeschütz. Diese Erfindungen wären imstande gewesen, große Teile der antiken Mechanik zu verändern, aber dies ist nicht der Fall gewesen. Nur auf dem Gebiet der Geschütztechnik wurde Epochales geleistet im Übergang zum Torsionsgeschütz (anstelle des früheren Bogengeschützes). Auch sonst steht die Kriegstechnik bei den Erfindungen entschieden im Vordergrund. Ein bezeichnendes Beispiel ist die Schrift des Philon von Byzanz. Sein Buch, die »Mechanikè sýntaxis«, ist ein großes Werk über die antike Technik, doch ist es zur Hälfte der Kriegstechnik gewidmet.

Die Geschichte der Zeit von 200 bis gegen 100 v. Chr. erhält im Mittelmeerraum ihre Prägung durch den Aufstieg der Römer einerseits und den Niedergang der hellenistischen Staatenwelt andererseits. Dazu kommen auf seiten der Römer die großen Persönlichkeiten, die Rom auf die Bahn des Imperialismus geführt haben. Die Vorstellung, die Römer seien zu den Eroberungen nur gezwungen und gedrängt worden, ist nicht zutreffend, wenn auch diese Auffassung durch Mommsen mit seinem ›defensiven Imperialismus‹ Eingang in die Geschichtswerke gefunden hat. Allein schon das Verhalten der Römer nach dem 1. Punischen Krieg, als die Karthager durch den Söldneraufstand stark geschwächt waren und die Römer sich der Inseln Sardinien und Korsika bemächtigten, beweist das Gegenteil. Der 2. Römisch-Makedonische Krieg (200–197) ist die Fortsetzung des 1. Punischen Krieges, nur mit dem Unterschied, daß sich die Aktivitäten Roms nicht nach dem Westen, sondern nach dem Osten gewandt haben. Mit dem Sieg bei Kynoskephalai (197) hatte sich Rom eines Gegners entledigt, der ihm in Hellas im Wege stand, eine lebensbedrohende Gefahr war das makedonische Königreich für Rom nicht. Und mit der Freiheitserklärung des T. Quinctius Flamininus an den Isthmien des Jahres 1976 hatte Rom den Schlußstrich unter die Neuordnung der Verhältnisse in Hellas gezogen. Makedonien war militärisch und politisch zu einem Trabanten der Römer geworden. Eine eigene Politik war ihm von nun an untersagt.

Auch der Krieg der Römer gegen den Seleukiden Antiochos III. (192–188), der mit der Schlacht bei Magnesia am Sipylosberg endete (190 oder spätestens zu Beginn 189) hat die Hegemonie der Römer im Osten nur noch bestätigt. Zwei weitere Kriege haben die Vormacht der Römer gefestigt: der 3. Krieg gegen Makedonien (171–168), der mit der Niederlage des Königs Perseus bei Pydna zu Ende ging (21. Juni 168), und der 3. Punische Krieg (149–146). Dieser endete mit der Zerstörung der großen Handelsstadt Karthago. In anderen Kriegen waren die Römer weniger erfolgreich; so dauerte es länger als 20 Jahre, bis es ihnen endlich gelang, in Spanien die Ruhe wiederherzustellen (154–133). Im Jahre 146 wurde Korinth von den Römern zerstört, im Jahre 133 das kleine unbedeutende Numantia in Nordspanien. Auch der Jugurthinische Krieg in Nordafrika hat die Römer jahrelang beschäftigt (111–105). Marius hat ihn zu Ende gebracht. Er war auch der Sieger in den Schlachten bei Aquae Sextiae (102) über die Ambronen und Teutonen, während die Kimbern auf den Campi Raudii im Hochsommer 101 dem Marius und dem Catulus unterlagen.

Das Auftauchen der germanischen Völker in Südgallien und Oberitalien ist eine neue Erscheinung in der Alten Welt. Die Völker haben gewissermaßen den Keltenwall in Mitteleuropa durchbrochen und die Römer in Schrecken versetzt, doch waren sie der römischen Kriegskunst nicht gewachsen.

Das letzte Drittel des 2. Jahrhunderts v. Chr. ist gekennzeichnet durch Unruhen im Osten und Westen. In Kleinasien sind sie herbeigeführt worden durch das Ableben des letzten Königs von Pergamon, des Attalos III. (gest. 133). Er hat sein Reich den Römern vermacht, aber ein Prätendent namens Aristonikos, ein unebenbürtiger Sproß der Attaliden (er nannte sich Eumenes), hatte sich in seinem Reich etabliert und konnte erst nach mehrjährigen Kämpfen von den Römern besiegt werden. Viel schlimmer waren die von den Gracchen ausgehenden Unruhen in Rom und Italien. Es waren die Brüder Ti. Sempronius Gracchus, Volkstribun seit dem 10. Dez. 134, und C. Sempronius Gracchus (Volkstribun 123–122). Beide sind in Rom umgekommen, der ältere im Jahre 133, der jüngere im Jahre 121. Man hat die Bewegung der Gracchen eine Revolution genannt; es waren innere Unruhen, die sich am Gegensatz zwischen den Patriziern und Plebejern entzündeten. Die Gracchen haben versucht, das Agrarproblem in Italien zu lösen – aber dazu war die Zeit noch nicht reif und der Widerstand der Adelskreise unüberwindlich. Auch die Sklaven blieben nicht ruhig. Sizilien hatte von 135 bis 132 den sog. 1. Sklavenkrieg erlebt, auch in Kleinasien gab es einen Sklavenaufstand in Verbindung mit Aristonikos. Diese Sklavenkriege, so gefährlich sie auch waren, haben die Gesellschaft der Mittelmeerwelt nicht verändert. Sie haben zu keiner wesentlichen Verbesserung der sozialen Stellung der Sklaven geführt, es sind auch keine grundsätzlichen Gegner der Sklaverei aufgetreten. Erst das Christentum hat eine andere Einstellung den Sklaven gegenüber vertreten.

Die großen Kriege der Römer sind Ausdruck ihres Machtstrebens und ihrer Sucht nach Beute. Dies zeigt das Auftreten der Römer in Griechenland, Makedonien und Vorderasien. Insbesondere der römische Ritterstand hat große Kapitalien angesammelt. Die Steuerpächter haben die Provinzialen ausgesaugt, doch ist nicht zu leugnen, daß durch die Aufhäufung großer Kapitalien auch wirtschaftliche Fortschritte erzielt worden sind. Aber es fehlten die geistigen Grundlagen: Wo die Römer auch auftraten, da haben sie mehr zerstört als aufgebaut, ganz im Gegensatz zu den hellenistischen Königen, deren patriarchalisches Regiment wenigstens zu einem Teil den Untertanen zugute gekommen ist. Allerdings waren die großen Zeiten des politischen Hellenismus zu Ende. Der Friede zwischen Rom und Antiochos III. zu Apameia (188) hatte die Kraft des Seleukidenreichs gebrochen, und dies umso mehr, als vom Osten her die Parther immer größere territoriale Fortschritte erzielten. Dazu kam noch der Widerstand der Makkabäer in Palästina. Sie wurden von den Römern unterstützt, denen eine Schwächung der Seleukiden sehr gelegen gekommen ist. Auch mit dem Ptolemäerreich ging es weiter abwärts. Schon im Jahre 155 v. Chr. hat der Jüngere Ptolemaios (später Ptolemaios VIII. Euergetes II. genannt) sein Testament veröffentlicht, das die Römer zu Erben seines Reiches eingesetzt hat. Im Jahre 145 konnte dieser Ptolemäer das gesamte Reich wieder unter seinem Szepter vereinigen. Aber Ägypten war nur noch ein Schatten seiner früheren Größe, und als im Jahre 145/44 Ptolemaios VIII. die griechischen Gelehrten und Wissenschaftler aus Alexandrien vertrieb, da war es auch mit der geistigen Vorherrschaft des Ptolemäerreichs zu Ende. Womöglich noch schlimmer sah es im Seleukidenreich aus: Der Seleukide Demetrios II. Nikator geriet in Medien in parthische Gefangenschaft (140/39). Und im Jahre 129 war es mit der Großmachtstellung der Seleukiden überhaupt zu Ende: Antiochos VII. Sidetes verlor gegen die Parther Schlacht und Leben. Um die gleiche Zeit hatte es bei den Ptolemäern Thronstreitigkeiten gegeben, und um 100 v. Chr. erscheint das Ptolemäerreich in drei selbständige Staaten aufgeteilt: Ägypten, Cypern und die Cyrenaica.

Im 2. Jahrhundert v. Chr. hat sich der Aufstieg Roms zur Weltmacht vollzogen. Mit der Schlacht bei Pydna (168) und zugleich mit dem Niedergang der hellenistischen Staatenwelt hat sich die Alte Welt verändert; von einem Gleichgewicht zwischen dem römischen Westen und dem hellenistischen Osten kann nicht mehr die Rede sein. Karthago ist zerstört, die Kimbern und Teutonen sind vernichtet. In Marius besitzt Rom einen bedeutenden Feldherrn, der allerdings auf dem Felde der Innenpolitik wenig vom Glück begünstigt gewesen ist. Abgesehen von den Parthern besitzen die Römer keinen Gegner mehr, der ihnen auch nur annähernd gewachsen ist. Bei den Römern macht sich der geistige Einfluß des Griechentums bemerkbar: Männer wie Ennius († 169) haben hier Werke geschaffen, die stark von hellenistischen Ideen beeinflußt worden sind. In Politik und Kriegsführung hat sich bei den Römern nur wenig verändert; sie haben zwar gelernt, in Kontinenten zu denken, einen Weg zum Herzen der Hellenen aber haben sie noch nicht gefunden. Anstatt die Freundschaft der unterworfenen Völker zu suchen, haben die Römer sie unterdrückt. Sie gaben ihnen keine Gelegenheit, ihre Fähigkeiten in dem sich ständig erweiternden Orbis Romanus einzusetzen. Ebenso wie die hellenistischen Fürsten waren sie Menschen zweiter Klasse. Auch zu der ständig wachsenden Zahl der Sklaven aus Griechenland und dem hellenistischen Osten haben sie keinen tragbaren Modus vivendi gefunden. Der Gegensatz zwischen dem römischen Imperialismus und der griechischen Ethik war immer noch unüberbrückbar. Hier mußte über kurz oder lang ein Ausgleich gefunden werden.

Die Völkerwelt Mitteleuropas war durch die Wanderungen der Germanen, die jedoch nicht als solche erkannt worden sind, in Bewegung geraten; diese waren aber der römischen Kriegskunst nicht gewachsen. Die Tendenz hin zur römischen Weltherrschaft ist ganz unverkennbar, die zielbewußte Führung durch die römische Nobilität hat hier Entscheidendes geleistet, und dies trotz der Belastung durch schwierige innenpolitische Probleme. Auch die spanischen Kriege der Römer (154–133) haben viele Unzulänglichkeiten der römischen Kriegsführung und Administration aufgedeckt, die wohl kaum jemand bei den Römern vermutet hätte. Und in Nordafrika hatte der Jugurthinische Krieg die Herrschaft der Römer in Frage gestellt. Wenn die Römer dennoch diese und andere Schwierigkeiten gemeistert haben, so verdankten sie dies den großen Feldherrn, von denen hier P. Cornelius Scipio, Ti. Quinctius Flamininus und C. Marius genannt seien. Diese Männer sind die Baumeister der römischen Weltherrschaft.

Das 1. Jahrhundert v. Chr. ist, rückwärts betrachtet, die Vorbereitungszeit auf das Prinzipat, die Herrschaft des ersten Mannes in Rom und in der ganzen antiken Welt. Die Entwicklung ist nicht denkbar ohne die großen Führergestalten wie Sulla, Pompejus, Caesar und schließlich auch Augustus. Der Schwerpunkt liegt, noch mehr als im 2. Jahrhundert v. Chr., eindeutig im Westen. Im Osten hat sich zwar das Partherreich zu einem ernsthaften Gegner Roms entwickelt; viel größer aber war die Gefahr für die Römer gewesen, die von dem König Mithradates VI. Eupator, ausgegangen war, dem Gründer eines Schwarzmeerreiches, dem große Teile Kleinasiens angehörten. Sein Untergang bedeutet eine grundlegende Veränderung der politischen Lage in ganz Vorderasien (63).

Mit dem Fortgang der römischen Expansion verbinden sich schwerwiegende innenpolitische Probleme, vor allem der Bundesgenossenkrieg (91–89), bei dem die Herrschaft Roms in Italien auf dem Spiel stand. Nicht nur im Osten, auch in Spanien hatte Rom zu kämpfen; hier war Sertorius der bedeutendste Gegner, den Pompejus im Jahre 72 niedergeworfen hat. Überhaupt sind die Erfolge des Pompejus gegen die Seeräuber (67) und gegen Mithradates und Tigranes, den König von Armenien (66), dazu die Konstituierung der Provinzen Bithynien und Pontus sowie Syrien (64) wichtige Meilensteine auf dem Weg zur römischen Weltherrschaft. Eine neue Zeit beginnt mit dem Auftreten Caesars. Er hat in den Jahren von 58 bis 51 Gallien unterworfen, und in der Auseinandersetzung mit Pompejus ist Caesar, zuletzt bei Pharsalus (48), Sieger geblieben. Unmittelbar vor dem Beginn des Partherkrieges wird Caesar an den Iden des März (15.3.44) in Rom ermordet, die Nobiles wollten keine Alleinherrschaft. Die Entwicklung der Jahre bis 30 v. Chr. ist letzten Endes ein Zweikampf zwischen Antonius und Octavian, dem Erben Caesars. Während sich Octavian zunächst auf den Westen beschränkte, hatte Antonius den Osten gewählt. Mit dem Sieg bei

Philippi im Herbst 42 hat Antonius das Zeitalter des Caesarismus begründet, die Republik existierte nicht mehr, Brutus und Cassius waren bei Philippi untergegangen. Mit der Seeschlacht bei Actium am 2. September 31 v. Chr. erringt Octavian den Sieg über Antonius und Kleopatra, die letzte Ptolemäerin. Wieder geht ein Zeitalter zu Ende. Und nach der Eroberung Alexandriens durch Octavian und nach dem Tod des Antonius erstreckt sich die römische Herrschaft vom Euphrat im Osten bis an den Atlantischen Ozean im Westen. Abgesehen von den Parthern hat Rom keinen Gegner mehr. Mit der Eroberung des bisher freien Gallien hatte auch für die Kelten in diesem Land eine neue Zeit begonnen. Sie haben trotz schwerer Kriegsverluste sich auf ihre angestammte Art besonnen, und durch die Aufnahme römischer Elemente in Zivilisation und Bevölkerung sind sie ein Bollwerk des Römertums in Westeuropa geworden.

Und wie sah es in Vorderasien aus? Mit der Eroberung Ägyptens durch Octavian war auch hier ein neues Zeitalter angebrochen, an die Stelle der Ptolemäerherrschaft war Rom getreten. Die einheimischen Ägypter waren an Fremdherrschaft gewöhnt, die Hellenen und Makedonen im Lande haben auch weiterhin – bis zur Eroberung durch die Araber – ihre eigene Zivilisation, auch die griechische Sprache, gepflegt. Sie haben den Römern keine großen Schwierigkeiten gemacht, nur mit der Bevölkerung Alexandriens hat es gelegentlich Auseinandersetzungen gegeben, die sich in den sog. Heidnischen Märtyrerakten niedergeschlagen haben. Ägypten war ein reiches Land; die Erträge seines Bodens sind vielfach den Römern zugute gekommen, das ägyptische Getreide war für die Versorgung Roms geradezu unentbehrlich. Unter den letzten Ptolemäern war von Ägypten aus der direkte Seeweg nach Indien entdeckt worden (117/16 v. Chr.), unter römischer Herrschaft ist der Ägyptenhandel zur Blüte gelangt, da sich auch die Römer lebhaft dafür interessiert haben. Die Alte Welt begann, zu einem einzigen großen Wirtschaftsgebiet zusammenzuwachsen, eine Entwicklung, die in der römischen Kaiserzeit als abgeschlossen zu betrachten ist.

Für die vorderasiatische Welt war das 1. Jahrhundert v. Chr. eine wechselvolle Zeit. Kleinasien, Syrien und Ägypten waren in die Mühlen der weitausgreifenden römischen Politik geraten, die großen Gegner waren Mithradates VI. und die Parther, die beide mit den Römern verfeindet waren. Mithradates VI. ließ im Jahre 88 v. Chr. nicht weniger als 80000 Italiker umbringen (sog. Ephesische

Vesper), die Parther besiegten 53 den Römer Crassus bei Carrhae, wodurch sich der römisch-parthische Gegensatz auf Jahrhunderte festschrieb. Der Partherfeldzug des Antonius endete im Jahre 36 mit einem eklatanten Mißerfolg für die Römer. Bemerkenswert sind die Testamente hellenistischer Könige zugunsten der Römer: Nach dem Tode Apions von Cyrene (96) und des Nikomedes IV. von Bithynien (74) waren die Römer die Erben. Und im Jahre 58 zogen die Römer die Insel Cypern ein; der letzte König von Cypern, Ptolemaios, gab sich selbst den Tod. Andererseits hat Antonius mit freigebiger Hand Städte und Länder an Kleopatra VII. verschenkt.

Zu den überragenden geistigen Persönlichkeiten im 1. Jahrhundert v. Chr. ist M. Tullius Cicero zu zählen. Geboren 106 in Arpinum, war er in jungen Jahren nach Rom gekommen. Hier ergriff er den Beruf des Anwalts und hatte bald bedeutende Erfolge. In den Jahren von 79 bis 77 weilte er in Griechenland, in Rhodos saß er dem berühmten Redelehrer Apollonios Molon zu Füßen. Seine politische Laufbahn begann er als Aedil, im Jahre 76 war er Quästor auf Sizilien. Im Prozeß gegen Verres trat er als Ankläger hervor, sein Gegner war der berühmte Hortensius, den er glänzend aus dem Felde schlug. Im Jahre 66 Prätor, bekleidete Cicero im Jahre 63 das Konsulat. In diesem Jahr deckte er die Catilinarische Verschwörung auf, doch endete das Jahr für ihn wenig glücklich, da ihm vorgeworfen wurde, mehrere Verschwörer widerrechtlich hingerichtet zu haben, eine Tatsache, die sein ganzes künftiges Leben überschattet hat. Auch die Feindschaft des Clodius fügte ihm großen Schaden zu, denn dieser trieb ihn im Jahre 58 in die Verbannung, doch durfte er bereits im folgenden Jahr nach Rom zurückkehren. Im Jahre 51 war er Proconsul in Kilikien, die Soldaten riefen ihn zum Imperator aus; der von Cicero ersehnte Triumph kam jedoch nicht zustande, denn im Jahre 49 brach der Bürgerkrieg zwischen Caesar und Pompejus aus. Cicero entschied sich nach längerem Schwanken für Pompejus, dem er ins Feldlager nach Hellas folgte. Die Übernahme des Kommandos nach dem Tode des Pompejus (48) lehnte er ab. Er lebte seinen Studien in Rom. Caesar hätte ihn gern für seine Sache gewonnen, aber Cicero konnte sich dazu nicht entschließen. In die Verschwörung, als deren Opfer Caesar an den Iden des März 44 v. Chr. fiel, war Cicero nicht eingeweiht. Durch seine Philippischen Reden verdarb er es sich mit Antonius. Er fiel als Opfer der Proskriptionen der Triumvirn am 7. Dezember 43.

Cicero war ein überzeugter Anhänger der res publica libera, der Republik; die Diktatur war ihm ein Greuel. Dies zeigen seine politischen Schriften, vor allem die Schrift »De re publica« (nur teilweise erhalten). Auch in seinen Reden, von denen 58 überliefert sind, hat er sich in diesem Sinne ausgesprochen.

Seine bedeutendste Leistung liegt auf dem Gebiet der Philosophie. Cicero hat die griechische philosophische Terminologie ins Lateinische übertragen und die griechische Philosophie in Rom eingebürgert. Als Politiker war er nicht immer glücklich, als Schriftsteller hat er Unvergängliches geleistet. Seine Briefe sind eine hervorragende Quelle für seine eigene Zeit. Sein Andenken ist im Abendland niemals erloschen.

Zu den großen Philosophen des 1. Jahrhunderts v. Chr. ist vor allem Poseidonios von Apameia (etwa 135–51) zu zählen. Er war ein Schüler des Panaitios und hatte sich Rhodos als Wohnsitz ausersehen. Von hier aus hat er mehrfach Rom besucht, auch auf der iberischen Halbinsel ist er gewesen. Auf fast allen Gebieten des Geisteslebens hat er sich betätigt, ihn interessierten vor allem auch völkerkundliche Probleme. Am Atlantischen Ozean hat er das Phänomen von Ebbe und Flut beobachtet. Da von seinen zahlreichen Schriften nur wenige Fragmente erhalten sind, ist es schwer, ein überzeugendes Gesamtbild seines Geistes zu gewinnen. Der Zugang über die Schrift »Über die Welt« ist trügerisch, da diese wohl erst aus der römischen Kaiserzeit (und nicht aus der Zeit des späteren Hellenismus) stammt. Poseidonios glaubte an die innere Einheit des Kosmos; mit seiner Mystik verband sich der Wunderglaube, dem er sich uneingeschränkt hingegeben hat. Von seinen Zeitgenossen hoch geehrt, empfing er zweimal den Besuch des großen Pompejus; auch Cicero ist bei ihm auf Rhodos gewesen. Sein Bild ist uns in jüngerer Zeit erst durch K. Reinhardt nahegebracht worden, doch hat sich dagegen auch Widerspruch erhoben, und manches an seiner Lehre bleibt immer noch rätselhaft. Von seiner Wissenschaft findet sich einiges bei dem Geographen Strabon von Amaseia im Pontos. Poseidonios war ein Universalgelehrter, denn er hat sich auch mit Astronomie und Mathematik beschäftigt. In seine wissenschaftlichen Betrachtungen hat er vor allem auch völkerkundliche Fragen einbezogen. Er ist der erste gewesen, der sich für die Kimbern und Teutonen interessiert hat, doch hielt er sie nicht für Germanen, sondern für Kelten. Erst Caesar hat zwischen Germanen und Kelten unterschieden.

Die größte Bedeutung im 1. Jahrhundert v. Chr. aber erlangte die römische Kriegskunst. Die Reihe der großen militärischen Führer ist lang, sie reicht von C. Marius, Sulla, Pompejus bis hin zu Caesar und M. Antonius. Pompejus ist durch seine Siege im Vorderen Orient zu hohem Feldherrenruhm gelangt; vorher hatte er in Italien im Bundesgenossenkrieg und in Spanien gegen Sertorius große Erfolge errungen. Bereits Marius hatte zu einer Militarisierung der römischen Bürger beigetragen, und diese Entwicklung ist durch seine geistigen Nachfolger noch gesteigert worden. Caesars Eroberung des freien Gallien (58–51) stellt hier einen Höhepunkt dar, aber auch im Bürgerkrieg hat er hervorragende Beweise seiner Feldherrnkunst an den Tag gelegt, wie in der Schlacht bei Pharsalus (48). Seine Schrift über den Gallischen Krieg ist ein bedeutendes Zeugnis der kriegswissenschaftlichen Literatur für alle Zeiten. Ein großer Feldherr war auch M. Antonius, wie sein Sieg in der Schlacht bei Philippi (42) zeigt. Octavian, der Erbe Caesars, ist dagegen niemals ein großer Feldherr gewesen, doch hatte er in Agrippa einen Helfer an seiner Seite, der in der Seeschlacht bei Actium am 2. September 31 v. Chr. Weltgeschichte gemacht hat. Die Kriege der spätrepublikanischen Zeit waren ungeheuer verlustreich, die Zahl der römischen Bürger ist erheblich dezimiert worden.

Auffällig ist die wachsende Größe des Heeres, die in den Bürgerkriegen am Ende der Republik besonders deutlich wird. In der Schlacht bei Philippi (42) kämpften insgesamt etwa 200000 Mann zu Fuß und 33000 Reiter. In den Kriegen gegen Sex. Pompejus und M. Lepidus verfügte Octavian über nicht weniger als 45 Legionen. Antonius hatte ein Heer von mehr als 30 Legionen unter seinen Fahnen, darunter auch zahlreiche Männer, die im Vorderen Orient ausgehoben und nach Erlangung des römischen Bürgerrechts in sein Heer eingestellt worden waren. Die Entwicklung führte zum stehenden Heer, das Milizsystem wurde aufgegeben. Und die Feldherren waren nicht mehr die Repräsentanten des römischen Staates, sie waren die Führer und Herrn der Heere, die sie vielfach selbst geschaffen hatten. In diesem Zusammenhang wurde von einer Hypertrophie der Dimension gesprochen (G. Veith). Die Soldaten erwarteten von ihren Feldherrn eine entsprechende Besoldung und Versorgung, eine Entwicklung, die bereits unter Marius und Sulla einsetzt. Mit Hilfe der Soldaten sind Feldherrn wie Caesar, Octavian und Antonius in der Lage, die Verfassung der Republik außer Kraft zu setzen. Der Senat stand dieser Entwicklung hilflos gegenüber, da er von den großen Militärführern überspielt wurde. Sie erzwangen Consulate, Belohnungen und Privilegien, ohne sich um die Anweisungen des Senats zu kümmern. So ist die *res publica libera* letzten Endes ein Opfer der großen Einzelpersönlichkeiten geworden.

13. Kapitel
Die römische Kaiserzeit: Von Augustus bis Diocletian

Mit Augustus beginnt ein neues Zeitalter. Er hat die Bürgerkriege beendet und der Welt den Frieden gegeben, den sie ersehnte. Das Imperium Romanum erstreckte sich unter seiner Herrschaft vom Atlantischen Ozean bis an den Euphrat. Es umfaßte viele Völker, politisch führend waren die Römer. Die Kultur war im Westen römisch, im Osten griechisch, und so ist sie auch geblieben bis ans Ende des Altertums, im Osten bis Justinian (527–565), im Westen bis zum Einfall der Langobarden, mit denen in Italien ein neues Zeitalter beginnt (um 570). Der Einfluß Roms reicht weit über die Grenzen des Imperiums hinaus, fast alle Völker Mitteleuropas haben in wirtschaftlichen und zum Teil auch in politischen Beziehungen zu Rom gestanden. Erst die Völkerwanderung hat das Bild verändert, und zwar insofern, als die germanischen Völker die Reichsgrenze überschritten und auf dem Boden des Imperiums eigene Reiche gegründet haben. Aber das sind Vorgänge, die erst gegen Ende des 4. Jahrhunderts n. Chr. begonnen haben.

Unter dem Kaiser Tiberius (14–37) starb in Palästina ein Mann, der zu seinen Lebzeiten außerhalb seiner engeren Heimat wenig Beachtung gefunden hatte. Es war Jesus Christus. Er hatte das Denken der Menschen auf eine andere Welt gerichtet. Von der Mehrzahl der Juden wurde er nicht verstanden, und in Verbindung mit dem Präfekten von Judaea, Pontius Pilatus, verurteilte man ihn zum Tode, den er am Kreuz auf Golgatha erleiden mußte. Dies mag im Jahre 30 geschehen sein. Von ihm und von seinen Jüngern, vor allem aber von Paulus, einem Juden aus der Diaspora, aus Tarsos, ist eine sich immer weiter ausdehnende Mission ausgegangen, die zahlreiche Kreise der Reichsbevölkerung erfaßt hat. Doch war dies ein Vorgang, der sich erst allmählich vollzogen hat; gegen Ende des 1. Jahrhunderts hat es nahezu im ganzen Imperium christliche Gemeinden gegeben. Die christliche Lehre hat einen neuen Geist in die antike Welt gebracht, der bis zum heutigen Tag nicht mehr verschwunden ist. Für viele Menschen war er eine Hoffnung, für die Mehrzahl jedoch ein Ärgernis. Dies erklärt die Christenverfolgungen, die seit dem Kaiser Nero (64) zu verzeichnen sind. Die Christen wurden verfolgt, weil sie dem Staat indifferent gegenüberstanden und weil sie sich von den spektakulären Vergnügungen der Masse fernhielten.

Außer dem Christentum hat es auch andere Religionen gegeben, die vom Osten nach dem Westen gewandert sind. Dazu gehört vor allem das Judentum, das in allen bedeutenden Gemeinden des Ostens und des Westens zu finden war. Es ist des öfteren die Keimzelle des Christentums geworden, doch war das Judentum exklusiv; durch seine Riten unterschied es sich von den anderen Religionsgemeinschaften. Vom Osten war auch die Religion des persischen Mithras gekommen. Diese hat sich vor allem zu einer Religion des Heeres entwickelt; an vielen Orten finden sich in der römischen Kaiserzeit Mithrasheiligtümer.

Indessen ist nicht zu verkennen, daß die Religion des römischen Staates noch überall ihre Anhänger gefunden hat, aber sie war legalistisch erstarrt. Sie bot den Menschen nicht mehr, was sie am meisten ersehnten: Trost und Hoffnung in den Widrigkeiten des irdischen Daseins.

Octavian, der spätere Augustus, wurde am 23. September 63 v. Chr. geboren. In früher Jugend verlor er seinen Vater C. Octavius (59). Sein Großonkel und Adoptivvater Caesar wurde am 15. März 44 ermordet. Schon am 19. August 43 erzwang Octavian das erste Consulat. Im November des gleichen Jahres schloß er mit Antonius und Lepidus ein Triumvirat; er gehörte nun zu den bedeutendsten Machthabern Roms. Im Jahre 36 mußte Lepidus auf das Triumvirat verzichten, im Jahre 32 schwor die Bevölkerung des gesamten Westens den Treueid (Gefolgschaftseid) auf Octavian, und am 2. September 31 v. Chr. siegte er bei Actium über seinen Rivalen Antonius und über die ägyptische Königin Kleopatra. Am 1. August 30 fiel Alexandrien. Nach Rom zurückgekehrt, erhielt Octavian am 13. Januar 27 das *Imperium consulare*, nur drei Tage später den Titel Augustus. Im Jahre 23 wurde ihm die *tribunicia potestas* sowie das *imperium proconsulare maius* verliehen, im Jahre 12 wurde er *pontifex maximus*. In seinen letzten Jahren verlor er seine Enkel Gaius und Lucius Caesar, die er adoptiert hatte. Es folgte die Adoption seines Stiefsohns Tiberius (4 n. Chr.). Im Jahre 9. n. Chr. ereignete sich die Katastrophe im Teutoburger Wald, in der drei römische Legionen nebst Hilfstruppen (auxilia) zugrunde gingen. Am 19. August 14 n. Chr. verstarb Augustus, 75 Jahre alt, in Nola in Campanien.

Es war ein langer Weg, den er hatte zurücklegen müssen. Nicht immer war sein Wirken von Erfolg gekrönt, aber er hatte, im ganzen gesehen, den römischen Staat auf neue Grundlagen gestellt und ein neues Zeitalter begründet.

Worin bestehen die Leistungen des Augustus? Wir besitzen von Augustus eine Inschrift, die *Res gestae divi Augusti*, erhalten am Tempel der Roma und des Augustus in Ankyra (Ankara). Hierin sind die Wohltaten des Augustus für das römische Volk aufgezeichnet, und zwar hauptsächlich das, was er für die Plebs in Rom geleistet hat. Es ist dies eine wertvolle Übersicht. Doch wird man in ihr einiges vermissen. Man wird zwar nicht erwarten, daß Augustus sich in dieser Urkunde, die sein Nachfolger, der Kaiser Tiberius, vor seinem Grabmal in Rom aufgestellt hat (von der es Abschriften in Ankyra und an anderen Orten gegeben hat), sich über seine Mißerfolge geäußert hätte – doch findet sich von dem *imperium proconsulare maius*, auch von der *tribunicia potestas* kein Wort, geschweige denn davon, daß seine Monarchie eine Militärmonarchie gewesen ist. Auch seine großen Helfer werden mit keinem Wort erwähnt; weder von Agrippa noch von Maecenas ist in der Inschrift die Rede. Und doch wäre ohne diese Männer der Aufstieg des Augustus bis zur Spitze des Staates nicht denkbar.

Wesentlich für seine Machtstellung ist die Gefolgschaft, die Augustus gefunden hat. Sie beruhte auf dem Treueid, den die Bevölkerung des Reiches ihm geschworen hatte. Zwischen dem Herrscher und den einzelnen römischen Bürgern gab es eine Verbindung. Der Eid war alles andere als eine Formsache, er wurde von beiden Seiten ernst genommen. Aber da war noch der Senat, mit dem Augustus sich das Reich in der Weise geteilt hatte, daß die Provinzen Spanien, Gallien und Syrien ihm, dem Princeps, die anderen Provinzen aber dem Senat gehörten. Und Ägypten war ein persönlicher Besitz des Augustus.

Octavian-Augustus sind Kriege nicht erspart geblieben. Nach der Entscheidungsschlacht bei Actium am 2. September 31 v. Chr. hatte er das Heer auf 25 Legionen mit entsprechenden Hilfstruppen reduziert; es war ein stehendes Heer, das im wesentlichen als Grenzschutz diente. Große außenpolitische Aufgaben gab es nicht mehr zu bewältigen. Die bedeutendsten Kontingente standen in Germanien am Rhein, insgesamt acht Legionen, und in Syrien (vier Legionen). In der Tat mußte mehrfach gegen die freien Germanen jenseits des Rheins gekämpft werden, während die Parther jenseits der Ostgrenze des Reiches Ruhe hielten. Augustus wollte ein Friedensfürst sein. Und doch sind ihm Kriege nicht erspart geblieben. Zwar konnte er mit den Parthern zu einem Ausgleich gelangen; die römischen Kriegsgefangenen, die seit der Schlacht bei Carrhae (53 v. Chr.) in parthischem Gewahrsam gewesen waren, durften im Jahre 20 v. Chr. in die Heimat zurückkehren. Auch in Spanien gab es Kämpfe (27–25 v. Chr.), und die Kriege mit den Germanen endeten mit der Niederlage der Römer im Teutoburger Wald (9 n. Chr.). Aber diese Kriege waren letztendlich nur Randerscheinungen. Eine ernstliche Bedrohung des Reiches unter Augustus hat es nicht gegeben, mochte Augustus dies selbst auch anders gesehen haben. Bedrohlich für Italien war nur der pannonische Aufstand, der die Römer in den Jahren von 6 bis 9 n. Chr. zum Einsatz bedeutender Machtmittel gezwungen hat.

Am tiefsten hat Augustus jedoch die Niederlage im Teutoburger Wald getroffen. Hier waren drei Legionen unter P. Quinctilius Varus nebst zahlreichen Verbänden der Hilfstruppen zugrunde gegangen. Sieger war Arminius, der Fürst der germanischen Cherusker. Wenn die Römer jemals die Absicht gehabt haben, Germanien bis zur Elbe zu unterwerfen, so ist dies durch Arminius verhindert worden. Mitteleuropa hat dadurch ein anderes Gesicht erhalten. Was Caesar in Gallien gelungen war, das ist dem Augustus in Germanien versagt geblieben. Einen ernsthaften Versuch, die Germanen zu unterwerfen, haben die Römer nicht mehr unternommen. Arminius war wirklich, wie Tacitus es ausgedrückt hat, der Befreier Germaniens (*liberator haud dubie Germaniae*). Denn die Eroberungspolitik des Augustus hatte im Verzicht geendet, auch die Kriegszüge des Germanicus unter dem Kaiser Tiberius (14–16 n. Chr.) haben trotz einiger Erfolge hieran nichts mehr geändert.

Ein großes Reich wie das römische Imperium wird danach trachten, seine Grenzen zu erweitern, es sei hier nur an das Reich der Achämeniden erinnert (s. S. 58). Im Gegensatz zu Caesar in Gallien ist dem Augustus in Germanien der Erfolg versagt geblieben. Andererseits ist die Schlacht im Teutoburger Wald für das germanische Nationalgefühl von hoher Bedeutung gewesen. Denn die Germanen kämpften hier um Freiheit und Eigenständigkeit, und ihre Opfer waren nicht umsonst.

Das augusteische Zeitalter gilt als ein Höhepunkt der römischen Kultur, die von Augustus auf vielfältige Weise gefördert wurde.

Die Reihe der Namen der römischen Dichter ist lang; die bedeutendsten sind Vergil, Horaz, Tibull, Properz und Ovid gewesen. Sie alle standen in persönlichen Beziehungen zu Augustus, er hat sie gelobt, und das Werk Vergils, die ›Aeneis‹, ist durch die Fürsorge des Kaisers der Nachwelt erhalten geblieben; denn es war bei seinem Tode nicht fertig, und wenn es nach Vergil gegangen wäre, so wäre es vernichtet worden. Die Aeneis ist der unbestrittene Höhepunkt des römischen Epos; es beschreibt die Wanderungen und Kämpfe des Trojaners Aeneas, des Stammvaters der Römer; Vergil hat keine Gelegenheit versäumt, dem Augustus seine Huldigung zu Füßen zu legen. Aeneas verkörpert in seiner Person die Nationaltugend der Römer, die *pietas*. Im 6. Buch hat Vergil in seiner Heldenschau die großen Männer Roms den Lesern vor Augen gestellt; auch Augustus hatte auf dem Forum Romanum eine Heldengalerie eröffnen lassen. Die Aeneis hat viel zur Entstehung eines römischen Nationalgefühls beigetragen. Die Größe und Unüberwindlichkeit Roms, die Idee der *Roma aeterna*, sind von Vergil bewußt herausgestellt worden. Seine Stimme ist überall gehört worden, und zum Fortleben der Romidee im Mittelalter hat Vergil Entscheidendes beigetragen. Die Familie der Iulier, in die Augustus durch Caesar adoptiert worden war, leitete ihre Herkunft von Ascanius ab, dem Sohn des Aeneas; dadurch wurde Venus die Stammutter des iulischen Geschlechts. Man hat hier von einer Legitimierung der Herrschaft des Augustus gesprochen, denn die Römer glaubten an ihre Abkunft von den Trojanern, und zwar schon seit alter Zeit, zum mindesten seit dem 3. Jahrh. v. Chr., wenn nicht schon viel früher.

Auch Horaz (65–8 v. Chr.) hat in Beziehungen zu Augustus gestanden. Sein Vater, der nicht gerade mit Glücksgütern gesegnet war, hatte ihm einen Bildungsaufenthalt in Athen ermöglicht. Hier war der spätere Dichter nicht nur mit der Philosophie der Neuen Akademie, sondern auch mit den Werken der großen Dichter der Hellenen in Verbindung gekommen, besonders mit Archilochos, Alkaios und Sappho. Horaz hatte sich in Athen der Sache des Brutus angeschlossen, in der Schlacht bei Philippi kämpfte er auf seiten der ›Befreier‹, des Brutus und Cassius, konnte sich aber aus der Niederlage retten. Durch Maecenas wurde er mit Augustus bekannt. Von da an war er ein überzeugter Anhänger des Princeps. Von den Dichtungen des Horaz sind vor allem die Oden bekannt geworden. In ihnen spiegelt sich das Leben der augusteischen Zeit, und so manche Zeitgenossen und Freunde des Dichters finden sich in ihnen wieder. Horaz hat auf seine Weise zur Erneuerung des römischen Bewußtseins beigetragen und es war sicherlich kein Zufall, wenn Augustus ihn gebeten hat, das *carmen saeculare* zu verfassen (17 v. Chr.), das bei den Säkularspielen in Rom vorgetragen wurde.

Zu den großen Begabungen der römischen Literatur ist P. Ovidius Naso (43 v.–18 n. Chr.) zu zählen. Er ist als Verfasser von Liebesgedichten bekannt geworden; er schrieb drei Bücher *Amores*, ferner die *Ars amandi*, ebenfalls in 3 Büchern, und die *Remedia amoris* (Heilmittel der Liebe). Augustus schätzte diese Gedichte nicht; sie waren ihm zu frivol, anders als die Metamorphosen in nicht weniger als 13 Büchern und die *Fasti*, ein römischer Festkalender, den Ovid jedoch nur zur Hälfte vollenden konnte. Die Verse flossen ihm leicht aus der Feder, doch die in seinen Gedichten niedergelegte Mythologie war das Ergebnis einer harten Arbeit; ohne die Vorarbeit der römischen Antiquare, von denen hier M. Terentius Varro zu nennen wäre, hätte Ovid diese Gedichte kaum schreiben können. Im Jahre 8 n. Chr. traf Ovid das Los der Verbannung, die er in Tomi (Constanta) am Schwarzen Meer verbringen mußte. Er hat die Heimat nie wiedergesehen. Seine Klagelieder in den ›Tristien‹ und den Briefen ›Ex Ponto‹ haben das Herz des Augustus nicht zu rühren vermocht. Und dies zeigt, daß Ovid sich eines Vergehens schuldig gemacht hatte, mit dem er den Kaiser offenbar persönlich beleidigt hatte. Bis zum heutigen Tage weiß niemand, welcher Art seine Verfehlung gewesen ist.

Wie zur Zeit des Augustus die römische Geschichte gesehen wurde, zeigt das voluminöse Werk des Titus Livius. Es umfaßt 142 Bücher, von denen aber nur 35 auf unsere Zeit gekommen sind. Livius wurde 59 v. Chr. geboren; gestorben ist er wenige Jahre nach Augustus (17 n. Chr.). Sein Geschichtswerk – es trug den Titel »Ab urbe condita« – war das Ergebnis einer lebenslangen Arbeit; es endete mit dem Tod des Drusus, des Stiefsohns des Kaisers, im Jahre 9 v. Chr. Der Endpunkt ist zufällig; vermutlich hat ihm der Tod die Feder aus der Hand genommen. Das Ganze ist ein Heldenlied des römischen Volkes. Livius hat den Aufstieg und Niedergang des römischen Staates an der Moral der führenden Männer gemessen; in dem Werk finden sich so manche Beispiele für die Bestrebungen des Augustus, die sich auf die Wiedergeburt des Römertums richteten. Dazu hat sein Geschichtswerk nicht wenig beigetragen, doch ist seine Darstellung, wie die Forschung seit B. G. Niebuhr (1776–1831) nachgewiesen hat, von seinen Quellen abhängig, die nicht immer zuverlässig sind. So hat sich Livius weithin den Annalisten anvertraut, und nur dort, wo Polybios zugrunde liegt, kann seine Darstellung als mehr oder weniger zuverlässig gelten. Dies hat vor Jahren Heinrich Nissen festgestellt. Erst mit seinen »Kritischen Untersuchungen über die Quellen der 4. und 5. Dekade des Livius« (1863) beginnt das Zeitalter der exakten Quellenforschung. Von den anderen Gelehrten der augusteischen Zeit verdienen hier noch drei Namen genannt zu werden. Es sind dies M. Terentius Varro (117–27 v. Chr.), M. Verrius Flaccus und Vitruvius Pollio. Terentius Varro hatte als Politiker zuerst auf seiten des Pompejus gestanden, war dann aber zu Caesar übergewechselt. Er hat sich große Verdienste um die römischen Antiquitäten erworben; ohne seine Sammelarbeit wären so manche Werke der Späteren kaum geschrieben worden. Genannt sei hier sein Werk mit dem Titel »De lingua Latina«. Er ist dadurch zum Begründer der antiquarischen Forschung in Rom geworden. Mit Augustus eng verbunden war Verrius Flaccus. Er war der Erzieher der beiden Enkel des Augustus und hatte das Privileg, im Palast des Princeps wohnen zu dürfen. Wie es heißt, soll ihm Augustus in Anerkennung seiner Leistung ein Honorar von 100000 Sesterzen im Jahr ausgezahlt haben. Sein Werk »De verborum significatu« bringt manche wertvolle Angabe über die ältesten Zustände Roms, aber die Freude wird getrübt durch die zum großen Teil nicht stichhaltigen etymologischen Deutungen, die von der modernen Wissenschaft nicht als zutreffend anerkannt werden. Von einer wissenschaftlich begründeten Etymologie war die Zeit des Augustus weit entfernt; sie ist erst durch die moderne Sprachgeschichte auf sichere Grundlagen gestellt worden. Aus dem Werk des Verrius Flaccus hat, wahrscheinlich im 2. Jahrh. n. Chr., Festus einen Auszug gemacht, und aus diesem Werk besitzen wir die Auszüge des Paulus Diaconus, des Geschichtsschreibers der Langobarden.

Zu den Fachschriftstellern gehört auch Vitruvius Pollio, er hat sein Werk »De architectura« zwischen den Jahren 25 und 23 v. Chr. dem Augustus überreicht. Vitruvs Werk galt im Altertum und auch im Mittelalter als Klassiker auf vielen Gebieten, nicht nur für Hoch- und Tiefbau, sondern auch für viele andere technische Probleme. Es ist immer wieder benutzt und gelesen worden; sehr zu bedauern ist es, daß die dem Werk beigegebenen Zeichnungen nicht erhalten geblieben sind.

Es gab kaum ein anderes Zeitalter der römischen Geschichte, in dem so viele Werke der Literatur von bleibendem Wert hervorgebracht wurden wie unter Augustus. Allein mit der Blüte der Literatur und Kunst unter Perikles kann man diese Zeit vergleichen. Augustus war selbst an geistigen Dingen interessiert, und – neben anderen – hat vor allem sein Freund Maecenas ihm mit seinem Rat gedient. Man hat die Zeit der römischen Literatur unter Augustus das Goldene Zeitalter genannt, und dies mit Recht. Die römische Literatur hat einen bedeutenden Aufschwung genommen, die Werke der Dichter und Historiker sind überall gelesen worden, soweit das Lateinische die Sprache der gebildeten Oberschicht gewesen ist. Mit Augustus beginnt eine neue Zeit, sie bringt neue Ausdrucksformen in der Literatur und Kunst, in ihr leben neue Künstler und Dichter, die das zum Ausdruck bringen, was die Zeitgenossen empfinden. Und was das Wesentliche ist: Augustus hat sich immer wieder für die Idee des Friedens eingesetzt, obwohl ihm Kriege und Niederlagen nicht erspart geblieben sind.

Den erhabensten Ausdruck der Friedensidee hat Augustus mit dem Altar des Augustusfriedens geschaffen (*Ara Pacis Augustae*). Er stand auf dem Marsfeld und wurde am 30. Januar 9 v. Chr. geweiht. Da er am 4. Juli 13 v. Chr. aufgestellt worden war, sind bis zur offiziellen Weihung dreieinhalb Jahre vergangen. Die Stadt Rom war voll von Monumenten aller Art, ein Altar des Friedens hatte bisher gefehlt. Augustus war es ernst, das Zeitalter des Friedens zu verkünden. Die großen Kriege lagen hinter ihm, er wollte ein Friedensfürst sein. Die Römer haben seine Idee mit Freuden aufgenommen, Tausende haben sich an der Einweihung des Denkmals beteiligt. Im Reich und an den Grenzen herrschte Frieden, und für diesen Zustand hat Augustus seine ganze Kraft eingesetzt. Daß der Pannonische Aufstand und die Niederlage der Römer gegen die Germanen noch einmal den Kriegsgott Mars in die Schranken rufen würden, daran hat niemand gedacht, als am Monument des Augustusfriedens die Weihehandlungen vollzogen wurden.

Daß die Untertanen Augustus verstanden haben, lehrt eine Begebenheit, die sich in den letzten Tagen des Augustus im Golf von Neapel in der Nähe von Puteoli zugetragen hat. Es waren Seeleute aus Alexandrien, die ihm im Vorüberfahren ihre Verehrung darbrachten. Sie riefen ihm zu: »Durch dich leben wir, durch dich fahren wir zur See, durch dich genießen wir Freiheit und Wohlstand« (Suet., Leb. d. Aug. 98,2). Augustus waren diese Worte aus der Seele gesprochen. Als Mensch war Augustus sicherlich keine Idealgestalt. Daß er im inneren Kreis der Familie nicht glücklich gewesen ist, zeigt die Katastrophe seiner Tochter Iulia. Doch hat er mehrfach vor aller Öffentlichkeit betont, er habe nicht anders handeln können, als er Iulia in die Verbannung schickte. Als ihm seine beiden Enkel Gaius und Lucius Caesar in jugendlichem Alter entrissen wurden, hat er um des Staates willen den ungeliebten Stiefsohn Tiberius adoptiert und zu seinem Nachfolger bestimmt. Er hat es getan, weil er sich von den Qualitäten des Tiberius hatte überzeugen können.

Das römische Reich war nicht einfach zu regieren. Die Dislozierung des Heeres um das Becken des Mittelmeeres herum war kein Idealzustand. Allein schon aus geographischen Gründen war es schwierig, Heeresverbände etwa vom Niederrhein nach dem Osten, nach Palästina oder nach Syrien zu verschieben; die Entfernungen waren sehr groß, und niemand konnte sagen, ob sich, wenn sie ihr Ziel erreicht hatten, die Lage inzwischen nicht verändert hatte. Und manche Provinzen waren nur auf dem Seeweg zugänglich, wie Ägypten oder Nordafrika. Wie viele Hindernisse hatten die Kreuzfahrer noch im Mittelalter zu überwinden, wenn sie aus Mitteleuropa über den Balkan und durch Anatolien nach Palästina gezogen sind! Überhaupt waren die Verbindungen im Reich die Achillesferse, nicht anders als im Perserreich der Achämeniden, obwohl versucht wurde, mit umfangreichen Straßenbauten die Zustände zu ändern.

Augustus hat seinen Nachfolgern ein Reich hinterlassen, das, im Inneren geordnet und an den Grenzen abwehrbereit, zur Heimat vieler Nationen geworden war. Sie alle fühlten sich dem Augustus verbunden, die Handelsbeziehungen reichten weit über die Grenzen hinaus, Gesandtschaften aus fernen Ländern waren in Rom keine Seltenheit. Manche Fürsten, die außerhalb des Reiches regierten, hatten ihre Söhne nach Rom gesandt, wo sie in Berührung mit dem Princeps und seinem Hof gekommen waren. Rom war zu einer Weltmacht geworden, die römische Kultur zu einer Weltkultur. Für viele Menschen war Augustus ein Vorbild. Auch der römische Senat genoß ein hohes Ansehen, auch er hatte an den Ehren seinen Anteil.

Die Geschichte der Alten Welt vom Tode des Augustus bis zum Regierungsantritt Diocletians (14–284 n. Chr.) steht außenpolitisch unter dem Zeichen des Gegensatzes von Rom und Parthien, und, seit 224 n. Chr., von Rom und dem Neuperserreich. Das Imperium Romanum hatte zwar die Führung, aber an seiner Ostgrenze hatte es einen bedeutenden Rivalen, der den Römern immer wieder zu schaffen machte. Hinzu kommt die Ausbreitung des Christentums, das, aus Palästina nach dem Westen vordringend, die Römer vor schwerwiegende Probleme gestellt hat. Auch andere Religionen sind den gleichen Weg gegangen; dies gilt für den persischen Mithraskult und, seit dem 3. Jahrhundert, für die Manichäer. Wenn sich Rom als Führungsmacht behauptet hat, so verdankte es dies in erster Linie seinen großen Kaisern, vor allem einem Mann wie Trajan (98–117). Obwohl die Zeit des Kaiserreiches durch eine Vermischung der Bevölkerung gekennzeichnet wird, so ist doch der Vorrang des Römertums erhalten geblieben. Die Griechen dagegen haben auf dem Gebiet der Bildung viel geleistet. In der Reichsverwaltung haben sie erst seit dem 2. Jahrhundert einige Männer gestellt, die den Römern wertvolle Dienste erwiesen haben. Im ganzen war ihre Rolle passiv; an dem Zustand, daß die Römer die Herren waren, die Griechen ihnen zu dienen hatten, hat sich im Verlauf der Kaiserzeit wenig geändert. Zu den Religionsstiftern der Kaiserzeit gehört Mani (216–276); er war persischer Abkunft, seine Lehre gründete sich auf dem radikalen Unterschied zwischen Licht und Finsternis. In seiner Schrift *Kephalaia* steht folgender Satz: »Es gibt vier große Reiche in der Welt, das erste ist das Reich von Babylon und Persien, das zweite ist das römische Reich, das dritte das Reich der Axumiten, das vierte ist China.« An der Spitze steht hier das Neuperserreich; der Gesichtskreis Manis erstreckt sich bis nach China und Afrika, wo sich das Reich von Axum befindet. Es ist dies eine neue Sicht der Welt, vom Osten her. Sie ist ein Zeugnis für den Aufstieg des neupersischen Sassanidenreiches. Rom ist zwar immer noch ein führendes Reich, aber eben nur eins neben anderen. Wie hatte sich die Welt verändert!

Doch nicht nur im Osten. Jenseits von Rhein und Donau hatten sich neue Völker gebildet, vor allem in Germanien, und diese Völker waren seit Marc Aurel (161–180) zum Angriff auf die römischen Grenzen angetreten. Zum ersten Mal seit den Tagen der Kimbern und Teutonen schwebte Rom in Germanennot. Die Römer mußten versuchen, neue Heere aufzustellen und die Alpengrenze zu sichern, ein neues Zeitalter der römischen Grenzverteidigung hatte begonnen.

Die Geschichte der Kaiserzeit bis Diocletian teilt sich in vier Abschnitte: der erste reicht vom Tode des Augustus bis zum Tode des Domitian (14–96), der zweite von Nerva bis zum Ende des Marc Aurel (96–180), der dritte von Commodus bis zum

Regierungsantritt Diocletians (180–284), der vierte und letzte umfaßt die Regierung Diocletians, er ist der Übergang zu Constantin I.

Die Periode von 14 n. Chr. bis zur Abdankung Diocletians (305) steht unter dem Zeichen bedeutender weltpolitischer Veränderungen. An den Grenzen des römischen Reiches bilden sich neue Völker und neue Staaten; die Römer haben versucht, die Grenzen zu schützen, zu neuen römischen Eroberungen ist es nur in Ausnahmefällen gekommen. Seit Marcus Aurelius verstärkt sich der außenpolitische Druck, er begleitet die römische Politik noch weit über Diocletian hinaus. Charakteristisch ist das allmähliche Schwinden der römischen Wehrkraft. In die Lücken treten Angehörige fremder Völker, die sich ihre Dienste teuer bezahlen lassen. Auch die Wirtschaft ist nicht mehr auf alter Höhe, die Administration muß versuchen, mit Zwangsmitteln nachzuhelfen. Insbesondere das 3. Jahrhundert ist vielfach eine Notzeit. Der Wohlstand der Städte ist im Schwinden, die Soldaten werden zu Herren des Imperiums. Die römischen Bürger, und zwar die begüterten unter ihnen, werden finanziell zur Ader gelassen. Dazu kommen noch die Probleme des Christentums, das dem Staat im wesentlichen ablehnend gegenübersteht. Die Kaiser haben kein Mittel gefunden, die Christen in den Staat zu integrieren, obwohl Christen überall zu finden sind, sogar am Hof des Kaisers und in verantwortlichen Stellungen des Heeres und der Verwaltung. Und wenn auf den Aufstieg des Christentums staatlicherseits reagiert wurde, so geschah dies in der Regel in primitiver und wenig erfolgreicher Weise. Bei den Christen mußte sich die Meinung bilden, daß der Staat am Ende sei und daß das Reich Gottes an seine Stelle treten werde. All diese Dinge haben entschieden zum Niedergang nicht nur des Staates, sondern der Gesellschaft beigetragen.

Die Regierung der Kaiser aus dem iulisch-claudischen Hause ist – von Ausnahmen abgesehen – eine für Rom segensreiche Zeit gewesen. Die Regierungen des Tiberius (14–37) und des Claudius (41–54) waren in mancher Hinsicht vorbildlich, im Gegensatz zum Kaisertum des Caligula (37–41) und des Nero (54–68). Insbesondere die Kabinettsregierung des Claudius mit seinen Ministern Pallas und Narcissus ragte heraus; das Vorbild der hellenistischen Administration war unverkennbar. Sogar problematische Figuren wie Caligula und Nero haben hier keinen großen Schaden anrichten können. Und über die Rolle Sejans unter Tiberius ist immer noch nicht das letzte Wort gesprochen; in der Überlieferung erscheint er als Verbrecher, aber dies ist eine Tradition, die keinen Glauben verdient. Es gibt in der frühen Kaiserzeit nur wenige Beispiele von Korruption. Dies bezeugt den hohen Standard der römischen Verwaltung, die sich an dem Vorbild des Augustus orientiert hat. Problematisch war der Einfluß der Frauen, gleichfalls nach hellenistischem Vorbild. Vor allem Agrippina, die Mutter Neros, hat hier manches Unheil angerichtet. Als sie die Absichten ihres Sohnes durchkreuzte, ist dieser zum Muttermörder geworden – ein singuläres Ereignis der römischen Kaisergeschichte (59). Bemerkenswert ist die Tatsache, daß die römische Expansion nahezu vollständig zum Erliegen gekommen ist. Zwar hat Claudius einen beträchtlichen Teil Südbritanniens unterworfen, Armenien ist zu einem Vasallenstaat der Römer geworden (63), aber es gibt auch Aufstände in Afrika unter Tacfarinas (17–24) und der Juden in Palästina, beginnend im Jahre 66. Und in Gallien wurde es im Jahre 68, noch vor Neros Tod, unruhig (Aufstand des Vindex).

Auch die Flavier hatten genug zu tun, um den Aufstand des Civilis und der Bataver niederzuwerfen (68–70). Im Jahre 87 begannen die Kriege an der unteren Donau, bei denen die Daker die Gegner der Römer waren. Inzwischen waren die Kämpfe in Britannien fortgesetzt worden, von 77 bis 83 unter Agricola, dem Schwiegervater des Tacitus. Er wurde schließlich abberufen, weil sich das Reich den Einsatz bedeutender Machtmittel in Britannien nicht mehr leisten konnte. Aber die Kämpfe haben den Bestand des Reiches nicht berührt.

Nach dem Tod Neros (er starb, in die Enge getrieben, durch Selbstmord) im Jahre 68 kamen in schneller Folge neue Kaiser, Galba (68–69), Otho (69), Vitellius (69) und Vespasian, der am 1. Juli 69 in Alexandrien zum Kaiser ausgerufen wurde.

Mit den Flaviern beginnt ein neues Zeitalter. Der jüdische Aufstand wurde niedergeschlagen. Unter dem Aufgebot großer Streitkräfte gelang es dem Titus, Jerusalem zu erobern (26. Sept. 70). Das jüdische Volk hatte große Verluste zu beklagen. Nach dem Historiker Flavius Josephus wären nahezu 100000 Juden in römische Gefangenschaft geraten, mehr als eine Million seien durch Hunger und Seuchen umgekommen. Und erst im Jahre 73 haben sich die Römer des letzten Stützpunkts der Juden, der Burg Masada am Toten Meer, bemächtigen können. Der Jüdische Krieg war ein Ereignis von säkularer Bedeutung, und zwar vor allem für die Entwicklung des antiken Judentums. Die Juden zerstreuten sich in alle Welt. In Judäa stand fortan eine römische Besatzung, die Juden mußten eine Sondersteuer zahlen (*fiscus Iudaicus*), sie wurden heimatlos und lebten in der Diaspora. In Rom waren sie als Feinde des römischen Volkes verhaßt, und auch sonst waren sie wenig beliebt – sie hatten die Römer herausgefordert.

Auch am Niederrhein mußte gekämpft werden. Hier hatten sich die Bataver und Canninefaten erhoben. Der Aufstand griff nach Gallien über, und fast wäre es zur Bildung eines gallischen Sonderreiches gekommen. Anführer der Bataver war Iulius Civilis. Mit ihm schlossen die Römer einen Vertrag, der den Aufstand beendete.

Vespasian war ein Kaiser, wie ihn das Reich nötig hatte. Er war ein vorzüglicher Truppenführer, dazu war er sparsam bis zum Geiz. Dennoch förderte er die Wissenschaften; nicht wenigen Gelehrten und Dichtern hat er finanziell geholfen. Seine Regierung war ein Segen für das Reich. Da sich mehr oder weniger die gesamte Führungsschicht unter Nero kompromittiert hatte, mußte er versuchen, neue Mitarbeiter zu gewinnen, um mit ihnen einen neuen Anfang zu machen. Dies ist ihm auch gelungen, obwohl sich unter den Senatoren Widerstand bemerkbar machte. Doch Vespasian hat es verstanden, neue Männer zu finden, wobei er sich auf seine Nüchternheit verließ, die ihn eine Anzahl von zweckmäßigen Maßnahmen treffen ließ. Besonders am Herzen lag ihm die Romanisierung des Reiches. Hier hat Vespasian, vor allem in Spanien, hervorragende Arbeit geleistet. Überhaupt verschob sich der Schwerpunkt des Imperiums deutlich westwärts, eine Tendenz, die seine Söhne und Nachfolger Titus und Domitian fortgesetzt haben.

Während Titus nur eine kurze Regierungszeit (von 79 bis 81) beschieden war, war Domitian 15 Jahre lang Kaiser, von 81 bis 96. Sein Bild ist durch die ihm feindliche Überlieferung stark verdunkelt worden. Doch war er ein vorzüglicher Regent, wenn auch seine letzten Regierungsjahre nicht frei von Willkür und Überheblichkeit gewesen sind.

Bereits unter Nero hatten sich an der unteren Donau Völkerbewegungen bemerkbar gemacht, die für das Imperium nicht ohne Folgen geblieben sind. Der Legat von Moesien, Ti. Plautius Silvanus Aelianus, hatte einen Aufstand der Sarmaten niedergeworfen und 100000 Menschen aus dem Gebiet nördlich der Donau in seine Provinz aufgenommen, dies ein Zeichen der Völkerbewegungen im unteren Donauraum. Noch gefährlicher war die Bildung des Dakerreiches unter dem König Decebalus. Er hat die Römer jahrzehntelang beschäftigt. Unter Domitian und Trajan ist gegen Decebalus Krieg geführt worden, und mehrfach standen die Römer am Rande einer Niederlage. Was aber sollten die Römer tun? Sie versuchten, sich durch die Anlage von Grenzwällen zu schützen; dies aber war ein Mittel, das auch an der Germanenfront bereits unter Vespasian angewandt worden war. Da die Römer die Eroberungspolitik großen Stils unter Tiberius aufgegeben hatten, versuchten sie, die Flut der Germanen durch die Errichtung von Grenzwällen einzudämmen. Es waren dies der rätische Limes und weiter westlich die Abgrenzung durch die *agri decumates,* auch das Odenwaldgebiet wurde in das Imperium einbezogen. Diese Grenzwälle zogen einen vorläufigen Strich unter die Germanenpolitik der Flavier. Übrigens war auch die römische Ostgrenze in Ostanatolien gefährdet, weil sich die römisch-parthischen Beziehungen verschlechtert hatten und das Römerreich hier eines festen Rückhalts entbehrte.

Unter Trajan (98–117), der nach der kurzen Regierung Nervas (96–98) den Kaiserthron bestieg, ging das Imperium wieder zur Offensive über. Er hat zwei große Kriege geführt, den Krieg gegen die Daker (101–102, 105–106) und den gegen die Parther (113–117). Beide Kriege waren Eroberungskriege. Dakien war reich an Bodenschätzen, es gab hier Gold, Silber und Salz; die Römer haben versucht, sich in ihren Besitz zu setzen. Der Krieg war vorzüglich vorbereitet worden, neue Truppenteile waren aufgestellt, und so erscheint der Dakerkrieg als das größte militärische Unternehmen seit den Bürgerkriegen. Im Sommer 105 kam es zum zweiten Mal zum Einfall der Römer. Die dakische Hauptstadt Sarmizegetusa fiel in römische Hand (Sommer 106), der Dakerkönig Decebalus gab sich selbst den Tod. Und was taten die römischen Sieger? Sie siedelten große Teile der dakischen Bevölkerung um; viele Tausende wanderten als Kriegsgefangene nach Italien, wo sie als Sklaven und Gladiatoren eingesetzt wurden. Das Kriegsende hatte eine grundlegende Veränderung in den Landschaften an der unteren Donau und in Siebenbürgen zur Folge. Die Römer siedelten Fremde in Dakien an, sie fanden vor allem im Bergbau ihre Arbeit. Außerdem ließen sich zahlreiche Kaufleute aus griechischen Landschaften und dem Orient hier nieder. Dies aber war ganz im Sinne der Römer, die den Widerstand der Daker brechen wollten. Die Besatzungstruppen kamen zum Teil aus dem Orient; um 120 sind palmyrenische Bogenschützen in Dakien bezeugt. War die Neuordnung glücklich? Die Vertreibung großer

Teile der dakischen Bevölkerung geschah vor allem zu dem Zweck, die römische Herrschaft zu festigen; man kann das Vorgehen der Römer sogar mit der Politik der Assyrer gegenüber den von ihnen eroberten Ländern und Völkern vergleichen. Für die Kriegsführung hatte Rom gewaltige Kosten aufwenden müssen, die man nun von den Dakern wieder hereinzubringen versuchte.

Auch der Partherkrieg der Römer (113–117) war eine machtpolitische Auseinandersetzung. Er war durch die Umwandlung des Nabatäerlandes in die römische Provinz Arabia vorbereitet worden. Selbst vor völkerrechtswidrigen Maßnahmen schreckten die Römer dabei nicht zurück. So haben römische Soldaten Parthamasiris, den Sohn des Pacorus, des Königs von Armenien, auf Befehl Trajans umgebracht. Armenien und Mesopotamien wurden von den Römern überrannt. Der Angriff traf die Parther in einer Schwächeperiode, weil in ihren Kernlanden, in der Persis und Elymaïs, Unruhen ausgebrochen waren. Im Jahre 116 fiel ihre Hauptstadt Ktesiphon. Trajan fuhr den Tigris hinab bis zu seiner Mündung. Er wäre auch nach Indien gezogen, soll der Kaiser gesagt haben, wenn er jung gewesen wäre. Charakene wurde unter die römischen Vasallenfürstentümer aufgenommen. Der Höhepunkt der römischen Erfolge war damit überschritten, denn die Parther erschienen wieder im Feld. Trajan aber setzte Parthamaspates auf den Thron in Ktesiphon. Der Prinz hatte sich von seinem Vater, dem Großkönig, abgewandt, doch blieb dies nur ein vorübergehendes Ereignis. Dennoch wurden in Rom Münzen mit der Legende *Rex Parthis datus* geprägt. Trajan, der sich nicht mehr gesund fühlte, begab sich auf den Weg nach Rom; er starb in Selinûs in Kilikien am 9. August 117. Seine Ziele an der Euphratgrenze hatte er nicht erreicht, das Partherreich blieb der bedeutendste Rivale der Römer im Osten.

Die Regierung des Kaisers Hadrian (117–138) war, von lokalen Aufständen abgesehen, eine Friedenszeit. Hadrian hielt an den Eroberungen fest, die sein Vorgänger Trajan im Zweistromland gemacht hatte. Hadrian hätte Dakien wieder aufgegeben, wenn er sich nicht überzeugt hätte, daß dieses Land viele Bodenschätze besaß, die den Römern unentbehrlich geworden waren. So begnügte er sich damit, Dakien straffer zu organisieren, um es fester in der Hand zu haben. Dies war notwendig, denn Dakien ragte wie eine Bastion nach Norden vor, an der sich der Ansturm der Barbaren brechen mußte. Eine eigene Note erhält Hadrians Regierung durch seine Reisen. Nicht weniger als zehn Jahre seiner Herrschaft war der Kaiser unterwegs. Die Reisen haben ihn mit fast allen wichtigen Ländern des Imperiums bekannt gemacht. Es sind vor allem zwei größere Reisen, die ihn an die Rheingrenze, nach Britannien, nach Gallien, Spanien und Afrika geführt haben. Besonders in Britannien hat der Kaiser dauerhafte Spuren hinterlassen. Er ließ den Hadrianswall errichten vom Solway Firth bis zur Tyne-Mündung bei Newcastle. Überhaupt erhält sein Wirken durch die Errichtung weitgestreckter Grenzwälle ihr Gepräge. Das Reich ging zur Defensive über, für eine weitere Expansion reichten seine Kräfte nicht mehr aus. So hat Hadrian mit den Parthern einen förmlichen Frieden geschlossen, so daß an der Euphratgrenze ein Schwebezustand entstand, der beiden Teilen, den Römern wie den Parthern, zustatten kam. Für das Hellenentum hat sich Hadrian besonders eingesetzt, nicht weniger als dreimal weilte er in den Mauern Athens. Sogar in die Eleusinischen Mysterien hat er sich einweihen lassen. Groß ist die Zahl der Bauten, die unter seiner Ägide in Athen errichtet worden sind. Dazu gehören das Olympieion, der Hera-Tempel, die Bibliothek und das Gymnasium. In Athen entstand ein neuer Stadtteil, die Hadriansstadt. Sogar die Karawanenstadt Palmyra hat der Kaiser besucht, auch nach Ägypten (Alexandrien) und Kyrene ist er gekommen. Überall an den Grenzen wurden Befestigungswerke errichtet. Dies gilt für die untere Donau, für Syrien und für Afrika. Hier errichtete man das *fossatum Africae*, einen 800 km langen Graben, mit dem der Süden Numidiens gegen die Wüste abgeriegelt wurde. Die Befestigungsarbeiten waren zum Schutze des Fruchtlandes angelegt worden, vor allem Olivenkulturen wurden hier gepflegt.

Bemerkenswert ist der Aufstand des Bar Kochba in Judäa (132–135). Die Juden hatten sich in den Besitz von Aelia Capitolina, der Nachfolgerin von Jerusalem, gesetzt. Ihre Zurückeroberung durch die Römer hatte die völlige Zerstörung der Stadt zur Folge. Den Juden wurde jegliche Gemeinschaft mit den römischen Siegern verboten; damit war zwischen Rom und den Juden ein endgültiger Trennungsstrich gezogen. Die Römer fühlten sich durch den Widerstand der Juden herausgefordert. Wiederum hatten die Juden hohe Verluste an Toten und Gefangenen zu beklagen. Verständnis für ihre Lage haben die Juden damals ebensowenig gefunden wie seinerzeit nach der Eroberung Jerusalems im Jahre 70.

Obwohl sich Hadrian aus vollem Herzen für eine Wiedergeburt des Hellenentums eingesetzt hat, war der Erfolg in seinem Ausmaß nur bescheiden. Es war eine literarische und künstlerische Angelegenheit. Zwar sind im Verlauf des 2. Jahrhunderts manche Griechen in der Administration des Imperiums zu hohen Würden gelangt – der Historiker Arrian ist nur einer von diesen Männern –, aber die Römer waren die Herren, die Hellenen haben sich mehr oder weniger um ihre eigenen Dinge gekümmert. Dies ging so weit, daß einsichtige Griechen wie Plutarch von Chaironeia sich bemühten, die Hellenen aus der Lethargie zu erwecken und sie für die politischen Angelegenheiten zu interessieren.

Bemerkenswert ist das Verhältnis der Römer zu den *Vasallenstaaten*, vor allem am Rhein und an der Donau. Sie waren teilweise zur Grenzverteidigung eingesetzt, manche von ihnen erhielten römische Subsidien. Die Römer sahen darauf, daß die Vasallen ihren Verpflichtungen pünktlich nachkamen, und es sind Beispiele bekannt, daß die Römer streng durchgriffen, wenn sie den Eindruck erhielten, daß Vasallenkönige es an gutem Willen fehlen ließen. Wenn die Römer die Dienste von Vasallenkönigen in Anspruch nahmen, so hing dies damit zusammen, daß das römische Heer nicht mehr über die frühere Stärke und Schlagkraft verfügte. Zwei Legionen sind überhaupt aufgelöst worden; zu größeren Unternehmungen war Rom nur noch in Ausnahmefällen imstande. Solange jedoch Italien und Rom von fremden Invasionen verschont geblieben sind, wurde an diesem Zustand nichts geändert. Rom ist hier den Weg des geringsten Widerstandes gegangen, und in der Tat hat sich der Niedergang des römischen Verteidigungssystems erst später ausgewirkt. Dieser begann in der Antoninenzeit, unter den Kaisern Antoninus Pius (138–161) und noch mehr unter seinem Nachfolger Marc Aurel (161–180).

Im Gegensatz zu Kaiser Hadrian hat sein Nachfolger Antoninus Pius während seiner Regierungszeit (138–161) Italien nicht verlassen. Der Rhetor Aelius Aristides hat den Zustand des Reiches in seiner Preisrede auf Rom (143) aufs höchste gepriesen, er hob besonders die Errichtung der Mauern an den Grenzen des Reichs hervor und fand Worte höchsten Lobes für die Tüchtigkeit des Heeres, obwohl sich bei ihm schon deutliche Zeichen des Niederganges gezeigt hatten. Die Römer ließen sich durch Äußerlichkeiten täuschen, denn immer noch bewahrte das Reich sein großes Ansehen bei den fremden Völkern. Die Parther hielten Ruhe, Kaiser und Senat fühlten sich durch Gesandtschaften aus fernen Ländern hoch geehrt. Sie kamen aus Hyrkanien, Baktrien und sogar aus Indien – dies ein Zeichen dafür, daß sich ein Handelsverkehr zwischen Italien und weit entfernten Ländern Vorderasiens entwickelt hatte. Von einer planmäßigen Außenpolitik kann nicht die Rede sein, die Römer lebten von ihrer großen Vergangenheit, und die Politik des Kaisers war in ein geradezu pazifistisches Fahrwasser geraten. In Britannien gingen die Römer dazu über, einen neuen Grenzwall, das *vallum Antonini*, zu errichten, etwa 120 km nördlich des *vallum Hadriani*, zwischen Firth of Forth und Firth of Clyde (142). Aber schon unter Marc Aurel (um 166/67) mußte er wieder aufgegeben werden. Auch am Untermain, in der Walachei, in Thrakien und in Mauretanien wurde an den Wällen gebaut. Die Befestigungen bezeugen ein übersteigertes Sicherheitsbedürfnis: Die Mauern, nicht mehr die Männer, sind der Schutz des Imperiums. Doch ganz ohne Kriege war auch die Regierung des Antoninus Pius nicht: In Mauretanien, Judäa, Hellas, Ägypten – überall gab es Unruhen, sogar am Borysthenes (Dnjepr) mußte mit den Tauroskythen gekämpft werden. Besonders gefährlich war die Lage in Ägypten, da hierdurch die Kornzufuhr aus Ägypten nach Rom in Frage gestellt wurde.

Der Kern des Imperiums ist allerdings hiervon kaum berührt worden. Hier lebte man in gewohnter Weise, die Plebs ließ sich durch Kornspenden verwöhnen, der Kaiser und seine hohen Funktionäre sorgten dafür, daß die Devise *Panem et circenses* hochgehalten wurde. Solange sich kein Geldmangel bemerkbar machte, ließ sich die bisherige Politik weiterführen, doch waren die Zukunftsperspektiven alles andere als hoffnungsvoll.

Sein Nachfolger, der Kaiser Marc Aurel (161–180), war eine ganz andere Persönlichkeit. Er war durch die Lehre der stoischen Philosophie geprägt. Wenig glücklich war die Annahme seines jüngeren Adoptivbruders L. Aelius Aurelius Commodus zum Mitregenten, mit dem Titel Augustus. Er wird in der Reihe der Kaiser unter dem Namen des L. Aurelius Verus geführt. Die Gründe dieser Entscheidung bleiben letzten Endes verborgen. Am wahrscheinlichsten ist es, daß Marc Aurel die Herrschaft seines Hauses auf eine breitere Grundlage stellen wollte. Die Zeit des Marc Aurel erhält ihr Gepräge durch die Kriege, von 161 bis 166 mußte gegen die Parther, von 166 bis 180 (mit einer Unterbrechung von zwei Jahren) gegen die Donauvölker, vor allem die Markomannen und Quaden, gekämpft werden. Die Kriege haben die Kräfte der Römer stark in Anspruch genommen, doch ist wenigstens im Orient Bedeutendes erreicht worden. Nominell führte auf römischer Seite der Mitregent Lucius Verus das Kommando, aber der maßgebende Feldherr war Avidius Cassius, ein Syrer. Sogar die Residenzen Seleukeia und Ktesiphon am Tigris vermochten die Römer zu erobern, dann aber brach die Pest aus, die zahlreiche Opfer forderte. Mit den Parthern kamen die Römer zu einem Verständigungsfrieden, Armenien kehrte in die römische Klientel zurück, auch den Westen der Landschaft Mesopotamien, Osrhoëne, vermochten die Römer zu behaupten.

Anders die Kriege im Donauraum, die von 166 bis 175 und von 177 bis 180 andauerten. Den Anlaß hatte der Zug der Goten durch Polen zum Schwarzen Meer gegeben. Von hier aus setzte sich die Wanderung bis zur unteren und mittleren Donau fort. Außer den Burgundern, Semnonen und Lygiern (in Schlesien) waren auch die Markomannen beteiligt. Die Donaugrenze war ungenügend gesichert. Zahlreiche Völker überrannten die Grenze, unter ihnen die Quaden, Naristen, Viktofalen, Hermunduren, Buren, Vandalen und Jazygen. Die fremden Völker überstiegen den Alpenwall und erschienen in Oberitalien, auch vor den Städten machten sie keinen Halt, Aquileja wurde von ihnen belagert, Opitergium zerstört. Die Römer waren auf die Invasion nicht vorbereitet. Die Bewegungen der germanischen und sarmatischen Völker im Donauraum waren ein Phänomen, mit dem niemand gerechnet hatte; das Durcheinander an der Donaugrenze und im nordöstlichen Oberitalien war unbeschreiblich. Es ist der Verdienst des Kaisers Marc Aurel, die Lage durch eine Gegenoffensive wieder stabilisiert zu haben (169–174). Als Quelle steht die Marc-Aurel-Säule in Rom zur Verfügung. Ihre Abbildungen zeigen, daß ein geradezu erbarmungsloser Krieg geführt wurde, auch auf römischer Seite, sie vernichteten die Saaten, die Gefangenen wurden getötet. In das Jahr 174 gehört (nach Mommsen) das »Regenwunder«, wodurch die Römer vor dem Verdursten gerettet wurden. Es ist auf der Markussäule dargestellt. Eine Inschrift berichtet, Valao, der Häuptling der Naristen, sei durch einen höheren römischen Offizier im Kampf erschlagen worden. Ohne eine Lenkung wären die Kriegszüge der Germanen schwerlich zustande gekommen. Wenn sich die Germanen und Sarmaten letzten Endes doch nicht durchgesetzt haben, so war der Grund die immer noch überlegene Kriegskunst der Römer. Andererseits wurden die Germanen als Hilfsvölker der Römer gebraucht. So hat der Kaiser Marc Aurel bei dem zweiten germanischen Feldzug (177–180) die Straßen nach Norden sperren lassen; dies sollte die Abwanderung von Germanen zu den Semnonen an der mittleren Elbe verhindern.

Die römische Kriegführung war immer von einer rücksichtslosen Härte, doch gelang es ihnen nicht, die Ruhe an der mittleren Donau wiederherzustellen, und zwar um so weniger, als der Kaiser selbst am 17. März 180 in Vindobona (Wien) an der Pest verstarb. Die große Kraftprobe hatte unentschieden geendet, die Gefahr für das Imperium war nicht gebannt.

Der Ansturm der germanisch-sarmatischen Völkerwelt war das Anzeichen einer neuen Zeit. Sie verlangten Siedlungsland im Bereich des Imperiums, auch waren sie nicht mehr gewillt, sich von den unzulänglichen Stromgrenzen aufhalten zu lassen. Sie wähnten, daß sich in Rom und Italien ungeheure Schätze und Reichtümer befänden, eine Idee, die später auch in der Großen Völkerwanderung eine Rolle gespielt hat. Hatten vorher die Römer die eroberten Städte zerstört und geplündert, so waren jetzt die Germanen und ihre Verbündeten dazu übergegangen, es ihnen gleich zu tun. Die Römer mußten erkennen, daß sich die Qualität ihres Heeres verminderte; nicht die Legionen, sondern die von Fremden gestellten Auxilien erwiesen sich als die besseren Truppenteile. Daß Rom die Bedrohung der Nordgrenze sehr ernst genommen hat, zeigt die Stationierung der beiden neuaufgestellten Legionen in Regensburg und in Enns an der Donau (*legio III Italica* und *legio II Italica*).

Die Ursachen der Völkerbewegungen in Ostmitteleuropa sind immer noch nicht geklärt. Wenn auch die antiken Quellen die Wanderungen erwähnen, so bleiben doch die Einzelheiten verborgen. Der große Raum von den Alpen bis hin zur Nordsee und nach Skandinavien bietet nur eine Anzahl von Einzelfundstätten, dabei ist die Zuweisung an bestimmte Völker und Stämme weithin unsicher. Sicher ist allein die Tatsache, daß sich noch im Verlauf des 2. Jahrhunderts größere Stammesverbände gebildet haben, die Zugang zu den Randprovinzen des Imperiums an Rhein und Donau zu gewinnen suchten. Dadurch wurde eine Periode der Unruhe und Unsicherheit an der Donaugrenze bis hin zum Schwarzmeerraum eingeleitet. Nimmt man die Auseinandersetzungen mit den Parthern um Mesopotamien und die östlichen Randgebiete hinzu, so ist die Gefährdung des Römerreiches hinreichend dokumentiert. Gegenüber dem 1. Jahrhundert hat sich das Bild verändert. Marc Aurel hat hierauf in der Weise reagiert, wie dies die Römer schon immer getan hatten: Er versuchte, die Donaugrenze wiederherzustellen, obwohl der Strom für die fremden Völker kein ernsthaftes Hindernis war.

Wie die Bodenfunde zeigen, sind im 2. Jahrhundert weite Teile Mitteleuropas jenseits der römischen Reichsgrenze Siedlungsgebiete der Germanen gewesen. In Mitteleuropa existierten zahlreiche spätkeltische Oppida, die auf die ehemalige Besiedlung durch Kelten zurückzuführen sind. Sie haben einen Beitrag zur Kultur dieser Gebiete geleistet. An Oder und Weichsel lebten germanische Stämme; es gab auch Siedlungen der Wenden jenseits der Oder. Zwischen der Welt der Germanen und der Römer hat es einen regen Austausch von Kulturgütern gegeben, den römische Geschichtsquellen bezeugen. An Rhein und Donau läßt sich geradezu von einer Staulage der Germanen sprechen; die weitere Ausbreitung der Germanen wird durch die starren römischen Grenzen (Flüsse, Grenzwälle) zunächst noch verhindert. Marc Aurels Kriege gegen Markomannen und Quaden sind eine Reaktion auf die Versuche der Germanen, die Grenzen des Imperiums aufzubrechen, um sich im römischen Imperium neues Siedlungsland zu suchen. Es hatte sich für die Römer ein kritischer Zustand ergeben, den Marc Aurel mit Mühe und Not gemeistert hat.

Das Jahrhundert von Commodus bis zum Regierungsantritt Diocletians (180–284) war eine echte Krisenzeit für das römische Imperium. Sie zeigt sich in der Abspaltung größerer Länderkomplexe im Osten und im Westen des Reiches, wobei hier Palmyra und Gallien genannt seien. Trotz einiger bedeutender Herrscher, von denen in erster Linie Septimius Severus und Aurelian in Betracht kommen, neigt sich die Linie der römischen Autorität nach unten; besonders unheilvoll hat sich die Herrschaft der Soldaten ausgewirkt. Aber Rom konnte sie nicht entbehren, und noch weniger die großen Generäle, von denen einige sogar zum Kaisertum aufgestiegen sind. Verhängnisvoll war die wirtschaftliche Krise, die aus vielen Dokumenten spricht, insbesondere aus Inschriften und Papyri. Sie entwerfen ein deprimierendes Bild der wirtschaftlichen Zustände, die sich laufend verschlechterten. Der private Wohlstand schwand dahin, die Zwangsverpflichtungen der Reichen haben hier keine Besserung gebracht.

Ebenso schlimm war es, daß sich im Vorderen Orient die Lage für das Imperium krisenhaft veränderte. An die Stelle der Parther traten die Neuperser (seit 224); sie fühlten sich gleichberechtigt mit den Römern und haben in mehreren Kriegen gegen diese beachtliche Erfolge errungen. Die Gestalt des Großkönigs Schapur I. (241–271) hat das Sassanidenreich auf einen Höhepunkt geführt, der durch die Gefangennahme des Kaisers Valerian gekennzeichnet wird. Der welthistorische Schwerpunkt verschiebt sich nach dem Osten. Rom ist nicht mehr die einzige Großmacht – die Sassaniden sind zu gleichwertigen Gegnern der Römer geworden.

Auch die Herrschaft der Soldatenkaiser ist mit dem Niedergang des Imperium Romanum verbunden. Die Soldaten ließen sich ihre Dienste teuer bezahlen, eine große Fülle des Edelmetalls floß in Gebiete ab, die außerhalb der Reichsgrenzen lagen. Das Selbstbewußtsein der fremden Völker wurde beträchtlich gehoben, die Rekrutierung der Soldaten, soweit sie das römische Bürgerrecht besaßen, gestaltete sich schwierig, so daß Fremde in die Bresche treten mußten. Und was das Schlimmste war: Die Staatsgesinnung der Römer war im Schwinden begriffen. Sie fühlten sich vom Staat ausgebeutet, viele hofften auf eine Erlösung aus der wirtschaftlichen Misere durch die Fremden.

Die sinkende Staatsmoral zeichnete sich auf allen Gebieten ab, vor allem auch in der Religiosität. Wo sollte der einzelne Frieden und Geborgenheit finden, die ihm im Imperium nicht zuteil wurden? Vielen Menschen hat das Christentum Hoffnung und Zuversicht gegeben, und vor allem auch einen persönlichen Glauben, den ihnen die Staatsreligion nicht zu geben vermochte. Edward Gibbon hat das Christentum als einen wichtigen Faktor des Untergangs des Römerreiches bezeichnet. Dies mag teilweise zutreffen, doch im allgemeinen haben die Christen ihre Pflichten gegenüber dem Staat erfüllt. Der Niedergang hatte andere Gründe. Die Regierenden waren den vielfachen Aufgaben, vor die sie sich gestellt sahen, nicht mehr gewachsen, sie stießen auch des öfteren auf Widerstand, der ihren Aktivitäten hinderlich war.

Mit der Ermordung des Commodus am 31. Dezember 192 begann eine besonders unruhevolle Zeit für Rom und das römische Reich. Das Jahr 193 war ein Fünfkaiserjahr. Es regierten nacheinander und miteinander Helvius Pertinax, Didius Julianus, Pescennius Niger, Septimius Severus und Clodius Albinus. Wieder, wie im Jahre 68/69, war das Reich in Gefahr, in einzelne Teile auseinanderzubrechen. Doch zeigte sich Septimius Severus seinen Rivalen überlegen. Nach der Niederwerfung des Pescennius Niger in der Schlacht bei Issos (194) und dem Sieg über Clodius Albinus bei Lyon (197) waren die Kämpfe mit den Prätendenten erledigt. Septimius Severus vermochte in zwei Partherkriegen, begünstigt durch den labilen Zustand seiner Gegner, im Osten beträchtliche Gebietsgewinne einzubringen, zuerst Osrhoëne (195) und dann Mesopotamien (199) mit der Stadt Nisibis. Doch auch in Britannien, am anderen Ende der römischen Welt, mußte Krieg geführt werden (208–211). Am 4. Februar 211 verstarb Septimius Severus in Eburacum (York). Unter seinen Nachfolgern erhob sich Zwietracht, es waren dies Caracalla und Geta. Der jüngere Sohn, Geta, wurde am 19. Februar 212 ermordet. In dem gleichen Jahr erschien die *Constitutio Antoniniana*. Sie verlieh allen Reichsbewohnern das römische Bürgerrecht – eine bedeutende Veränderung der rechtlichen Grundlagen im Imperium. Es hat aber den Anschein, als ob auch nach dem Erlaß der Constitutio immer noch zahlreiche Bewohner ohne römisches Bürgerrecht geblieben wären. Caracalla – offiziell nannte er sich M. Aurelius Antoninus – fiel am 8. April 217 im Zweistromland einem Mordanschlag zum Opfer. Sein Tod befreite das Reich von einem Tyrannen, der wenig Gutes gestiftet hatte. Die folgenden Kaiser M. Opellius Macrinus (217–218), Elagabal (218–222) und Severus Alexander (222–235) waren unbedeutend, obwohl gerade der letztgenannte in den Quellen sehr positiv beurteilt wird.

Bezeichnend für die Lage des Römerreiches ist es, daß auch Severus Alexander einen Krieg gegen die Neuperser (231–233) und einen Krieg gegen die Germanen am Rhein führen mußte (233–235). Der letzte endete mit der Ermordung des Kaisers und seiner Mutter Mamaea in Mainz-Bretzenheim am 22. März 235. Bereits im Jahre 224 hatte der Sassanide Ardaschir einen entscheidenden Sieg über den letzten Arsakiden Artabanos V. bei Hormizdaghan errungen. Das aber war das Ende eines großen Reiches, das länger als 270 Jahre die Führung im Orient innegehabt hatte.

Von den folgenden römischen Kaisern sind zu erwähnen: Maximinus Thrax, ein ungebildeter Barbar (235–238), die fünf Kaiser des Jahres 238, nämlich Gordian I., Gordian II., Balbinus und Pupienus, zwei Senatskaiser und schließlich Gordian III., der alle überlebte und von 238 bis 244 regierte. In diesem Jahr kam er bei Peroz-Schapur in Mesopotamien ums Leben. Bedeutender war Philippus Arabs, der Sohn eines Scheichs aus der Trachonitis, unter dem im Jahre 248 die Jahrtausendfeier in Rom begangen wurde. Ihm folgte Decius (249–251); er fiel zusammen mit seinem Sohn Herennius Etruscus bei Abrittûs in der Dobrudscha im Kampf gegen die Goten. Nach den kurzen Regierungen des Trebonianus Gallus (251–253) und des Aemilianus (Sommer 253) bestieg Valerian den Thron. Auch er hatte im Orient ebenso wie gegen die Alemannen zu kämpfen: Die germanische Völkerwelt war längst in Bewegung. Sie brandete in mehreren Wellen gegen die römischen

Grenzbefestigungen; dazu kamen noch Plünderungszüge ostgermanischer Völker, vor allem der Burgunder, nach Kleinasien. Valerian war ausgesprochen christenfeindlich, er versuchte, die Christen für den Niedergang Roms verantwortlich zu machen (Christenverfolgung von 257–260). Sie kostete zahlreichen Anhängern der christlichen Lehre das Leben, ohne jedoch die Ausrottung dieses Glaubens zu erreichen. Zu den Märtyrern gehörte der Bischof Cyprian von Karthago († 14. Sept. 258). Erst das Jahr 260 brachte eine Wende. Valerian geriet in die Gefangenschaft der Neuperser, und die Alleinherrschaft des Gallienus brachte den Christen Ruhe vor Verfolgungen. Unter ihm hat sich noch einmal eine Art griechischer Renaissance vollzogen, an der seine Gattin, die Kaiserin Salonina, bedeutenden Anteil hatte. Der größte Name unter den altgläubigen Philosophen war Plotinos († 270). An den Rändern des Imperiums hatten sich Sonderreiche gebildet: Die Herrscher waren Odainathos in Palmyra (261–267) und Esuvius Tetricus in Gallien (268–273). Kaiser Claudius II. Gothicus schlug die Goten bei Niš, sein Nachfolger war der Kaiser Aurelian (270–275). Unter seiner Herrschaft mußte Dakien geräumt werden (271). In dem gleichen Jahr fiel Palmyra von den Römern ab, es wurde jedoch bereits 272 zurückerobert, auch Ägypten kehrte zum Imperium zurück, die Existenz des selbständigen gallischen Sonderreiches hatte ein Ende (273). Palmyra unter Zenobia war insofern von historischer Bedeutung, als hier zum ersten Mal die Araber mit einer Staatsgründung hervorgetreten sind. Von 276 bis 282 regierte der Kaiser Probus. Er hat sich um die Verteidigung der Rhein- und Donaugrenze verdient gemacht, fiel aber einer Meuterei der Soldaten zum Opfer. Im Jahre 283 gab es noch einmal einen Perserkrieg. Der römische Kaiser Carus gelangte bis nach Ktesiphon, fiel aber in der Nähe der Stadt einem Blitzschlag zum Opfer. Am 20. November 284 wurde der Dalmatiner Diocletian zum Kaiser ausgerufen. Mit ihm begann eine neue Zeit. Es war dies eine Interimszeit zwischen dem Prinzipat und dem Dominat.

C. Valerius Diocletianus – ursprünglich hieß er Diokles – wurde, wahrscheinlich um 245, in Salonae geboren, einer Stadt in Dalmatien mit einer romanisierten Bevölkerung. Im Jahre 284 stand er auf der Höhe seines Lebens. Ohne tiefere literarische Bildung, war er ein überzeugter Anhänger des römischen Reichsgedankens und der lateinischen Kultur. Seine eigentliche Begabung entfaltete er auf dem Gebiet der Administration. So ist es kein Zufall, daß er ein großer ›Reglementierer‹ geworden ist. Er richtete sich nach dem Vorbild der bedeutenden römischen Kaisergestalten, von denen er vor allem Trajan, Antoninus Pius und Marc Aurel verehrte. Sein Blick war in die Vergangenheit gerichtet; er versuchte das Rad der Geschichte zurückzudrehen, doch ist die Zeit über ihn hinweggeschritten. Er hatte erkannt, daß das Reich nicht mehr von einer einzigen Person regiert werden könne. Deshalb schuf Diocletian das Doppelprinzipat, indem er im Jahre 285 seinen Kampfgenossen M. Aurelius Valerius Maximianus zum Caesar erhob. Am 1. April 286 wurde dieser dann Augustus. Vielleicht hatte Diocletian die gemeinsame Herrschaft des Marc Aurel und des Lucius Verus als Vorbild. Die höhere *Auctoritas* behielt sich Diocletian vor, er war Jovius, sein Kollege war Herculius. Als *senior Augustus* verfügte Diocletian allein über das Recht der Gesetzgebung.

Bemerkenswerterweise ist es zu einer Reichsteilung noch nicht gekommen, doch hielt sich Maximian vorwiegend im Westen auf, in Mailand oder Aquileia, während Diocletian in dem mit griechischen Bauten geschmückten Nikomedien residierte. Es gab aber noch einen Gegenkaiser: Carausius in Britannien. Er hatte auf dem Festland in Gesoriacum (Boulogne) einen Stützpunkt, der von den beiden andern stillschweigend geduldet wurde.

Der 1. März 293 ist der Geburtstag der Tetrarchie, der ›Vierherrschaft‹. C. Galerius Valerius Maximianus und M. Flavius Valerius Constantius wurden adoptiert und zu Caesares erhoben. Sie waren die Schwiegersöhne der alten Augusti, Galerius des Diocletian, Constantius des Maximian. Sie nahmen in Trier (Constantius) und Sirmium (Mitrowitza) ihre Residenz. Welche Gründe Diocletian gehabt hat, die Tetrarchie zu errichten, ist unbekannt. Kornemann hat gemeint, die Ordnung des Augustus (Tiberius Mitregent, Germanicus und Drusus, der Sohn des Tiberius, präsumtive Nachfolger) sei das Vorbild gewesen, doch ist dies nicht sicher.

Diocletian ist der Schöpfer des spätrömischen Zwangsstaates. Die Provinzen werden aufgespalten, es gibt anstatt vorher etwa 50 nunmehr ungefähr 100, die später noch vermehrt worden sind. Das Reich wird in 12 Diözesen eingeteilt, an ihrer Spitze steht ein *vicarius*. Sogar Ägypten und Italien werden nicht anders behandelt. Der Unterschied zwischen den kaiserlichen und senatorischen Provinzen wird aufgehoben. In Gallien und in den Rheinlanden gibt es jetzt 15 Provinzen, in Italien nicht weniger als 16.

Die Diözesen mit den *vicarii praefectorum praetorio* an der

Spitze waren von recht verschiedener Größe. Die militärische und zivile Gewalt wurde getrennt, allein die *praefecti praetorio* verfügten neben zivilen auch über militärische Befugnisse. Die Augusti und die Caesares hatten ihren eigenen *praefectus praetorio*. Die Verwaltung wurde insofern militarisiert, als die Zivilbeamten militärische Ränge bekleideten, wenn auch nur fiktiv. Man nannte ihren Dienst *militia*, der Kriegsdienst aber hieß *militia armata*.

Das Heer wurde stark vermehrt: Es gab jetzt 60 bis 70 Legionen, ihr Bestand aber war geringer als in der hohen Kaiserzeit. Die Gesamtzahl der Soldaten ist auf 500000 Mann berechnet worden, worin die Hilfstruppen (*auxilia*) miteinbegriffen sind. In der recht unzulänglichen Grenzverteidigung änderte sich zunächst nichts. Um die Provinzen Syrien und Arabien zu schützen, wurde ein großartiger Limes gebaut, hinter ihm verlief eine Militärstraße, die *Strata Diocletiana*. Im Inneren des Reiches wurde das Reserveheer verstärkt, und jeder der vier Herrscher hatte einen Teil des Feldheeres als *comitatus* unter seinem Kommando. Außerdem wurde jede Provinz, die des Schutzes bedurfte, mit zwei Legionen belegt.

Am wichtigsten aber war die diocletianische Steuerreform. In Weiterführung von Maßnahmen Aurelians ging ihr eine Währungsreform voraus. Die Inflation der vorangegangenen Jahrzehnte hatte zu grotesken Steigerungen der Preise und Löhne geführt. Es wurde nun zur Prägung vollwertiger Gold- und Silbermünzen geschritten; auch neue Kupfermünzen wurden ausgegeben, und zwar in drei verschiedenen Nominalen, dem *follis*, dem *radiatus* und dem *denarius communis*. Sechzig Goldmünzen (*aurei*) galten soviel wie 1200 Silbermünzen (*argentei*), diese entsprachen 2400 *folles* = 9600 *radiati* = 48000 *denarii communes*. Diese Scheidemünzen aus Billon wurden aber gegenüber den Gold- und Silbermünzen zu hoch bewertet. Dies führte zu monetären Schwierigkeiten, da im Geldverkehr natürlich die Münzen aus Edelmetall bevorzugt wurden.

Diocletian aber wollte die Löhne und Preise stabilisieren. Dies sollte den Soldaten zugute kommen, man wollte ihnen ein billigeres Leben garantieren. Im Jahre 301 erschien das Höchstpreisedikt Diocletians. Es ist von Th. Mommsen und H. Blümner im Jahre 1893 herausgegeben worden: *Edictum Diocletiani de pretiis rerum venalium*. Inzwischen ist aber eine Reihe von weiteren Fragmenten hinzugekommen, vor allem Inschriften, und diese haben gezeigt, daß das Edikt im ganzen Reich, auch im Westen, gegolten hat. In ihm waren alle Gehälter, Warenpreise und Arbeitslöhne festgesetzt, doch hat das Edikt sein Ziel nicht erreicht, viele Dinge waren öffentlich nicht mehr zu haben, sie verschwanden in den Kanälen des Schwarzmarkts.

Die Steuern waren zum großen Teil in Sachwerten zu entrichten (*annona*). Jeder Landbesitzer hatte den Umfang und die Art seines Landes zu deklarieren und die Zahl seiner Arbeitskräfte anzugeben (*capita*). Ein kleineres Areal guten Bodens wurde einem größeren minderen Bodens gleichgesetzt. Zwischen den *jugera* und *capita* wurde ein festes Verhältnis geschaffen. Dies ergab die *iugatio-capitatio* für die Besteuerung.

Die Steuer wurde zunächst alle fünf Jahre festgesetzt, später (seit 312) alle fünfzehn Jahre. Diese Steuerschätzungsperiode (*indictio*) hat sich als ›der Römer Zinszahl‹ in den Kalendern bis in die Neuzeit fortgeschleppt. Bei Bedarf wurden außerordentliche Steuerausschreibungen (*superindictiones*) abgehalten.

Diocletians Steuersystem ist der Ausdruck des vollendeten Zwangsstaates. Das System beruht nicht auf individueller Leistung, sondern auf bürokratischer Nivellierung. Zwang und papierene Vorschriften waren an die Stelle von Leistung getreten, der Bürger war zum Lastenträger des allmächtigen Zwangsstaates herabgesunken. Von Bürgerfreiheit war nur wenig übriggeblieben.

In den Städten wurden die Dekurionen stark mit Liturgien belastet. Die Städte waren dem Regiment der Reichsbeamten unterstellt, von freien Stadtgemeinden kann nicht mehr die Rede sein. Damit war die stärkste Bastion der Städtefreiheit gefallen. Das diocletianische System entbehrte eines überzeugenden Plans, obwohl der Kaiser zwanzig Jahre lang regiert hat.

Als Feldherr war Diocletian wenig bedeutend. Er hatte Kriege gegen die Germanen in Raetien, gegen die Sarmaten und Goten an der unteren Donau zu führen. Dazu kommen noch Aufstände in Ägypten; auch ein Perserkrieg ist ihm nicht erspart geblieben. Die Römer blieben über Narseh II. (293–303) siegreich, sie gewannen das wichtige Nisibis. Armenien und Iberien am Kaukasus wurden unter die römischen Vasallenstaaten aufgenommen. Seit 298 herrschte vierzig Jahre lang Friede zwischen Rom und Neupersien; dies ist wohl die bedeutendste Leistung, die Diocletian im Osten vollbracht hat.

In der Überlieferung lebt Diocletian als der letzte Christenverfolger fort. Er bekämpfte zuerst die Manichäer, die mit barbarischen Strafmaßnahmen verfolgt wurden. Nachdem der Kaiser das Orakel von Didyma befragt hatte, begann die Verfolgung der Christen; sie setzte am 23. Februar 303 in Nikomedien ein. Durch ein Edikt entzog der Kaiser den Christen den Rechtsschutz, sie galten als vogelfrei. Die Kirchen sollten zerstört, die heiligen Schriften verbrannt werden. Am Hof und in der Stadt Nikomedien gab es mehrere Opfer. Hinrichtungen, Einkerkerung von Klerikern waren die Folgen. Doch scheint die Zahl der Opfer nicht groß gewesen zu sein. Die Verfolgung erstreckte sich auf das ganze Imperium, indes wurde nicht überall mit der gleichen Strenge durchgegriffen. So hat sich Constantius im Westen mit der Zerstörung der christlichen Kirchen begnügt. In Karthago soll im Jahre 304 eine Abendmahlsgesellschaft von 49 Personen hingerichtet worden sein. Das Ziel, die Ausrottung des Christentums, hat Diocletian bei weitem nicht erreicht. Es war bereits zu spät, das Blut der Märtyrer war der Same der Kirche. Wesentlich ist die Tatsache, daß die große Zahl von Abgefallenen (*lapsi*) zumeist nach einer Kirchenbuße in die christliche Gemeinschaft wieder aufgenommen worden ist. Trotz schmerzlicher Opfer hatte letzten Endes die christliche Kirche durch die Standhaftigkeit ihrer Glaubenszeugen den Sieg davongetragen, nicht der Kaiser und seine Mitregenten.

Am 1. Mai 305 trat Diocletian als Augustus zurück. Er hatte 20 Jahre lang regiert, seine Ziele hatte er nicht erreicht. Die Zeit war über ihn hinweggeschritten. Die bisherigen Caesares, Galerius im Osten und Constantius I. Chlorus im Westen, traten an seine und des Maximian Stelle, denn auch dieser hatte sich von Diocletian zum Rücktritt bewegen lassen. Doch blieb das System der Tetrarchie erhalten, denn Maximinus Daia, der Neffe des Galerius, und Flavius Valerius Severus wurden nun zu Caesaren ernannt. Das Reich wurde praktisch in vier Teilreiche aufgeteilt, Diocletian zog sich nach Spalato auf sein Altenteil zurück.

Warum Diocletian zurücktrat, ist schwer zu sagen. Vielleicht war der Grund ein Schlaganfall; denn als er nach einer mehrmonatigen Krankheit im Frühjahr 305 wieder in der Öffentlichkeit erschien, war er völlig verändert. Er hat noch länger als 10 Jahre gelebt; er starb so spät, daß er das Ende der Tetrarchie noch erlebt hat (315). Diocletian war ein echter Römer. Er glaubte fest an die alten Götter, sein Vorbild waren die großen Imperatorengestalten Trajan und Marc Aurel. Diocletian hat den Staat hinübergeleitet in ein neues Säkulum. Die Grundlagen, die er gelegt hatte, sind geblieben; doch ist nach seinem Rücktritt ein neuer Geist in das Imperium eingezogen, die Erneuerung ist nicht altrömisch, sondern christlich geprägt. Die Verfolgung hatte das Christentum gefestigt, es ist unter Constantin die Grundlage des neuen Staates geworden.

14. Kapitel
Von Constantin bis zur Völkerwanderung

In der Zeit zwischen der Abdankung Diocletians (305) und dem Sieg Constantins über Maxentius (312) verdient das Reich des Maxentius, mit Rom als Mittelpunkt, größere Beachtung. Es umfaßt Italien und zeitweilig auch Nordafrika. Es war der letzte Versuch, von Rom aus die Welt zu regieren. Maxentius, der Sohn Maximians, hat als Administrator und Bauherr beachtliche Aktivitäten entwickelt. Er war kein Verfolger der Christen; es wäre jedoch andererseits nicht richtig, ihn an die Seite Constantins zu stellen. Bemerkenswert ist die von ihm erneuerte Romidee, die er eifrig propagiert hat. Doch war seine Macht mit der Constantins nicht vergleichbar, denn dieser war Herrscher von Britannien, Gallien und Spanien. Und dennoch heißt es, das Heer des Maxentius sei beträchtlich überlegen gewesen. Man hat den Feldzug Constantins gegen seinen Rivalen mit dem Zug des jungen Napoleon im Jahre 1796 nach Italien verglichen (Jacob Burckhardt). Für Maxentius wurde die Änderung seines Kriegsplans verhängnisvoll. Er hatte sich zunächst hinter der Aureliansmauer in Rom verteidigen wollen, dann aber stellte er sich an der Milvischen Brücke bei Rom zum Kampf. Maxentius stürzte auf der Flucht in den Tiber und kam um (28. Okt. 312). Von nun an gab es im Westen nur noch *einen* Augustus, Constantin; im Osten regierte Licinius, der sich später mit Constantin verschwägerte.

Das Jahr 312 mit dem Sieg Constantins ist von weltgeschichtlicher Bedeutung. Mit der Erscheinung des Kreuzeszeichens vor der Schlacht hat sich die Wissenschaft seit vielen Jahren beschäftigt, ohne zu einem in jeder Weise überzeugenden Ergebnis zu kommen. Die Quellen (Eusebius, Laktanz) gehen hier auseinander, vielleicht wird man beide Nachrichten auf das gleiche Ereignis beziehen können (A. Alföldi). Von einem ausgesprochenen Religionskrieg kann jedoch schwerlich die Rede sein. Im übrigen hat Constantin in den folgenden Jahren zwischen 312 und 321 neben dem Christusmonogramm auch noch heidnische Symbole verwandt; die Jahre erscheinen als eine Übergangszeit.

Im Jahre 313 (Februar) trafen sich die beiden Augusti, Constantin und Licinius, der Herrscher des Ostens, in Mailand. In der Frage des Christentums gelangten sie zu einer Verständigung: Es wurde Glaubensfreiheit sowohl für die Christen wie auch für die Anhänger des alten Glaubens dekretiert. Das sind die Vereinbarungen von Mailand (um ein Edikt hat es sich nicht gehandelt). Dies aber war ein wesentlicher Fortschritt für die Christen.

Über die Jugend des Kaisers Constantin I. ist nur wenig bekannt. Nicht einmal das Jahr seiner Geburt ist gesichert (nach Vogt wäre er im Jahre 285 geboren). Seine Jugend hatte er zuerst am Hof Diocletians, dann in Rom bei Maximian verbracht. Seine Mutter war Helena, eine Konkubine des Constantius Chlorus, der sich später mit einer Tochter Maximians verheiratete. Nicht weniger als sechs Kinder sind aus dieser Ehe hervorgegangen.

Kaiser der östlichen Teile des Reiches war Licinius, ein Troupier ohne jede Bildung. Schon im Jahre 314 gab es den ersten Krieg zwischen den beiden Augusti; die Aufspaltung des Imperiums in zwei Teilreiche hat sich im gleichen Jahr vollzogen. Licinius ist niemals ein überzeugter Anhänger des Christentums gewesen. Die Entscheidung zwischen den beiden Augusti brachte die Schlacht bei Adrianopel (3. Juli 324); in einer großen Seeschlacht blieb Crispus, der Sohn Constantins, bei Byzanz eindeutiger Sieger. Nach einer weiterer Niederlage des Licinius auf dem Boden Kleinasiens bei Chrysopolis (18. Sept. 324) war Licinius nach Nikomedien geflohen, sechs Monate später wurde er umgebracht. An die Stelle des diocletianischen Systems war die Herrschaft Constantins und seiner Söhne getreten.

Noch 13 Jahre waren Constantin als Alleinherrscher über das Imperium Romanum beschieden. In dieser Zeit hat er dem Christentum eine feste Stellung im Reiche verschafft, es war zur »wahren Religion« (*vera religio*) geworden. Die Verbindung von Thron und Altar hat nicht nur Segen, sondern auch viel Unheil über die Menschheit gebracht. Der Sieg der Kirche fiel in die Zeit des vollendeten Zwangsstaats (H. Lietzmann). Von großer Bedeutung war die Gründung einer neuen Hauptstadt: Constantinopel. Und schließlich hat der Kaiser das Reich und die Wirtschaft neu organisiert.

Bereits seit 313 hatte es mit der Kirche in Afrika Schwierigkeiten gegeben: Es ist dies der Donatistenstreit. Doch erst nach mehreren Jahren (316) stellte sich Constantin eindeutig auf die Seite des Caecilianus, des Gegners des Donatus. Der Staat setzte seine Machtmittel gegen Donatus ein, doch blieb dem Kaiser ein voller Erfolg versagt. Im Jahre 321 wurde den Donatisten Toleranz gewährt. Als Sonderkirche sind sie erst durch Augustin überwunden worden.

Am 20. Mai 325 begann das Konzil von Nicäa, an dem nicht weniger als 320 Bischöfe teilnahmen, unter dem Vorsitz des Kaisers. Hier fiel die Entscheidung in dem christologischen Streit zwischen Athanasius und Arius. Dessen Lehre, die im Osten viele Anhänger gefunden hatte, wurde hier ausdrücklich verdammt. Der fleischgewordene Logos wurde als wesenseins (man könnte auch sagen: als substanzgleich) mit Gottvater anerkannt. Athanasius war Sieger geblieben, Arius wurde exkommuniziert und verbannt. Behandelt wurde in Nicäa auch das Problem der abtrünnig gewordenen Christen, der *lapsi*. Auch der Termin des Osterfestes wurde festgelegt, und zwar auf den ersten Sonntag nach Frühlingsvollmond. Schließlich wurde den Bischöfen von Rom, Alexandrien und Antiochien das Recht von Patriarchen zugestanden. Damit hat man die Kirchenverfassung der Reichsverfassung angepaßt. Constantin hatte an den Beratungen teilgenommen; er zeigte sich vom Ergebnis recht befriedigt. Unabhängig behauptete sich Athanasius, seit 328 Bischof von Alexandrien. Man hat das geistige Ringen Constantins mit Athanasius als das Vorspiel der Kämpfe zwischen Kaiser und Papst im Mittelalter betrachtet, und Eduard Schwartz hat geschrieben: »So haben die politischen und kirchlichen Gebilde, die aus Constantins Wollen und Schaffen sich heraus entwickelten, jahrhundertelang die Welt in Fesseln gehalten und üben ihren Druck bis zum heutigen Tag.«

Seit dem Konzil von Nicäa verschwinden allmählich die heidnischen Symbole von den Münzen, sie werden durch neutrale Zeichen ersetzt.

Schon im Jahre 324 hatte Constantin mit dem Bau der neuen Hauptstadt Constantinopel begonnen. Man gründete sie am Bosporus an der Stelle des alten verfallenen Byzanz. Am 11. Mai 330, am Tage der 25. Wiederkehr seines Regierungsantritts, wurde sie eingeweiht. Sie hat viele Jahrhunderte eine wahrhaft welthistorische Mission erfüllt. »Seitdem Alexander die Weltstadt in Ägypten geschaffen hatte, hat keine Stadtgründung die Geschichte in so neue Bahnen gelenkt wie die Umwandlung der verfallenen Griechenstadt in die gewaltige Veste, die noch heute von dem Herrschergeist ihres Gründers zeugt« (Eduard Schwartz).

Wenn man früher Constantin als den Begründer des Dominats bezeichnet hat, so war dies nicht richtig. Doch hat sich in Constantin – viel mehr als in Diocletian – die Kraft der monarchischen Idee gesammelt, seine Regierung ist daher eine wichtige Epoche in der Geschichte des spätantiken Herrschertums. Mittelpunkt des Reiches sind nicht mehr der Princeps und der Senat, sondern der Kaiser und sein Hof. Der Kaiser aber wird in eine sakrale Sphäre gerückt, er trägt (seit etwa 326) nach Alexanders Vorbild das Diadem, das Diocletian noch nicht getragen hatte. Dazu erscheint der Nimbus, der Lichtglanz, als Attribut der kaiserlichen Majestät.

Überhaupt war das Vorbild Constantins der große König Alexander (A. Alföldi). Verbunden mit der Idee der Weltherrschaft ist bei Constantin die christliche Symbolik. Die sakrale Idee tritt in manchen Einzelheiten hervor. Der Kaiser wird in die Sphäre der Gottähnlichkeit gerückt, er ist zwar kein Gott, aber er ist gottähnlich. Die Beamtenschaft mit den *praefecti praetorio* an der Spitze (vielleicht waren es vier, doch ist dies nicht sicher) war militärisch organisiert. Die Diözesanordnung Diocletians blieb erhalten. Das Heer bestand aus den *comitatenses* und den *ripenses*, die auch *limitanii* genannt wurden. Die ersteren waren das mobile Feldheer, die zweiten bildeten die Grenzwacht, sie waren in der Mehrzahl Wehrbauern. Die *comitatenses* wurden an Kampfkraft von den *auxilia* übertroffen, diese aber stammten vielfach aus den Barbarenländern.

Das Jahr 325 brachte die Geburt einer neuen Goldmünze, des Solidus. Dazu kam als Silbermünze die Siliqua. Der Solidus betrug $\frac{1}{72}$ des Goldpfundes, er wog 4,48 Gramm, die Siliqua galt $\frac{1}{24}$ des Solidus. Der Solidus hat seinem Namen Ehre gemacht, denn er blieb etwa 750 Jahre lang konstant. Er hat das persische Geld aus dem Felde geschlagen und dem Handel der Römer den Weg in ferne Länder, Indien und Äthiopien, erschlossen.

Es gab aber auch negative Erscheinungen im Römerreich. Die Abkapselung der Stände war ein Zeichen des Zwangsstaates, ebenso die Haftung der Dekurionen für das Steueraufkommen. Noch schlimmer war die Lage der Pachtbauern, die seit etwa 332 in den Stand von Hörigen herabgesunken waren. Constantin hat kein Mittel gegen den heraufziehenden Zwangsstaat gefunden. Doch hat er die Strafen humanisiert und sich für die Witwen und Waisen eingesetzt, sicherlich unter dem Einfluß des Christentums. Im

Jahre 321 hat er den Sonntag als gesetzlichen Feiertag eingeführt. Ob Constantin Christ war, ist in der Forschung umstritten. Aber es mehren sich die Stimmen, die sich hierzu positiv aussprechen. So hat Eduard Schwartz von einem wirklichen irrationalen Glauben des Kaisers gesprochen. Höchsten Ruhm verdient seine Toleranz. In diesem Punkt unterscheidet er sich von so manchen späteren Kaisern, die Zeloten und Eiferer gewesen sind. Constantin starb am 22. Mai 337 bei Nikomedien; er hatte kurz vor seinem Tode die Taufe empfangen und wurde in der Apostelkirche zu Constantinopel beigesetzt.

Die Zeit seiner Nachfolger, der Constantinssöhne von 337 bis 361, ist im Vergleich zur Regierung ihres Vaters eine Periode der Wirren und des allgemeinen Niederganges. Die Söhne – Constantin II., Constantius II. und Constans – waren unbedeutende Persönlichkeiten, außerdem waren sie moralisch tiefstehend. Schon zu Lebzeiten des Vaters hatte man sie in die Regierungsgeschäfte eingeführt, ebenso auch Dalmatius, den Neffen Constantins I. Das Reich bedurfte einer Dezentralisierung. Die Zeiten, in denen man es von einem Mittelpunkt aus, von Rom oder Constantinopel, regieren konnte, waren vorüber. Dem Ableben Constantins am Pfingstmontag 337 folgte ein Blutbad in der kaiserlichen Familie: getötet wurden seine zwei Brüder Dalmatius und Iulius Constantius, dazu nicht weniger als sechs seiner Neffen; am Leben blieben nur der elfjährige Gallus und der sechsjährige Iulianus, die Söhne des Constantius. Die Urheber des Blutbads waren die Soldaten. Es folgten vier Monate einer kaiserlosen Zeit. Erst am 9. September 337 wurden die drei Söhne zu Augusti ausgerufen, der Senat bestätigte sie in ihren Ämtern. Constantin II. behielt den Westen, Constantius II. den Osten, Constans die Mitte des Reiches. Die Regierung des Herrschers des Westens begann mit einem grundlegenden Fehler: Er ließ Athanasius, den streitbaren Theologen, aus seinem Exil in Trier nach Ägypten zurückkehren, wo er sich zum Alleinherrscher des ägyptischen Kirchenstaats machte. Dazu begann ein Bruderkrieg des Constans gegen Constantin II., der bei Aquileia ums Leben kam. Der Sieger hatte gegen Alemannen und Franken zu kämpfen. Im Jahre 350 wurde im Westen Magnentius zum Gegenkaiser ausgerufen. Constans verlor sein Leben. Am 28. September 351 trug Constantius II. über Magnentius den Sieg davon (bei Mursa in Pannonien). Die illyrischen Truppen erwiesen sich den gallischen überlegen. Magnentius endete am 10. August 353 durch Selbstmord in Lyon.

Unter den Söhnen änderte sich das Verhalten gegenüber den Altgläubigen. Mit der Toleranz war es zu Ende, schon 341 wurden die heidnischen Opfer verboten, die Tempel geschlossen, auch die Verehrung der heidnischen Kultbilder wurde unter Strafe gestellt (353). Doch blieb die alte Hauptstadt Rom immer noch eine Hochburg des alten Glaubens. Constantius II., der vom 28. April bis zum 29. Mai 357 in Rom weilte, zeigte sich von ihr tief beeindruckt. Zu den führenden Männern Roms gehörte der *praefectus urbi* namens Memmius Vitrasius Orfitus. Auf diesen Mann geht die Prägung der Contorniaten zurück. Ihre Münzbilder zeigen mythische und historische Figuren, Spielwut und Aberglaube haben sich auf ihnen verewigt. Es sind Bilder aus der römischen Geschichte, jedoch vielfach mißverstanden und historisch falsch gedeutet.

Constantius II. war seit 353 Alleinherrscher im ganzen Reich. Sein Vetter Gallus residierte in Antiocheia in Syrien. Gallus hatte sich unbeliebt gemacht, er mußte unter dem Beil des Henkers in Istrien sterben. Besser erging es seinem Bruder Julianus. Er wurde nach einem kurzen Studium in Athen nach dem Westen abberufen und zum Caesar von Gallien ernannt. Hier hatten sich die Germanen ausgebreitet, nicht weniger als 45 Städte hatten sie unterworfen. Im Beamtenstab des Julianus war Saturninus Secundus Salutius (oder Salustius) als Quästor. Er ist auch als Verfasser einer Schrift »Über die Götter und die Welt« hervorgetreten. Er gehörte dem alten Glauben an, doch besaß er ein hohes Ansehen.

In den Rheinlanden hatten sich die Germanen auf dem flachen Land ausgebreitet, die Städte waren dagegen in den Händen der Römer geblieben. Bei ihnen fand Julian einen Rückhalt. Am 25. August 357 siegte der nur theoretisch im Kriegswesen ausgebildete Julian über die Germanen bei Straßburg. Der Caesar hatte als erster die strategische Bedeutung der Stadt Paris erkannt – sie war der natürliche Mittelpunkt von ganz Gallien.

Im Osten waren die Neuperser unter dem Großkönig Schapur II. die Gegner der Römer. Im Innern des Römerreiches herrschten Hader und Feindschaft. Zwischen dem Kaiser Constantius II. und Julian kam es zu einem Krieg. Der erstere starb, 40 Jahre alt, in der Nähe von Tarsos. Julian aber zog am 11. Dezember 361 in Constantinopel ein, er war jetzt Alleinherrscher. Über Constantius II. ist nicht viel Gutes zu berichten. An seinem Hofe herrschte eine geradezu ungeheure Verschwendung. Der Kaiser war ein Rechtsfanatiker, auch in religiöse Dinge hatte er sich eingemischt, so daß es im Reich zu bürgerkriegsähnlichen Zuständen gekommen war. A. Piganiol hat ihn als einen direkten Vorgänger der byzantinischen Herrscher bezeichnet.

Die kurze Alleinherrschaft Julians (361–363) war eine Reaktion auf die fortschreitende Verchristlichung des Reiches. Julians Verhalten geht auf seine Erfahrungen zurück. Als Persönlichkeit hat er eine sehr unterschiedliche Beurteilung erfahren. Zu seinen Lobrednern gehören sein Leibarzt Oreibasios und der Historiker Ammianus Marcellinus; für den Griechen Zosimos ist er geradezu der Heros des Heidentums. Sein Gegner war sein ehemaliger Studiengenosse Gregor von Nazianz. Julian war im Jahre 331 geboren, mit zwanzig Jahren fiel er vom Christentum ab. Er war vor allem mit dem Philosophen und Theurgen Maximos in Ephesos verbunden. Julian war Anhänger des Mithras, auch den Gott Helios hat er hoch verehrt und dies in einer Hymne zum Ausdruck gebracht. Am 6. November 355 wurde er in Mailand zum Caesar proklamiert und mit Helena, der Schwester des Kaisers, vermählt. Die Ehe dauerte nur kurze Zeit und war wenig glücklich. Julian war ein überzeugter Humanist, zu seinen Vorbildern gehörte vor allem Jamblichos, der Syrer; dieser hatte den gesamten abstrusen Aberglauben in ein wunderliches System gezwungen. Er lebte in der Zeit des Diocletian und des Constantin I. In der Schrift »Gegen die Christen« hat Julian sich in aller Schärfe im Sinne des Porphyrios ausgesprochen, die Argumente waren jedoch weder neu noch überzeugend. Julian glaubte an die Seelenwanderung; er wähnte, daß Alexander d. Gr. in ihm neu erstanden sei. Mit dem Edikt vom Jahre 361 hat er die Verfügungen von Mailand von 313 aufgehoben. Julian hatte damit das Rad der Geschichte um fast 50 Jahre zurückgedreht. Mit dem Gesetz vom 17. Juni 362 verbot er den Christen den Unterricht in den Klassikern. Auch den heidnischen Klerus hat er reformiert, jede Provinz erhielt einen Archiereus (Erzpriester) wie im Hellenismus. Die heidnischen Feste wurden wieder hergestellt. Für die Mysterienreligionen zeigte er ein lebhaftes Interesse, ebenso für die Orakel, die längst aus der Mode gekommen waren. Es kam zu einer offenen gewaltsamen Auseinandersetzung mit den Christen von Antiochia, wo er die Hauptkirche hatte schließen lassen. Auch das Kirchenvermögen war konfisziert worden. Der von Julian in Angriff genommene Neubau des Tempels in Jerusalem konnte jedoch wegen Erdbeben nicht beendet werden, ein Mißerfolg, der von den Christen laut bejubelt wurde. Sein Streben, den alten Glauben zu erneuern, blieb letzten Endes ohne Erfolg. Der wüste Aberglaube, in dem die Theurgie, die Beschwörung von Göttern, eine große Rolle spielte, vermochte die Massen nicht mehr zu überzeugen. Die Menschen seiner Zeit verlangten nach Gewißheit auf ein besseres Jenseits, die konnte ihnen der alte Glaube nicht geben. Dazu hatte Julian viele Fehler im einzelnen gemacht. Auch die Verbindung mit dem Westen des Imperiums hatte Julian vernachlässigt, er hatte, griechisch erzogen, zum Römertum kein inneres Verhältnis. Dies aber war ein großer Schaden für seine Regierung. Am 8. März 363 brach Julian von Antiochia zum Perserkrieg auf. Er gelangte zwar bis vor die Mauern von Ktesiphon, wurde aber von den Persern zum Rückzug gezwungen. Durch einen Speerwurf verwundet, hauchte er seine Seele aus, indem er sich mit seinen Freunden über die Unsterblichkeit der Seele unterhielt. Julian war eine zwiespältige Gestalt auf dem Thron der Caesaren. Als Feldherr hat er über die Germanen gesiegt; den Persern war er nicht gewachsen. Seine Religionspolitik war ein Anachronismus, sie kam hundert Jahre zu spät. Was er für griechisch hielt, war eine Mischung finstersten Aberglaubens; dieser sprach die Massen aber nicht mehr an. Mit den Lehren des Jamblichos und mit der Theurgie war den Menschen seiner Zeit nicht mehr zu helfen. Das Christentum hatte eindeutig gesiegt, der alte Glaube war nicht mehr zu retten.

Die Entwicklung des römischen Imperiums vom Tode Julians bis Theodosius steht unter dem Zeichen der Ereignisse an der Donaugrenze, über die immer mehr germanische Völker, unter ihnen zahlreiche Goten, eingesickert sind. Andererseits beginnt um 375 die von den Hunnen ausgelöste Völkerwanderung, die zu einer völligen Umgestaltung der Alten Welt geführt hat. Entscheidend waren die Ereignisse an den Flußgrenzen des Reiches. Der Wehrwille der römischen Bevölkerung ließ längst zu wünschen übrig. In das römische Heer wurden immer mehr Fremde, vor allem Goten, eingestellt, bei denen die Gewinnsucht das wichtigste Motiv war. Der Niedergang des Reiches ist noch beschleunigt worden durch unglückliche Gesetze und schwache Kaiser. Mehrere von ihnen sind durch feigen Mord hinweggerafft worden.

Nach einer Regierung von 8 Monaten des Christen Jovian (363) wählte die Heeresversammlung den Pannonier Flavius Valentinianus (364–375). Dieser Kaiser, der für die dogmatischen Streitigkeiten nicht das geringste Interesse zeigte, hat das Reich noch einmal konsolidiert und an den Stromgrenzen verteidigt, dazu eine Anzahl von Lagern und Kastellen geschaffen. Davon zeugen die Ausgrabungen von Altrip (Alte Ripa) am Zusammenfluß von

Rhein und Neckar. Auch der Limes Galliae Riparensis (hauptsächlich zum Schutz der Schweiz) ist unter ihm gebaut worden.

Zum Ruhm gereicht Valentinian I. seine Fürsorge für die ärmere Bevölkerung. Auch für die Bildung hat er manches geleistet. In einem Edikt des Jahres 370 hat er sich um den Zustand der Stadt Rom und ihrer Universität gekümmert. Für den Zwangsstaat war es bezeichnend, daß die Studierenden nicht einmal Verbindungen gründen durften. Nach Beendigung der Studien mußten sie Rom sofort wieder verlassen. Der jähe Tod Valentinians I. am 17. November 375 in Brigetio (Oszöny) war jedoch ein Verlust für das Reich.

Im Jahre 373 war Ambrosius zum Bischof von Mailand gewählt worden. Er stammte aus einer vornehmen Familie in Trier, sein Vater war *praefectus praetorio Galliarum* gewesen. Ambrosius selbst war zwar kein überragender Theologe, aber ein bedeutender Kirchenpolitiker. Seine Wirksamkeit verschob den geistigen Schwerpunkt in Italien von Rom nach Mailand.

Von großer Bedeutung nicht nur für das kirchliche Leben war die Entstehung des Mönchtums, das seine Heimat vor allem in Ägypten gefunden hatte, seit dem Ende des 3. Jahrhunderts n. Chr. Die Anfänge gehen auf die christlichen Asketen zurück; ihre Führer waren der hl. Antonius in Unterägypten (um 300) und der hl. Pachomius in der Thebaïs. Dieser hat neun Männerklöster und zwei Frauenklöster in Oberägypten gegründet. Die Lebensweise der Ägypter wurde dadurch grundlegend geändert. Sie kehrten sich von ihrem frohen Leben ab, die heidnischen Tempel wurden verlassen, einige auch zerstört. Die Bewegung griff von Ägypten nach Palästina über. Hier waren es vor allem vornehme Damen, die sich für Klostergründungen einsetzten. In Kleinasien ist Basileios d. Gr. von Nyssa der Begründer des griechischen Mönchtums und des Klosterwesens in der hellenisch-slawischen Welt geworden. Die Ideale des Mönchtums waren das gemeinsame Leben, die Arbeitspflicht und die Nächstenliebe. Ihre Tätigkeit blieb jedoch auf die Klöster beschränkt, zu einer sozialen Veränderung haben sie nur wenig beigetragen. Da dem Staat zahlreiche Untertanen entzogen wurden, waren die staatlichen Behörden gezwungen, die Mönche mit Gewalt wieder zu ihren Pflichten zurückzuführen; manche wurden wieder in das Heer eingestellt, weil man sie als Soldaten nicht entbehren konnte. Unzweifelhaft haben aber die Mönche das Selbstbewußtsein der unteren Schichten in Ägypten und Syrien gehoben. Anders war es im Westen des Reiches. Hier hat das Mönchtum zunächst nur wenig Anklang gefunden.

In die letzten Jahre Valentinians I. fallen die Bewegungen der Hunnen. Sie waren ein Reitervolk aus Innerasien, das sich auf der Wanderung nach dem Westen befand. Zuerst stießen sie auf die iranisierten Alanen, sodann im Raum nördlich der Krim auf die Ostgoten, schließlich auf die Westgoten. Deren König war Athanarich; bei ihnen hat Wulfila gewirkt (zwischen 341 und 348), der auch die Bibel ins Gotische übersetzt hat: *Codex argenteus* (heute in Uppsala). Der christianisierte Teil der Westgoten trat unter Fritigern auf römischen Reichsboden über (376). Von dem Übergang der Germanen über die untere Donau hat der Historiker Eunapios ein lebendiges Bild entworfen; wie es heißt, haben die Römer die Germanen geradezu ausgepreßt, denn die Fremden waren völlig ausgehungert, sie sollen sich sogar gezwungen gesehen haben, ihre eigenen Kinder zu verkaufen!

In der Schlacht bei Adrianopel (9. August 378) erlitt der Kaiser Valens – er war zuerst Mitkaiser, dann Nachfolger Valentinians gewesen – eine verheerende Niederlage. Sie ist auf einen geradezu unwiderstehlichen Reiterangriff der Goten zurückzuführen. Die römische Armee wurde vernichtet, der Kaiser Valens ist – wahrscheinlich – in einem Haus verbrannt, er konnte nicht mehr gefunden werden. Ambrosius von Mailand soll gesagt haben: *In occasu saeculi sumus* (Wir befinden uns im Untergang unseres Zeitalters). Er hatte insofern recht, als die Germanen von da an nicht mehr vom Boden des Imperiums verschwunden sind. Jeder Kaiser mußte mit ihnen rechnen. Zunächst waren große Teile der dakischen Diözese und Pannoniens von ihnen okkupiert.

Auch andere Völker waren über die untere Donau ins Reich eingedrungen, unter ihnen die Ostgoten, Alanen, Taifalen und Hunnen. Sie alle suchten neuen Raum zur Ansiedlung, aber auch Geld und Schätze, die sie im Römerreich vermuteten.

Für den Sieg der Fremden über die Römer hat man die verschiedensten Gründe angeführt. Kornemann hat den entscheidenden Faktor für die Überlegenheit der Fremden in der Iranisierung der Goten gesehen; sie hätten die iranische Reitertaktik und die Panzerung übernommen. Dies mag richtig sein, entscheidend war jedoch, daß die meisten Römer nicht mehr bereit waren, ihr Leben für den Staat einzusetzen, der ihnen nur Lasten abforderte, ohne sie hinreichend zu beschützen. Unter den Römern herrschte Gleichgültigkeit, sie hatten sich aufgegeben und erwarteten das

Himmelreich. An der Erhaltung des Staates war bei ihnen kaum noch ein Interesse vorhanden.

Nachfolger des Valens im Ostteil des Reiches wurde Theodosius I. (379–395). Er erhielt auch die dakische und die makedonische Diözese. Ihm ist es gelungen, die Goten zu befrieden. Sie wurden in Dakien und Pannonien angesiedelt, die Goten Athanarichs südlich der unteren Donau; den Goten Fritigerns wurde völlige Autonomie verliehen. Sie waren steuerfrei und bildeten eigene Truppenkörper, so daß auf die Konskription der römischen Bürger verzichtet werden konnte.

Die Kirchenpolitik brachte eine bemerkenswerte Veränderung. Die Augusti des Ostens und des Westens, Theodosius I. und Gratian, verboten alle anderen Bekenntnisse außer dem christlichen, 379 im Westen, 380 im Osten. Die Orthodoxie hatte den Sieg davongetragen, es gab nur noch *einen* Staat und *eine* Kirche. Auf dem 2. Ökumenischen Konzil zu Constantinopel (381) wurde die jungnicänische Lehre als die allein gültige anerkannt. In ihr bedeutete *homousios* nicht mehr ›wesensgleich‹, sondern nur noch ›wesensähnlich‹. Das war ein Rückschritt, aber man hatte sich damit abgefunden. Für die kirchliche Organisation hatte das Konzil zur Folge, daß von nun an der Bischof der Hauptstadt der Diözese den Primat vor den anderen Bischöfen inne hatte. Damit wurde die kirchliche Organisation der staatlichen angeglichen. Der Bischof von Constantinopel erhielt den zweiten Rang im Reich nach dem Bischof von Rom. Als Damasus, der römische Bischof, im Jahre 382 ein Konzil einberief, erschienen die östlichen Bischöfe nicht. Dieses Verhalten wurde im Westen als Schisma betrachtet.

Die Regierungen der Kaiser Gratian und Theodosius I. haben sich aktiv gegen das Heidentum eingesetzt. Gratian legte den Titel des Pontifex Maximus ab (379), der Altar der Göttin Victoria wurde aus dem Sitzungssaal des Senats in Rom entfernt. In einem Gesetz vom 24. Februar 391 stand das Verbot, Opfertiere zu töten, Tempel aufzusuchen und Statuen zu verehren. Den Zuwiderhandelnden wurden schwere Strafen angedroht. Fanatische Mönche zerstörten in Alexandrien den Sarapistempel (391); er war ohnehin stark heruntergekommen, denn aus dem Kultbild des Sarapis entfloh eine Unzahl von Ratten.

Auch mit den Olympischen Spielen war es nun zu Ende. Der letzte Sieger war der armenische Prinz Varazdates, angeblich ein Abkömmling der Arsakiden. Er siegte im Jahr 369 oder 373.

Und dennoch wurde eine völlige Vernichtung des Heidentums

nicht erreicht. Es lebte insgeheim auf dem Land weiter, die staatliche Macht war nicht imstande, es völlig auszurotten.

Die letzten Jahre des Theodosius I. haben mehrere Fälle von Mord und Selbstmord unter den Kaisern des Westens gesehen. Im Gegensatz zum Osten des Reiches waren hier die Verhältnisse alles andere als gefestigt. So wurde Gratian im Jahre 383 gestürzt und ermordet. Magnus Maximus erlitt den Tod durch seine eigenen Soldaten (388), Valentinian II. starb am 15. Mai 392, vielleicht durch Selbstmord.

Am 5. und 6. September 394 kam es am Frigidus (Wippach) zur Entscheidungsschlacht; Führer der Altgläubigen war Arbogastes, sein Gegner war Theodosius I. Durch den Ausbruch einer Bora, eines Wirbelsturms, blieb Theodosius I. Sieger. Der eben zum Kaiser des Westens erhobene Flavius Eugenius, ein ehemaliger Professor der lateinischen Rhetorik, wurde gefangen und getötet, während Arbogastes Selbstmord verübte. Theodosius I. hat seinen Sieg nur um wenige Monate überlebt, er starb am 17. Januar 395. Auch der Bischof Ambrosius von Mailand folgte ihm wenige Monate später ins Grab (397). Mit beiden ging ein ganzes Zeitalter zu Ende.

Unter Theodosius I. ist Constantinopel endgültig die Reichshauptstadt geworden. Seit 381 nannte man die Stadt Nea Roma. Sie war mit zahlreichen eindrucksvollen Baudenkmälern geschmückt worden, von denen das Forum Tauri und die Monumentalstraße *Mese* sowie der Obelisk im Hippodrom die wichtigsten waren.

Über die Regierung des Theodosius ist nichts Bemerkenswertes zu berichten. Es scheint, als ob er sich völlig auf seine Freunde und Günstlinge verlassen hätte. Würdige und Unwürdige erhielten den Generalsrang, und mit Recht hat Mommsen gesagt, es habe nie soviele *magistri militum* gegeben wie unter Theodosius I. Und Piganiol hat gemeint, der Kaiser habe sich zu viel um den Himmel gekümmert, die Staatsinteressen hätten hinter der Kirche weit zurückgestanden. Theodosius hat sich vor dem großen Ambrosius mehrfach gedemütigt. Zweimal hat er sich vor ihm in den Staub geworfen, nach dem Blutbad von Saloniki im Jahre 390 und nach der Schlacht am Frigidus. Für Ambrosius war die große Tugend des Theodosius die *humilitas*, die christliche Demut. Das aber ist keine Tugend eines Herrschers (A. Piganiol). Doch läßt dieses Urteil die Einfühlung in die damalige Zeit vermissen. Die Verhältnisse waren eben stärker als das beste Wollen des Kaisers. Die

Menschen waren belastet mit Aberglauben und Zauberei, ein großer Teil des Adels war illoyal, der Klerus arrogant und widerspenstig.

Es ist geradezu ein Wunder, daß sich Theodosius I. überhaupt durchgesetzt hat. Der Kaiser Trajan war sein Vorbild, aber vieles hat ihn gehindert, seine Vorsätze durchzuführen. In Rom existierte eine heidnische Opposition. Zu ihr gehörten der Neuplatoniker Vettius Agorius Praetextatus (gest. 384), Q. Aurelius Symmachus (gest. 402) und Nicomachus Flavianus, der die Lebensbeschreibung des Apollonios von Tyana ins Lateinische übertragen hat. Vettius Agorius Praetextatus hatte am Perserfeldzug Julians teilgenommen, er hat es bis zum *praefectus urbi* von Rom gebracht. Die Anhänger des alten Glaubens hat man nicht benachteiligt.

Aus der Zeit des Theodosius stammt wahrscheinlich die *Historia Augusta*. Sie enthält – mit einigen Lücken – die Viten der römischen Kaiser von Hadrian bis Carus mit seinen Söhnen (117–285). Sie glorifiziert den höchst unbedeutenden Kaiser Severus Alexander. Die Schrift, aus dem stadtrömischen Kulturkampf hervorgegangen, ist dem Juliankult des Symmachuskreises zuzuordnen, dem auch die Contorniatenmünzen angehören. Dieser Richtung stand auch der Historiker Ammianus Marcellinus nahe, ein Grieche aus dem syrischen Antiochia. Ernst Stein hat ihn seinerzeit als das »größte Genie zwischen Tacitus und Dante« bezeichnet, doch ist dieses Urteil sicher übertrieben. Ammianus schrieb in einem schwierigen Latein – seine Muttersprache war das Griechische. Das Werk berücksichtigt die Geschichte des Gesamtreiches, der Verfasser bemüht sich, im höchsten Grade objektiv zu sein. Der Höhepunkt ist die Schilderung des Todes des Kaisers Julian, dem sich der Historiker eng verbunden fühlte. Das Werk schildert im Anschluß an Tacitus die Zeit von 96 bis 378. Auch sonst hat es Werke lateinischer Sprache gegeben – ein Teil von ihnen steht bereits auf der Schwelle zum Romanischen. Dies gilt etwa für Juvencus (um 330), der eine Paraphrase der Evangelien im Stil Vergils verfaßt hat, während Paulinus von Nola (353–431), ein Schüler des Ausonius, eine Lobrede auf Theodosius I. nach der Schlacht am Frigidus geschrieben hat. Prudentius (348–405) feierte die christlichen Heiligen; auch Märtyrergedichte hat er hinterlassen.

Bedeutender ist die griechische Literatur dieser Zeit, Eunapios von Sardes (etwa 347 bis nach 414), Themistios und Libanios. Themistios lebte von 317–388, Libanios von 314 bis 399. Er ist die letzte große Figur der griechischen Literatur im Altertum, während Themistios sich auch in der Politik betätigt hat.

Bemerkenswert ist der Rückgang der Wissenschaft im 4. Jahrhundert. So hat sich zum Beispiel Ambrosius sehr abfällig über die Wissenschaften ausgesprochen. Die Menschen hatten es verlernt, selbständig zu denken, sie lebten vom Erbe einer großen Vergangenheit. Sogar die Theologie wurde in den Niedergang hineingezogen. Ein Beispiel ist das Gedicht des Filastrius, des Bischofs von Brescia, mit dem Titel »Liber de heresibus«, das in der Zeit um 390 veröffentlicht wurde. Es ist ein Katalog der Ketzer, der auch von Augustin benutzt worden ist.

Im 4. Jahrhundert lebte eine Anzahl von Alchimisten, obwohl bereits Diocletian befohlen haben soll, ihre Bücher zu verbrennen.

Im Unterricht gab es nichts Neues. Man lehrte, wie man zur Zeit des Isokrates im 4. Jahrh. v. Chr. gelehrt hatte. Dem Elementarunterricht folgte die Unterweisung durch die Philologen (*grammatici*), dann die Rhetorik, endlich die Philosophie, in die man die Akustik, Astronomie und Geometrie eingeschlossen hatte. Das christliche Lehrprogramm bestand aus dem Trivium, der Grammatik, Rhetorik und Dialektik, und, darauf aufbauend, aus dem Quadrivium, bestehend aus der Arithmetik, Geometrie, Musik und Astronomie. Dies sind die sieben freien Künste (*artes liberales*) des Mittelalters. Mit diesen *artes liberales* sind die Künste und Fähigkeiten gemeint, welche dem freien Mann anstehen (nicht dem Sklaven). Über die soziale Lage der Lehrer, die wie zu den meisten Zeiten wenig erfreulich war, berichtet unter anderem Libanius von Antiochien. Die Jugend fühlte sich im allgemeinen weniger zu den Wissenschaften als zum Sport hingezogen.

Dennoch gab es im Westen, vor allem in Italien und Gallien, angesehene Rhetoren- und Juristenschulen. Sie überdauerten das gesamte Altertum. Berühmt war auch die Ärzteschule von Salerno, die *Civitas Hippocratica*. Sie ist im Mittelalter zu großer Bedeutung gelangt.

Die politische Geschichte der Jahrzehnte von 395 bis 439, dem Jahr der Eroberung Nordafrikas durch die Vandalen, wird durch den Niedergang der staatlichen Autorität, vor allem im Westen, und durch die Festsetzung germanischer Völker im Gebiet des römischen Reiches charakterisiert. Die Bewegung der germanischen Völker ist vor allem auf die seit 375 einsetzende große Völkerwanderung zurückzuführen. Die Germanen strebten danach, sich auf dem Reichsboden neue Wohnsitze zu verschaffen, eine Absicht, die wenigstens teilweise von der römischen Administration begünstigt worden ist. Denn die Germanen waren als Verbündete (*foederati*) den Römern willkommen.

Seit 395 herrschten die Söhne des Theodosius I., Honorius (395–423) im Westen, Arkadios (395–408) im Osten. Von einer Reichsteilung kann jedoch nicht die Rede sein. Jede der beiden Regierungen ernannte alljährlich je einen Konsul. Die eigentlichen Regenten waren im Osten Rufinus, im Westen Stilicho, ein Vandale. In ihrer Zeit kommt es zu Einbrüchen fremder Völker, hauptsächlich germanischer Herkunft, ins Reichsgebiet: Die Westgoten unter Alarich und Athaulf, dazu die Sueben, Alanen und Vandalen. Sie alle sind auf der Suche nach neuem Siedlungsraum und gelangen bis in weit entfernte Teile am Rand des Imperiums, nach Spanien, Südgallien und Nordafrika. In der Regel waren die Germanen den Römern an Zahl nicht überlegen, doch wurden sie gut geführt, und die römische Administration hat sie in manchen Fällen geradezu aufgefordert, sich im Reich niederzulassen. Zur Unterbringung der Germanen auf dem Reichsgebiet wurden einige Gesetze geschaffen, womit die Okkupation der Fremden legalisiert wurde. Sie kamen nur zum Teil aus freien Stücken, denn sie wurden bedrängt durch Völker, die aus dem Osten heranstürmten, vor allem durch die Hunnen und ihre Hilfsvölker. Die Ereignisse trafen zusammen mit der Krise des Imperiums, dazu mit wirtschaftlichen Schwierigkeiten und Religionsstreitigkeiten. Die Kaiser waren zum Teil unfähig, die Unterschichten des Reichs sympathisierten mit den Germanen. Dem Reichtum der römischen Latifundienbesitzer stand vielfach eine bittere Armut der Kolonen gegenüber. Während die Einheimischen das Interesse am Reich verloren, haben sich einzelne germanische Führer für die Reichsidee eingesetzt.

Die Folgen der Wanderungen waren bedeutende Veränderungen sowohl in Mitteleuropa wie im Bereich des römischen Imperiums. Die Reichseinheit ging allmählich verloren, in der Bevölkerung verschärften sich die Gegensätze.

Gegenüber den Veränderungen trat der Streit zwischen Ost und West um einzelne Reichsteile in den Hintergrund. Strittig war vor allem die Diözese Illyricum. Teile davon wurden dem Ostreich gegeben. Von weitreichender Bedeutung war die Räumung Britanniens um 400. Da der Außenposten nicht mehr zu behaupten war, verließ die römische Besatzung das Land, Britannien ging seine eigenen Wege.

Verhängnisvoll sollte sich die Eigenpolitik des Ostreichs erweisen, vor allem gegenüber den Germanen. Am 12. Juni 400 wurden nicht weniger als 7000 Goten in Constantinopel niedergemetzelt. Besonders folgenreich wurde der Aufenthalt der Westgoten in der makedonischen und dakischen Diözese. Sie gelangten unter starken Plünderungen bis an die Mauern von Constantinopel (395). Dann wandten sie sich nach Griechenland. Durch die Thermopylen drangen sie in Mittelhellas ein, eroberten Athen, verbrannten Korinth und verwüsteten die Peloponnesos. Nach einem Eingreifen des Stilicho, das von dem Herrscher des Ostreichs nicht gern gesehen wurde, zogen die Goten nach Epirus ab, Alarich wurde sogar zum *magister militum per Illyricum* ernannt. In Italien gerieten sie in eine Auseinandersetzung mit Stilicho (seit 401). Nach dessen Tod (408) war Italien schutzlos, im Jahre 410 kam es zu einer Plünderung Roms. Die Westgoten hinterließen, wie man von Augustinus weiß, einen tiefen Eindruck in der ganzen Welt. Am Ende des Jahres 410 befand sich Alarich in Süditalien, er verstarb bei Cosenza und wurde im Flußbett des Busento bestattet (Platen, Das Grab im Busento). Die Züge der Westgoten und der anderen Völker im Westreich dokumentieren die Auflösung der Ordnung in diesem Reich. In Südgallien hatte sich Athaulf, der Schwager Alarichs, niedergelassen. Damit standen die Kernländer des Westreichs unter der Kontrolle der Germanen. In Nordafrika gab es den Aufstand der Circumcellionen, eine Bewegung sozialrevolutionären Charakters, die mit dem Donatismus zusammenhing. Ihr Führer war Gildo.

Anders war die Lage im Ostreich. Hier breiteten sich seit etwa 420 die Hunnen mit germanischen Hilfsvölkern aus. Das Hunnenreich war der machtpolitische Schwerpunkt – bis zum Tode ihres Königs Attila.

Am letzten Tag des Jahres 406 gingen mehrere ostgermanische Stämme, Vandalen, Sueben und Burgunder, über den Rhein bei Mainz, sie durchquerten Gallien und gelangten nach Spanien, wo sie durchs Los ihre Ländereien erhielten. Die Burgunder blieben als Föderaten im Gebiet südlich von Worms zurück.

In Gallien herrschten völlig unklare Machtverhältnisse. Und in Italien gab es keine Regierung mehr; der Hof war nach Ravenna geflüchtet, um Schutz gegen die Barbaren zu suchen. Athaulf schloß die Ehe mit Galla Placidia (414), der Tochter des Theodosius I.; sie hatte als Gefangene bei den Westgoten gelebt. Athaulf aber fand bereits im folgenden Jahr den Tod durch Mörderhand in Barcino (Barcelona). Die Germanen herrschten im Westen des Reiches. Galla Placidia verheiratete sich mit Flavius Constantius. Dieser wurde im Jahre 421 Augustus und Mitregent, er starb jedoch bereits im folgenden Jahr. Galla Placidia, zum zweiten Mal Witwe, floh an den Hof des Theodosius II. in Constantinopel. Der Kaiser Honorius, der Herrscher des Westreiches, endete am 15. August 423. Nach seinem Tod kam es zur letzten Kaiserwahl im Westen durch den römischen Senat. Kaiser wurde der Jurist Johannes in Ravenna, wo er das Amt eines *magister notariorum* bekleidet hatte. Am 23. Oktober 423 wurde Valentinian III., der Sohn der Galla Placidia, zum Caesar erhoben. Johannes wurde durch einen Heereszug der Oströmer gestürzt, er selbst in Aquileja enthauptet. Galla Placidia war nun die Regentin des Westreichs. Im Mai 429 gingen die Vandalen unter Geiserich nach Afrika hinüber, ihnen hatten sich Alanen und Goten angeschlossen; im Jahre 439 fiel Karthago in ihre Hand. Schon vorher, bei der Belagerung von Hippo Regius, war Augustinus am 28. August 430 gestorben. Die Vandalen erkannten die Oberherrschaft des römischen Kaisers nicht mehr an.

Noch bedeutender als diese wesentlichen Veränderungen war jedoch die Bildung des Hunnenreiches an der Donaugrenze im mittleren Europa. Als ihr König Ruas im Jahre 434 starb, folgten ihm seine Neffen Bleda und Attila nach. Die Hunnen waren so mächtig, daß sie von Ostrom hohe Tribute fordern konnten. Um das Jahr 440 hatte das Hunnenreich seine größte Ausdehnung erreicht. Es erstreckte sich vom Rhein bis zum Kaukasus, von der Donau bis nach Norddeutschland und Polen. Germanische, slavische und mongolische Völker waren ihm untertan. An der römischen Kultur hatten sie wenig Interesse, den Bestand des Imperiums haben sie aber nicht bedroht, denn die Schlacht auf den Katalaunischen Feldern (451) ging für die Hunnen verloren. Die Plünderungen und Kontributionen hatten vorwiegend die Oströmer zu tragen.

In die Zeit vor dem Untergang des Westreiches gehört die Veröffentlichung des Codex Theodosianus. Vorläufer war das Zitiergesetz Valentinians III. vom 7. November 426. In ihm wurde die Gültigkeit der klassischen Jurisprudenz auf die berühmtesten Vertreter beschränkt. Vom Jahre 429 an ließ Theodosius II. eine Sammlung der kaiserlichen Constitutionen vornehmen – sie dauerte nicht weniger als neun Jahre. Das Ergebnis war der Codex Theodosianus. Er wurde im Jahre 438 veröffentlicht. Die Gesetze aus den Jahren zwischen 312 und 437 waren dadurch ungültig geworden, es sei denn, daß man sie in den Codex Theodosianus aufgenommen hatte. Mit ihm ist die Rechtseinheit im Reich aufgegeben, denn die Gesetze waren nur gültig, wenn der Kaiser der anderen Reichshälfte sie anerkannte. Ihre Publikation ist jedoch vielfach unterblieben.

Wenn man gesagt hat, im Westen hätten die militärischen Probleme, im Osten dagegen die theologischen Fragen im Mittelpunkt gestanden, so ist dies, wenigstens bis zu einem gewissen Grad, zutreffend. Im Westen regierten die Hausmeier, der erste von ihnen war der Römer Aëtius, der *magister militum*.

Constantinopel umgab sich mit einer Riesenmauer. Im Jahre 412 wurde ein dreifaches Befestigungswerk vom Marmarameer bis zum Goldenen Horn aufgerichtet. Ägypten ging eigene Wege. Hier herrschte der Bischof Kyrillos (seit 412). Die Lage in Alexandrien wird gekennzeichnet durch die Feindschaft gegen die Sektierer, gegen Novatianer, Heiden und Juden. Die heidnische Philosophin Hypatia fiel einem Mordanschlag christlicher Zeloten zum Opfer. Sie war die Tochter Theons, eines neuplatonischen Philosophen und Mathematikers.

In Constantinopel wurde um das Dogma der Menschwerdung Christi gestritten. Die Theologen aus Antiochien traten für zwei getrennte Naturen in Christus ein, eine menschliche und eine göttliche. Man nannte sie Dyophysiten. Die Schule von Alexandrien, die Monophysiten, vertraten die Lehre von der *einen* Natur Christi. Auf dem Konzil von Ephesos (431) wurde der Streit entschieden, Sieger blieb Kyrillos von Alexandrien mit Hilfe des Papstes von Rom und der ägyptischen Mönche.

Infolge der dogmatischen Streitigkeiten machte sich eine Abwendung der Menge von der Politik bemerkbar. Sie fürchtete um ihr Seelenheil und wandte sich dem Transzendentalen zu. War die Kultur bisher vorwiegend hellenisch geprägt, so wird das Volk, vor allem durch das ägyptische Mönchtum, bildungsfeindlich. Wer klassisch gebildet war, galt als Hellene, und die Heiden wurden mit den Hellenen gleichgesetzt. In Constantinopel wurde dagegen die klassische Bildung durch die Hochschule am Leben erhalten.

Am 24. Juni 440 rief der Kaiser Valentinian III. alle Bürger des Reiches zur Verteidigung gegen die Barbaren auf. Wenige Monate vorher war befohlen worden, die schadhaft gewordenen Mauern

Roms (gemeint war vor allem die Aureliansmauer) wieder aufzubauen. In Italien sollte ein Küstenschutz entstehen, auch Neapel wurde befestigt. Die gefährlichsten Feinde Roms waren die Vandalen; die Oströmer wandten sich nach Sizilien, doch war ihr Erfolg gering, weil sich der Osten durch Perser und Hunnen bedroht sah.

Seit dem Fall Karthagos (439) waren die Vandalen die Herren des westlichen Mittelmeeres. Dazu kam noch die Gefahr von seiten der Hunnen. Ihr König Attila wandte sich nach Gallien, über Metz gelangte er quer durch Frankreich bis an die Loire. Die Entscheidung fiel in der Völkerschlacht auf den Katalaunischen Feldern im Juli 451. Auf beiden Seiten standen Germanen, für Attila kämpften die Ostgoten, Rugier, Skiren, Heruler, Quaden, Thüringer, dazu noch die Alanen und Sarmaten, auf römischer Seite ihre Föderaten, die Franken, Burgunder und Westgoten. Die Römer unter Aëtius blieben Sieger wegen der Tapferkeit der Westgoten, deren König Theoderich I. in der Schlacht den Tod gefunden hat. Die Hunnen zogen aus Gallien ab, das der römischen Kultur erhalten geblieben ist. Attila wandte sich nach Italien. Im Jahre 452 eroberte er Aquileja, starb aber im Jahre 453. Doch die Gefahr für Rom war noch nicht vorüber: Geiserich mit seinen Vandalen erschien vor Rom, die Stadt fiel am 2. Juni 455 und wurde geplündert, die Vandalen führten das halbe Golddach des Tempels des Juppiter Capitolinus als Beute mit sich fort. Auch in Gallien stand es schlecht für die Römer, denn hier schalteten die Westgoten und Burgunder nach Belieben. Die Westgoten zogen nach Spanien, die Burgunder bemächtigten sich vorübergehend der Stadt Lyon. In Spanien bildete sich das Reich der Westgoten unter dem König Eurich (466–484). Sie herrschten über das ganze Gebiet von Tanger bis zur Loire. Zwischen Loire und Maas etablierte sich das Reich des Aegidius, es unterstellte sich den Römern. Andererseits hatte sich Dalmatien unter Marcellinus selbständig gemacht, doch war dem Teilreich keine lange Dauer beschieden. Julius Nepos, der letzte Herrscher (474), bestellte seinen Sohn Romulus (Augustulus) zum Nachfolger in der Kaiserwürde (475). Dieser wurde 476 abgesetzt. Damit war das Ende des weströmischen Reiches gekommen. Italien wurde ein Germanenstaat unter Odovakar, einem Skiren. In Dalmatien herrschte noch eine kurze Zeit – bis zum Jahre 480 – Julius Nepos; am 9. Mai des Jahres wurde er ermordet, und die Kaiserzeit im Westen fand ihr Ende.

In Ostrom hatte der Alane Aspar eine führende Stellung unter den Würdenträgern inne. Im Jahre 457 erhob er – nach dem Tode Markians – Leon I. zum Kaiser (457–474). Dieser hat Aspar gestürzt (471). Dadurch kamen die Isaurier an die Macht (Zenon, 474–491). Die religiösen Streitigkeiten hat Zenon zu überbrücken versucht, und zwar durch Erlaß des sog. Henotikón des Akakios (482). Da sich Rom gegen das Henotikón stellte, wurde die Trennung der beiden Reiche eingeleitet; die Fäden, die auf dem Gebiet des Glaubens bestanden, zerrissen; die Folge war eine geistige Entfremdung zwischen Ost und West.

Zwei Ereignisse im Westen sind von weitreichender Bedeutung gewesen: die Errichtung des Ostgotenreiches durch Theoderich d. Gr. in Italien (von 493–526) und der Aufstieg des Frankenreiches unter Chlodwig I. (482–511). Mit diesen beiden Reichen wird die westliche Macht maßgebend von den Germanen geprägt, die alle wichtigen Machtpositionen innehaben, die Römer sind nur noch in den Verwaltungsstellen zu finden. Doch ist es an vielen Orten zu einem friedlichen Zusammenleben von Germanen und Römern gekommen. Theoderich war ein begeisterter Anhänger der römischen Kultur, die er an seinem Hof in Ravenna eifrig pflegte. Auch im Frankenreich wurden die Verbindungen mit dem Römertum aufrechterhalten.

Während die Geschichtswissenschaft seit dem 19. Jahrhundert die Verschiedenheit von Römern und Germanen hervorgehoben hat, sind in unserer Zeit Stimmen laut geworden, die dies leugnen. Sie legen Wert darauf, daß die zeitgenössischen Quellen hiervon kaum Notiz nehmen. Man hat etwa auf Gregor von Tours hingewiesen. Trotzdem ist die Trennung des Germanischen von dem Romanischen eine historische Tatsache, die niemand übersehen kann. Richtig ist allerdings, daß es ein germanisches Nationalgefühl nicht gegeben hat. Doch ist es des öfteren zu Bündnissen zwischen germanischen Völkern gekommen, auch zu Verbindungen, die sich gegen die Römer und das Imperium gerichtet haben.

Kaiser Justinian (527–565) hat ein neues Zeitalter heraufgeführt. Mit dem Untergang des Ostgotenreiches im Jahr 553 beginnt eine neue Zeit. Die Eroberungen der oströmischen Feldherren Belisar und Narses sind von weitreichender Bedeutung, denn noch einmal triumphiert im Westen die Romidee. Aber diese Eroberungen werden durch die Langobarden zunichte gemacht; sie erscheinen 569 auf dem Boden Norditaliens, im Jahre 572 wird Pavia (Ticinum) erobert, es ist die Hauptstadt des Langobardenreiches geworden. In Italien geht das Altertum zu Ende, es beginnt das Mittelalter, durch germanische und römische Elemente geprägt. Führend in Italien sind die Langobarden. Auch mit der römischen Kultur vollzieht sich eine Veränderung, es zeigen sich Neuanfänge. Dazu gehört die Gründung des Klosters Monte Cassino durch Benedikt von Nursia (529). Von diesem Kloster ist viel Segen im Abendland ausgegangen.

In demselben Jahr schloß im Osten Kaiser Justinian I. die Universität Athen; die letzten heidnischen Professoren wanderten nach Persien aus. Doch wurde die klassische Bildung in Constantinopel weiter gepflegt, bis zur Einnahme der Stadt durch die Türken im Jahre 1453. Im Jahre 529 erschien der Codex Justinianus, eine zweite Ausgabe fünf Jahre später. In diesem Jahr erschienen auch die Digesten und die Institutionen. Ostrom hat versucht, seine Machtsphäre weiter auszudehnen. Das Vandalenreich wurde ausgelöscht (533–534), Belisar siegte über die Ostgoten, im Jahre 536 wurde Rom eingenommen. Sogar die Südküste Spaniens kam im Jahre 554 unter die Herrschaft Ostroms, ein Jahr danach wurde Italien eine oströmische Provinz. Hauptstadt war Ravenna, das als Exarchat eine neue Blütezeit erlebte. Beim Tode Justinians I. war Ostrom die bedeutendste Machtbildung am Mittelmeer, doch dauerte dies nur wenige Jahrzehnte. Kaiser Heraklios I. (610–641) verlor Damaskus und Jerusalem an die Sassaniden (614), es folgte Ägypten (619), aber zunächst nur für eine kurze Zeit. Die Gegenoffensive des Heraklios führte zu seinem Sieg bei Ninive (627) und zum Friedensschluß mit den Neupersern. Daraufhin verzichteten diese auf die meisten Ostgebiete des Römerreichs.

Eine grundlegende Veränderung brachte der Aufstieg der *Araber*. Er verbindet sich mit dem Namen Mohammeds und seiner Nachfolger. Mohammed hat in der modernen Geschichtsschreibung mit Recht eine überwiegend günstige Beurteilung gefunden. Als Religionsstifter und Politiker hat er ein neues Blatt im Buch der Geschichte aufgeschlagen. Als Sohn wohlhabender Eltern um 570 geboren, aber bald verwaist, wurde er unter der Obhut seines Großvaters in Mekka erzogen. Im Hause der Chadidscha, seiner späteren Frau, hat er sich im Alter von ungefähr vierzig Jahren zum Glauben des Islams bekannt, zur Ergebung in den Willen Allahs, des Gottes der Allmacht und Barmherzigkeit. Mohammed folgte den Offenbarungen Allahs, obwohl diese mit dem Glauben seiner Landsleute nicht übereinstimmten. Im Jahre 622 wich er vor ihnen nach Medina aus (sog. Hedschra). Von Medina, der Urzelle seines Gottesstaates, verbreitete er seine Lehre. Dabei stieß er auf manche Widerstände, doch hat er sie allmählich überwunden. Am 8. Juli 632 starb er in Medina, mitten in den Vorbereitungen eines Kriegszuges nach Palästina. Die Verbreitung seiner Lehre wurde dadurch gefördert, daß er von seinen Gläubigen als Mindestforderungen nur das Gebet, die Wallfahrt nach Mekka und das Almosengeben verlangte. Seine Nachfolger hatten einen weiten Weg vor sich. Sie haben das Arabertum zu einer Weltmacht erhoben, die im Orient, in Ägypten, Nordafrika und sogar in Spanien Eroberungen gemacht hat, die zu einer Veränderung der Welt geführt haben. Vor allem der Kalif Omar (634–644) hat Bedeutendes geleistet. Seit der Schlacht am Jarmuk (636) war Syrien für Ostrom verloren. Im Jahre 642 feierten die Araber einen großen Sieg über die Neuperser bei Nihavend südlich von Ekbatana – der Kampf zwischen Arabern und Neupersern war entschieden. Bereits im Jahre 638 war der Kalif Omar in Jerusalem eingezogen, im September 642 war Alexandrien in die Hände der Araber gefallen; im Jahre 646 ist es ein zweites Mal, und zwar endgültig, von den Arabern erobert worden. Im Jahre 697 nahmen die Araber Karthago ein, im Jahre 711 begann nach der Schlacht bei Xeres de la Frontera die arabische Eroberung Spaniens. Der Westgotenkönig Roderich war in der Schlacht gefallen. Erst Karl Martell hat die Expansion der Araber bei Tours und Poitiers im Jahre 732 zum Stehen gebracht. Die Eroberung weiter Teile Spaniens durch die Araber ist mit einer Verschiebung des Gleichgewichts in Südeuropa gleichbedeutend. Am 25. Dezember 800 wurde Karl der Große in Rom zum Kaiser gekrönt. Er hatte im Jahre 774 das Langobardenreich unter seine Herrschaft gebracht.

Wann ist das Römische Reich untergegangen? Es lebt durch das ganze Mittelalter hindurch bis zum Jahre 1806. In diesem Jahr hat der Habsburger Franz II. den Titel eines römischen Kaisers abgelegt, die römische Kaiserwürde war erloschen. Sein Gegenspieler war Napoleon I.

Ohne Zweifel hat die Völkerwanderung ein neues Bild Mitteleuropas geschaffen. Ihre Ausstrahlungen erfassen die weiten Gebiete von Südrußland bis nach Spanien und Nordafrika. Dabei ist die Zahl der wandernden Germanen nicht allzu groß gewesen, aber sie waren gut geführt, und der Widerstand im Römerreich ist von den Germanen problemlos überwunden worden. Durch die Bildung neuer Reiche in Italien, Gallien, Spanien und Nordafrika ist die politische Macht in die Hände der Germanen übergegangen.

Manche Germanen haben die römische Zivilisation angenommen, ein Beispiel sind die Ostgoten in Italien. Zu einer Verschmelzung mit den Römern ist es dagegen nur in Ausnahmefällen wie in Gallien gekommen. Wichtig war die Taufe des Franken Chlodwigs I., der den katholischen Glauben angenommen hat (wahrscheinlich 498). Doch sind manche Germanen Arianer geblieben.

In der Vergangenheit ist die Frage nach dem Untergang der antiken Welt unendlich oft diskutiert worden. Die verschiedensten Gründe, biologische, klimatische, wirtschaftliche und politische, sind dafür angeführt worden. In unserer Zeit ist man in der Forschung dazu übergegangen, den Untergang des Römischen Reiches als einen großen Prozeß der Veränderung aufzufassen; man spricht heute gern von einer Metamorphose der antiken Kultur (J. Vogt). Dies wird sicherlich den komplexen Vorgängen und Erscheinungen eher gerecht als die früheren Auffassungen, welche Gründe sie auch immer für den Niedergang der antiken Welt angeführt haben mögen. Auch war es nicht richtig, nur einen einzigen Grund für den Niedergang zu nennen. Während Otto Seeck von der Ausrottung der Besten gesprochen hat, sah Max Weber die Ursache in der Konzentration des Eigentums in den Händen einiger weniger. Barbagallo hat die Zentralisation und die hohen Kosten der Staatsmaschinerie als Grund angegeben. Andere wie Ernst Kornemann brachten den Niedergang mit dem Rückgang der Wehrbereitschaft in Verbindung, der bereits unter Hadrian oder sogar schon mit Augustus eingesetzt habe. Andererseits hat Piganiol von der Verlagerung der Verkehrsachse vom Mittelmeer in die zweite Zone, zum Rhein und zur Donau, gesprochen. Und wenn Du Bois-Reymond seinerzeit den Römern vorgeworfen hat, sie hätten ihren Untergang selbst verschuldet, weil sie weder das Pulver noch den Sprengstoff erfunden hätten, denn damit hätten sie die Germanen leicht aus dem Feld schlagen können, so ist hier ein Rückgang der Schöpferkraft bei den Römern angesprochen, den niemand leugnen wird, wenn es sich auch um ein geradezu groteskes Beispiel handelt.

Es sind äußere und innere Gründe gewesen, die in verschiedener Intensität den Vorgang heraufbeschworen und zu Ende geführt haben.

Und doch ist nicht zu übersehen, wie viele Dinge sich aus dem Altertum ins Mittelalter gerettet haben. Das Mittelalter ruht auf den Grundlagen der antiken Kultur und auf dem Christentum. Sie haben eine neue geistige Situation geschaffen, die für die weitere Entwicklung entscheidend gewesen ist.

Anhang

Literaturübersicht

Eine ausführliche moderne Literaturübersicht über die Geschichte des Altertums ist ein Desiderat der Zukunft. Das Wichtigste findet sich zusammengestellt in H. Bengtson »Einführung in die Alte Geschichte«, 8. Auflage, München 1979, S. 169ff.

Im folgenden sollen einige Werke angeführt werden, die für die Arbeit des Historikers von besonderer Bedeutung sind. Eine Übersicht mit Literaturangaben bringt das »Handbuch der Geschichte der Staaten des Altertums« des Göttinger Professors A. H. L. Heeren, das zuerst 1799 in Göttingen erschienen ist (5. Auflage 1828). Die knappe Zusammenfassung ist heute natürlich veraltet, sie hat aber für ihre Zeit wichtige Dienste geleistet. Eine »Geschichte des Altertums« hat Eduard Meyer geschrieben (5 Bände, Stuttgart 1884–1902), sie bricht um 360 v. Chr. ab. Die Neuauflagen sind über die Geschichte des Alten Orients nicht hinausgekommen, sie enden mit dem Jahre 745 v. Chr. Für das übrige muß immer noch die längst veraltete erste Auflage benutzt werden.

Unvollendet ist auch die umfangreiche »Griechische Geschichte« von Karl Julius Beloch. Sie reicht mit ihren vier Bänden (in je zwei Teilen) von den Anfängen bis zum Jahre 217 v. Chr. (2. Auflage, Straßburg u. Berlin 1912–1927). Beloch war ein hervorragender Kenner der Quellen und ein rücksichtsloser Kritiker. Viele Dinge sind von ihm zum ersten Mal ins rechte Licht gerückt worden.

Im »Handbuch der Altertumswissenschaft« erschienen die beiden Bände von Hermann Bengtson, die »Griechische Geschichte von den Anfängen bis in die römische Kaiserzeit«, München 1950, jetzt in 5. Auflage 1977, mit Quellen und Literatur, sowie der »Grundriß der römischen Geschichte mit Quellenkunde, 1. Band: Republik und Kaiserzeit bis 284 n. Chr.«, München 1966, jetzt in 3. Auflage 1982. Von beiden Bänden sind Sonderausgaben erschienen, von der Griechischen Geschichte die 1. Auflage 1965, die 7. Auflage 1986, von der Römischen Geschichte die 1. Auflage 1973, die 6. Auflage 1988. Der Text der Sonderausgaben ist gegenüber den Handbüchern unverändert, auf die Quellen und Literatur wurde in den Sonderausgaben verzichtet.

Für die Geschichte des Alten Orients sind wertvoll: A. Scharff und A. Moortgat, Ägypten und Vorderasien im Altertum, München 1950, 2. Aufl. 1959; A. H. Gardiner, Geschichte des Alten Ägypten. Deutsch von E. Kissling, 3. Aufl. Stuttgart 1965.

Eine universalhistorische Darstellung im Anschluß an das Werk von Eduard Meyer bringt Ernst Kornemann, Weltgeschichte des Mittelmeerraumes von

Philipp II. von Makedonien bis Muhammed, 2 Bände, München 1948 und 1949 (Neudruck in *einem* Band 1967).

Für den Hellenismus ist bedeutend: M. Rostovtzeff, The Social and Economic History of the Hellenistic World, 3 Bände, Oxford 1941, auch in deutscher Übersetzung unter dem Titel: »Die hellenistische Welt. Gesellschaft und Wirtschaft«, 3 Bände, Stuttgart 1955 u. 1956, von Gertrud und Erich Bayer. Für die Geschichte der Spätantike sind wichtig: Otto Seeck, Geschichte des Untergangs der antiken Welt, 6 Bände, in 2. und 3. Auflage, Berlin 1920 u. 1921. Dazu kommt: Ernst Stein, Geschichte des spätrömischen Reiches I (Wien 1928); II. Histoire du Bas-Empire, Paris-Brüssel-Amsterdam 1949, herausg. von J.-R. Palanque sowie A. Demandt, Die Spätantike (284–565 n. Chr.), München 1989 (in »Handbuch der Altertumswissenschaft III 6). Für die Kulturgeschichte: J. Vogt, Der Niedergang Roms. Metamorphose der antiken Kultur, Zürich 1965.

Wichtig ist auch die Cambridge Ancient History, 12 Bände, Cambridge 1924–1939. Sie reicht von den Anfängen bis zum Konzil von Nicäa, 325 n. Chr. Inzwischen sind Neudrucke erschienen. Die Bände enthalten reiche Literaturangaben. Herausgeber waren J. Bury, A. S. Cook, F. S. Adcock, M. P. Charlesworth und N. H. Baynes.

Kartenmaterial: Großer Historischer Weltatlas des Bayerischen Schulbuch-Verlages. 1. Teil: Vorgeschichte und Altertum, von H. Bengtson u. V. Milojčić, München 1953, 6. Aufl. 1978. Mit Erläuterungen 1976.

Zeittafel

Ägypten

v. Chr. Geb.	
um 2955–2925	Menes, König von Ägypten
um 2620–2600	Djoser, König von Ägypten
um 2750	IV. Dynastie: Cheops, Chefren, Mykerinos
1911	Beginn des Mittleren Reiches, XII. Dynastie
1871–1841	Sesostris III. Beseitigung des Gaufürstentums
um 1670 (oder 1650)	Beginn der Hyksosherrschaft in Ägypten (–1550)
1490–1439	Thutmosis III. Alleinherrscher seit 1470
um 1413–1377	Amenophis III. Der Hof von Theben nach El Amarna verlegt. Blütezeit des Pharaonenreiches
1332–1305	Haremhab, XIX. Dynastie
1290–1224	Ramses II.
1286	Schlacht bei Qadesch
1224–1214	Merneptah
1197–1165	Ramses III. Beginn der XX. Dynastie
715–663	äthiopische Herrscher in Ägypten
663–525	Herrschaft der Saïtenkönige
605	Necho bei Karkemisch von Nebukadnezar besiegt
569–525	Amasis, König von Ägypten

Mesopotamien

um 3000	Übergang der Frühgeschichte zur historischen Zeit
seit 2700	Aufkommen der Keilschrift
seit 2500	1. Dynastie von Ur
2350	König Sargon von Akkad
2150–2050	Herrschaft der Gutäer
um 1950	Ende des Sumerertums
seit 1850	Herrschaft der Westsemiten in Babylonien
1728–1686	Hammurapi, König von Babel
1531	Muršiliš I. in Babylonien
1450	Höhepunkt des Mitannireiches in Nordmesopotamien
1363–1326	König Assuruballit von Assur
1243–1207	König Tukulti-Ninurta von Assur
seit 1150	Die Kašker und Mušker in Nordmesopotamien
1112–1074	Tiglatpileser I., König von Assur
9. Jahr.	Expansion der Assyrer
745–727	Tiglatpileser III.
721–705	Sargon II. von Assur
704–681	Sanherib
680–669	Asarhaddon
671	Eroberung Ägyptens durch die Assyrer
668–626	Assurbanipal
626	Babylonien unter Nabopolassar selbständig
614	Die Meder erobern Assur
612	Ninive von den Medern und Chaldäern genommen
605–562	Nebukadnezar König von Babel
586	Jerusalem zerstört
556–539	Nabonid, König von Babel

Kleinasien

1830–1715	Zeit der Stadtstaaten
seit 1430	Chattušil II.
1385–1345	Šubbiluljuma
etwa 1343–1313	Muršiliš II.
etwa 1283–1260	Chattušil III.
nach 1200	Untergang des Hethiterreiches

Griechenland und Rom

um 2800	Funde von Tontafeln mit Piktographen in Tartaria (Siebenbürgen)
um 2500	Diministufe in Griechenland
um 1900	Einwanderung der Indogermanen in Hellas
seit 1550–1200	späthelladische Zeit (Bronzezeit), Schachtgräber von Mykene
seit 1200	Die Große Wanderung. Einwanderung der Dorer und Nordwestgriechen
1000–800	Expansion der Phöniker
1100–800	Übergangszeit. Entstehung der Großepen im 9. oder 8. Jh. (Ilias und Odyssee)
seit 1000	Wanderung der Etrusker nach Italien
10. Jahrh.	Palatinssiedlung in Rom, Urnenfelder- und Lausitzer Kultur in Mitteleuropa
8. u. 7. Jahrh.	Messenische Kriege der Spartaner
750–550	Große griechische Kolonisation
seit 700	Entstehung der griechischen Tyrannis
7. u. 6. Jahrh.	Aufzeichnung des geltenden Rechts bei den Griechen
vor 600	Entstehung der Phalanx
594/3	Solon Schiedsmann in Athen
561–528/7	Peisistratos Tyrann von Athen
513	Skythenzug des Darius I.
500(499)–494	Ionischer Aufstand
490	Schlacht bei Marathon
480	Seeschlacht bei Salamis
479	Schlacht bei Plataä
478/77	Gründung des delisch-attischen Seebunds
461–431	Perikles († 429) bestimmend für Athen
449	Friede des Kallias
431–404	Der Peloponnesische Krieg
430–429	Pest in Athen
seit 406	Dionysios I. in Syrakus (bis 367)
396	Eroberung Vejis durch die Römer
387	Einnahme Roms durch die Kelten
428–347	Platon von Athen
387	Der Königsfriede
377	Gründung des 2. attischen Seebundes

371	Epaminondas siegt bei Leuktra
367/66	Leges Liciniae Sextiae in Rom
346	Friede des Philokrates zwischen Makedonien und Athen
359–336	Philipp II. von Makedonien
338 *2. August*	Schlacht bei Chaironeia
336	Ermordnung Philipps II., Thronbesteigung Alexanders
334 *Mai–Juni*	Schlacht am Granikos
333 *November*	Schlacht bei Issos
332	Belagerung von Tyros
331 *1. Oktober*	Schlacht bei Gaugamela
327–325	Indischer Feldzug Alexanders
326	Die Porusschlacht
323 *10. Juni*	Tod Alexanders in Babylon
328–304	2. Samnitenkrieg der Römer
299/8–290	3. Samnitenkrieg
321	Perdikkas, der Chiliarch, in Ägypten ermordet
319	Antipater, der Verweser des Alexanderreiches, stirbt
311	Friede zwischen den Diadochen (mit Ausnahme des Seleukos)
287	Lex Hortensia in Rom
286	Demetrios gerät in Gefangenschaft des Seleukos, er stirbt 283
280	Pyrrhos in Italien
276–239	Antigonos Gonatas König der Makedonen
264–241	Erster Punischer Krieg der Römer
222	Die Römer erobern Mailand
215–205	1. römisch-makedonischer Krieg
218–201	2. Punischer Krieg der Römer,
216	Schlacht bei Cannae
212	Die Römer erobern Syrakus, Tod des Archimedes
212–205	Kriegszug des Antiochos III. in die Oberen Satrapien
223–187	Antiochos III. König des Seleukidenreiches
200–197	2. makedonischer Krieg der Römer
197	Schlacht bei Kynoskephalai
196	Freiheitserklärung des T. Quinctius Flamininus
192–188	Krieg der Römer gegen Antiochos III.

171–168	3. makedonischer Krieg. Sieg der Römer bei Pydna über Perseus, den König der Makedonen
149–146	3. Punischer Krieg
154–133	Kämpfe der Römer in Spanien
146	Korinth durch die Römer zerstört
135–132	1. Sklavenkrieg auf Sizilien
135–51	Poseidonios von Apameia
133–121	Unruhen der Gracchen in Rom
111–105	Jugurthinischer Krieg
106–43	M. Tullius Cicero
102	Marius siegt bei Aquae Sextiae über die Ambronen und Teutonen
101	Die Germanen unterliegen den Römern auf den Campi Raudii
91–89	Bundesgenossenkrieg in Italien
64	Pompejus gründet die Provinz Bithynien und Pontos sowie Syrien
58–51	Caesar erobert Gallien
44 *15. März*	Caesar ermordet
42	Schlacht bei Philippi, Ende der römischen Republik
31 *2. Sept.*	Seeschlacht bei Actium, Sieger ist Agrippa
63 v.–14 n. Chr.	Augustus

Die römische Kaiserzeit

nach Chr. Geb.	
14–37	Kaiser Tiberius
30	Tod Jesu Christi
37–41	Kaiser Caligula
41–54	Claudius
54–68	Nero
68–69	Vierkaiserjahr: Nero, Galba, Otho und Vitellius
69 *1. Juli*	Vespasian in Alexandrien zum Kaiser ausgerufen
70 *26. Sept.*	Fall Jerusalems
79–81	Titus Kaiser
81–96	Domitian
98–117	Trajan Kaiser, seine Kriege gegen Daker (101–102, 105–106) und Parther (113–117)
117–138	Hadrian
132–135	Erhebung des Bar Kochba
138–161	Antoninus Pius
161–180	Marc Aurel. Kriege gegen Markomannen, Quaden und Parther. Sein Tod am 17. März 180 in Carnuntum
2. Jahrh.	Bildung größerer Stammesverbände der Germanen
193–211	Septimius Severus
212	Die constitutio Antoniniana
seit 224	Die Neuperser. Schapur I. (241–271)
235	Severus Alexander in Mainz-Bretzenheim ermordet (am 22. März)
251	Kaiser Decius verliert im Kampf gegen die Goten bei Abrittûs Schlacht und Leben.
257–260	Christenverfolgung des Valerian
270–275	Kaiser Aurelian
284	Diocletian Kaiser (seit dem 20. November)
293 *1. März*	Begründung der Tetrarchie (Vierherrschaft)
301	Höchstpreisedikt Diocletians
303	Christenverfolgung, zunächst in Nikomedien (seit 23. Februar)
305 *1. Mai*	Rücktritt Diocletians

312 *28. Oktober*	Constantin siegt an der Milvischen Brücke (nördl. von Rom) über Maximian.
313	Treffen von Mailand zwischen Constantin und Licinius
325 *20. Mai*	Beginn des Konzils von Nicäa
330 *11. Mai*	Einweihung Constantinopels
337–361	Regierung der Söhne Constantins (Constantin II., Constantius II., Constans)
350	Magnentius Gegenkaiser, er wird 351 bei Mursa besiegt und endet durch Selbstmord 353
357 *April–Mai*	Constantius II. in Rom. Der Caesar Julian siegt bei Straßburg über die Germanen am 25. August
361–363	Julian Kaiser. Sein Ende in dem Perserkrieg
375	Beginn der Völkerwanderung
364–375	Flavius Valentinianus Kaiser, gestorben am 17. November in Brigetio (O-Szöny)
seit Ende des 3. Jahrh.	Klostergründungen in Ägypten und Syrien
378 *9. Aug.*	Schlacht bei Adrianopel, Tod des Kaisers Valens
379–395	Theodosius I.
391	Sarapistempel in Alexandrien zerstört
394	Schlacht am Frigidus (Wippach), Sieg des Thodosius I.
397	Bischof Ambrosius von Mailand stirbt
395–423	Honorius Kaiser im Westreich
395–408	Arkadios Kaiser im Ostreich
410	Rom durch die Westgoten geplündert. Tod Alarichs, des Königs der Westgoten
429	Die Vandalen unter Geiserich nach Nordafrika
439	Karthago von ihnen erobert
440	Größte Ausdehnung des Hunnenreichs
451	Schlacht auf den Katalaunischen Feldern
453	Attila stirbt
455 *2. Juni*	Plünderung Roms durch die Vandalen
476	Romulus Augustulus abgesetzt. Ende des Weströmischen Reichs
493–526	Reich des Ostgoten Theoderich
482–511	Das Frankenreich unter Chlodwig I.

527–565	Kaiser Justinian
533–534	Untergang des Vandalenreiches
553	Ende des Ostgotenreiches
572	Eroberung Pavias durch die Langobarden
614	Die Sassaniden erobern Damaskus und Jerusalem
ca. 570–632	Mohammed
634–644	Kalif Omar, er erobert 638 Jerusalem
642	Sieg der Araber über die Neuperser bei Nihavend
646	endgültige Einnahme Alexandriens durch die Araber
697	Die Araber erobern Karthago
711	Schlacht bei Xeres de la Frontera. Beginn der arabischen Eroberung Spaniens
732	Karl Martell siegt über die Araber bei Tours und Poitiers
774	Karl d. Gr. König der Langobarden
800	Karl d. Gr. in Rom zum Kaiser gekrönt

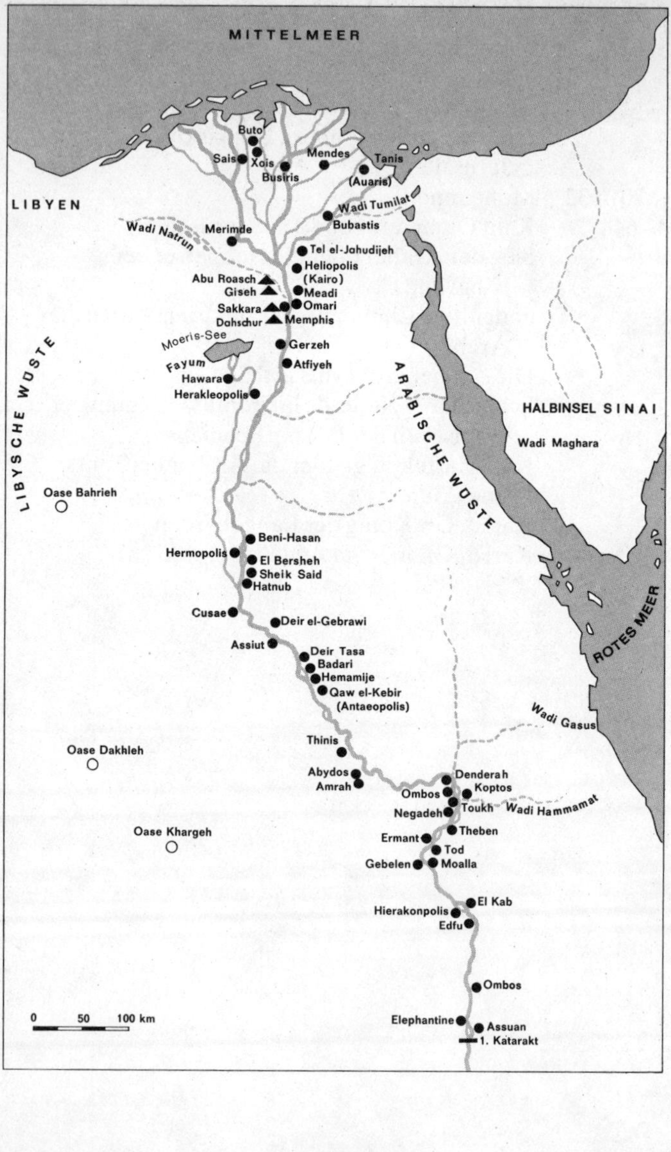

1 Ägypten zur Zeit des Alten und Mittleren Reiches

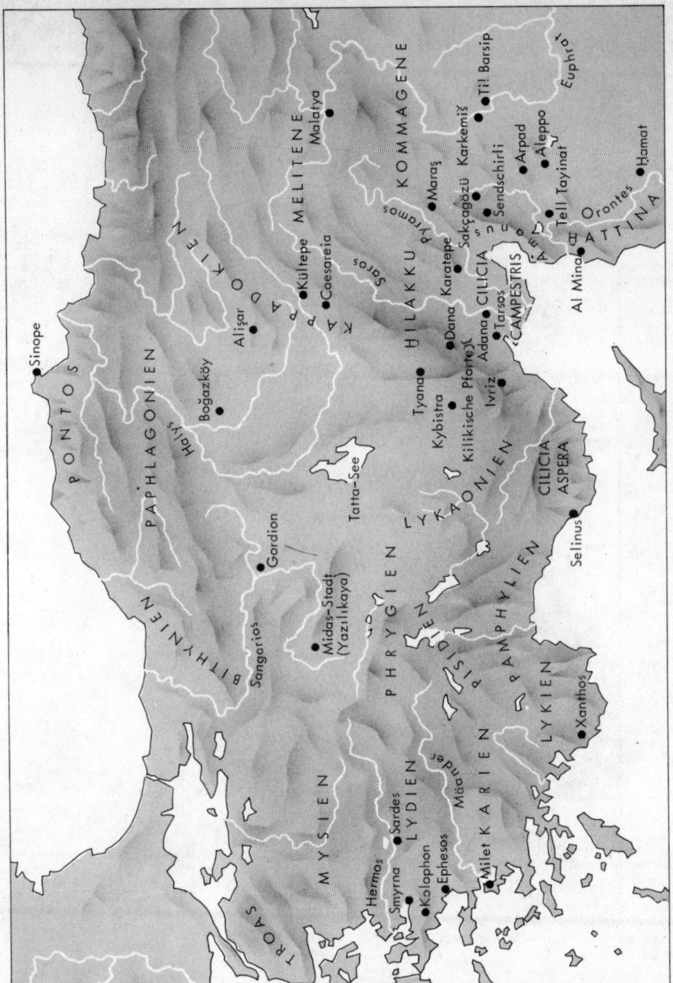

2 Kleinasien zwischen Hethitern und Persern

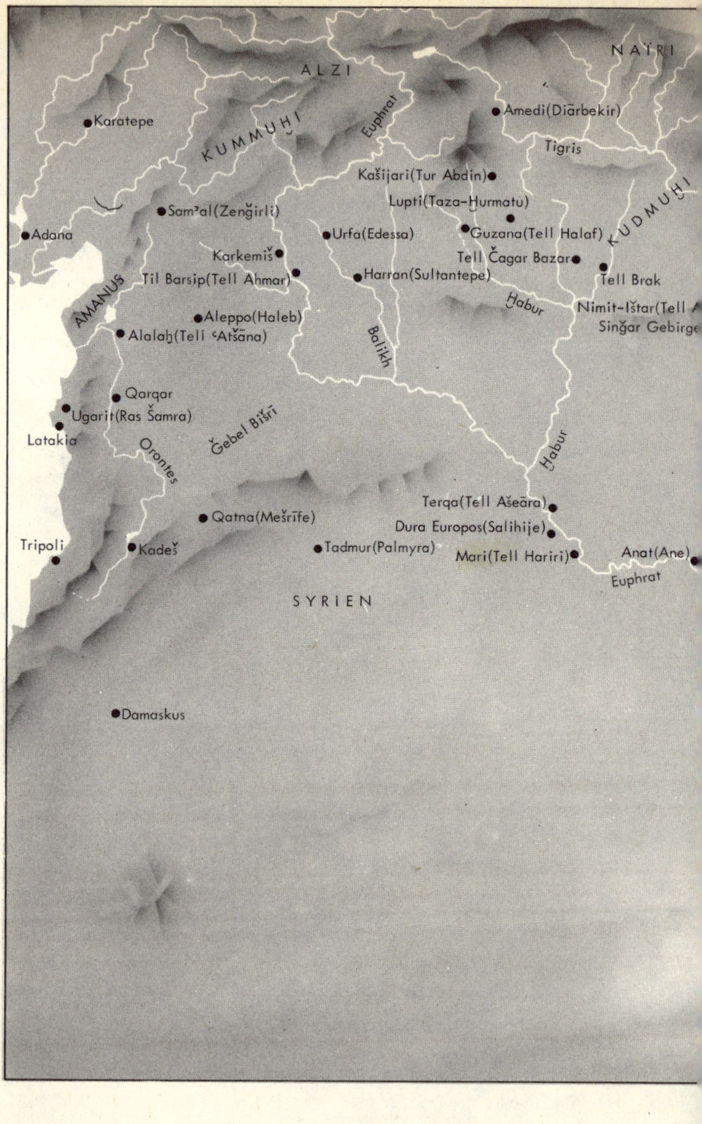

3 Babylonien und Assyrien in der zweiten Hälfte des 2. Jahrtausends v. Chr.

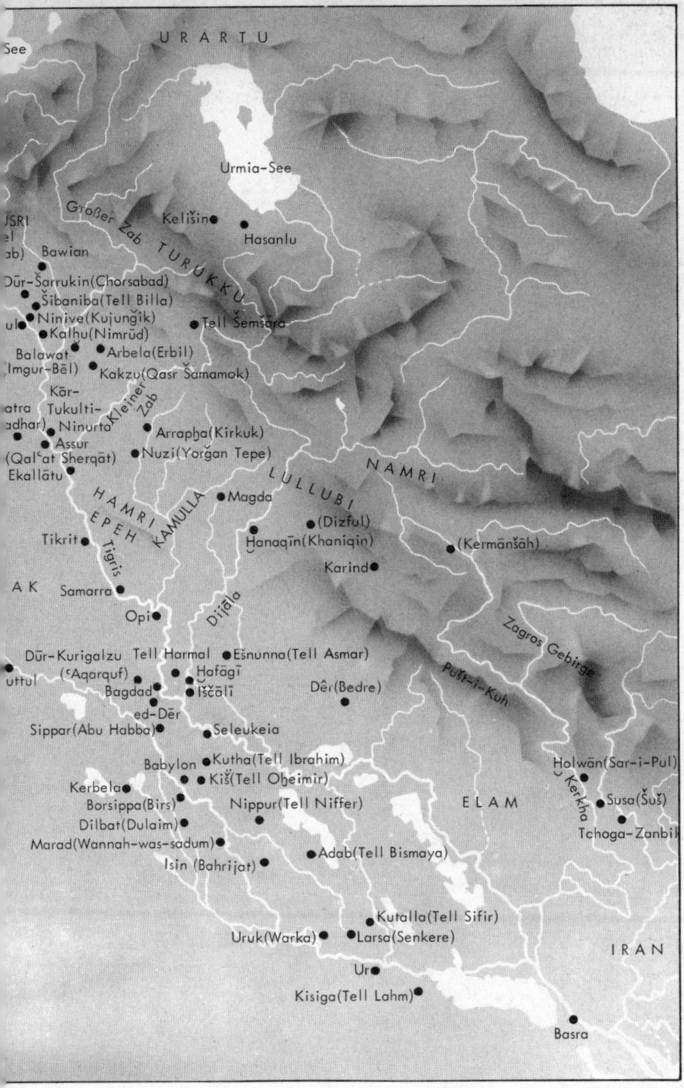
URARTU
See
Urmia-See
Großer Zab
TURUKKU
Kelišin
Hasanlu
Bawian
Dūr-Šarrukin(Chorsabad)
Šibaniba(Tell Billa)
Ninive(Kujunǧik)
Kalḫu(Nimrūd)
Tell Šemšāra
Balawat
(Imgur-Bēl)
Arbela(Erbil)
Kakzu(Qasr Šamamok)
Kār-Tukulti-Ninurta
Kleiner Zab
Arrapḫa(Kirkuk)
Assur
(Qalʿat Sherqāt)
Nuzi(Yorǧan Tepe)
Ekallātu
NAMRI
LULLUBI
HAMRI
EPEH
KAMULLA
Magda
(Dizful)
Ḫanaqīn(Khaniqin)
(Kermānšāh)
Tikrit
Tigris
Karind
Samarra
Diiāla
Opi
Zagros Gebirge
Dūr-Kurigalzu
(ʿAqarquf)
Tell Harmal
Ešnunna(Tell Asmar)
Ḫafāgī
Iščālī
Bagdad
ed-Dēr
Dêr(Bedre)
Pušt-i-Kuh
Sippar(Abu Habba)
Seleukeia
Babylon
Kutha(Tell Ibrahim)
Kiš(Tell Oḫeimir)
Holwān(Sar-i-Pul)
Kerbela
Borsippa(Birs)
Nippur(Tell Niffer)
ELAM
Kerkha
Susa(Šuš)
Dilbat(Dulaim)
Tchoga-Zanbil
Marad(Wannah-was-sadum)
Adab(Tell Bismaya)
Isin (Bahrijat)
Kutalla(Tell Sifir)
Uruk(Warka)
Larsa(Senkere)
IRAN
Ur
Kisiga(Tell Lahm)
Basra

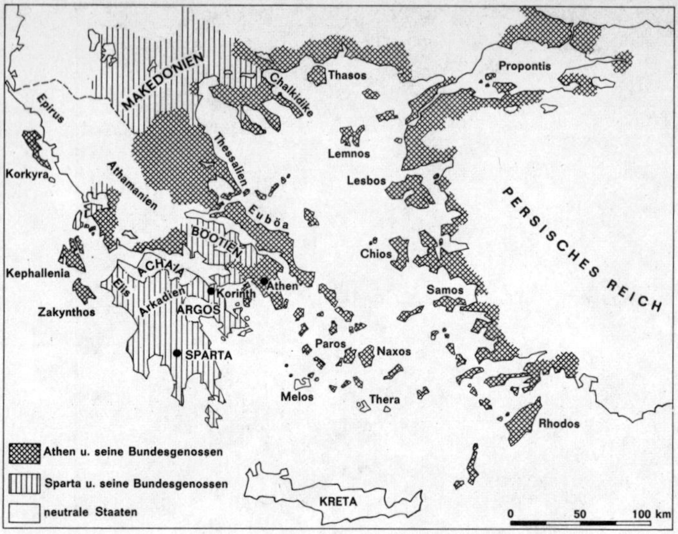

4 Griechenland am Vorabend des Peloponnesischen Krieges

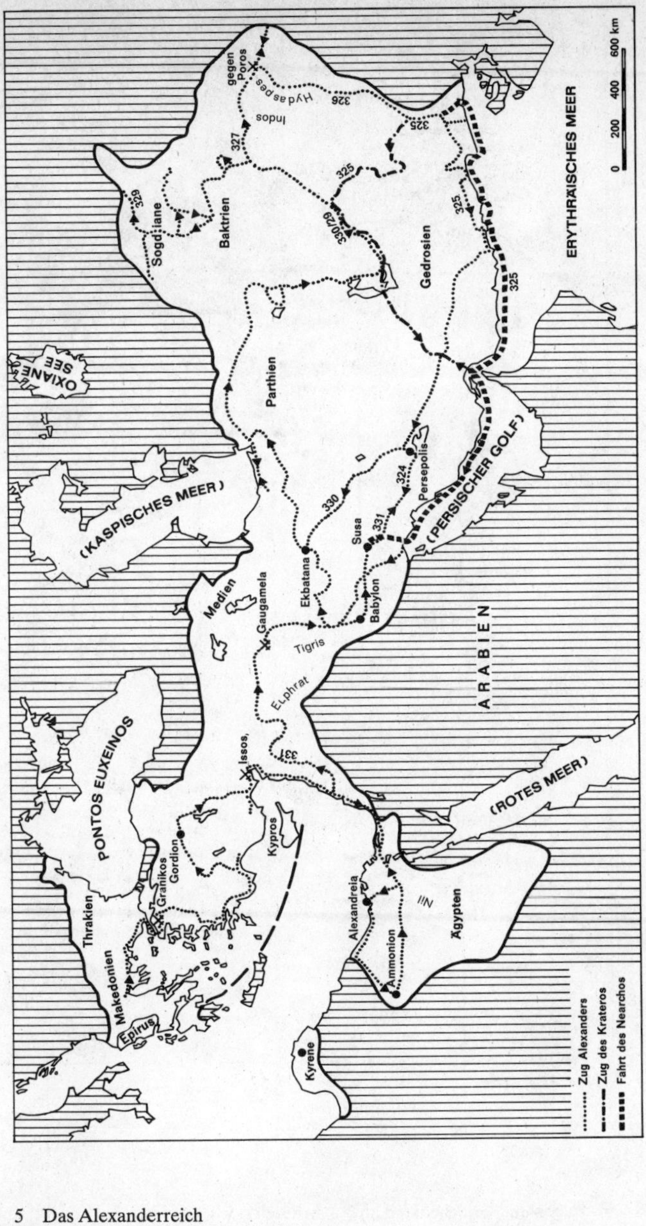

5 Das Alexanderreich

6 Italien und Griechenland im 3. Jahrhundert v. Chr.

PONTUS EUXINUS
THRACIA
Nestos
Hebrus
Cypsela
Byzantion
PROPONTIS
Abdera
Strymos
Axios
Amphipolis
Thasos
Lysimacheia
Pella
MACEDONIA
Thessalonike
CHALCIDICE
Samothrake
Sestos
Lampsakos
Kyzikos
Haliakmon
Olynthe
ACTE
Imbros
Pydna
Kassandreia
SITHONIA
PHRYGIA
MYSIA
Lemnos
PALLENE
Peneus
Larissa
Krannon
EPIRUS
Demetrias
Pergamon
Makestos
Kaikos
LYDIA
THESSALIA
LOCRIS
Lesbos
Hermos
Lamia
Euboea
Skyros
Sardes
Thermopyles
Smyrna
AETOLIA
PHOCIS
ACARNANIA
Thermum
BOEOTIA
Chalcis
Chios
Lebedos
Delphi
Thebae
Eretria
Ephesos
Maeander
Naupaktos
ATTICA
Samos
Priene
Kephallenia
Patras
Sicyon
Megara
Athenae
Andros
CARIA
Piräus
Miletos
ACHAIA
Korinthos
Salamis
Kap Sunion
Mykonos
Mylasa
Zakynthos
ELIS
Argos
Aegina
Keos
Delos
SPORADES
Halikarnassos
ARCADIA
Epidauros
Troizen
Megalopolis
Sellasia
Seriphos
Paros
Naxos
Kos
MESSENIA
Siphnos
CYCLADES
Amorgos
Knidos
Messene
Sparta
LACONIA
Kamiros
Rhodos
Melos
Lindos
RHODOS
Kap Tenare
Karpathos
Knossos
KRETA

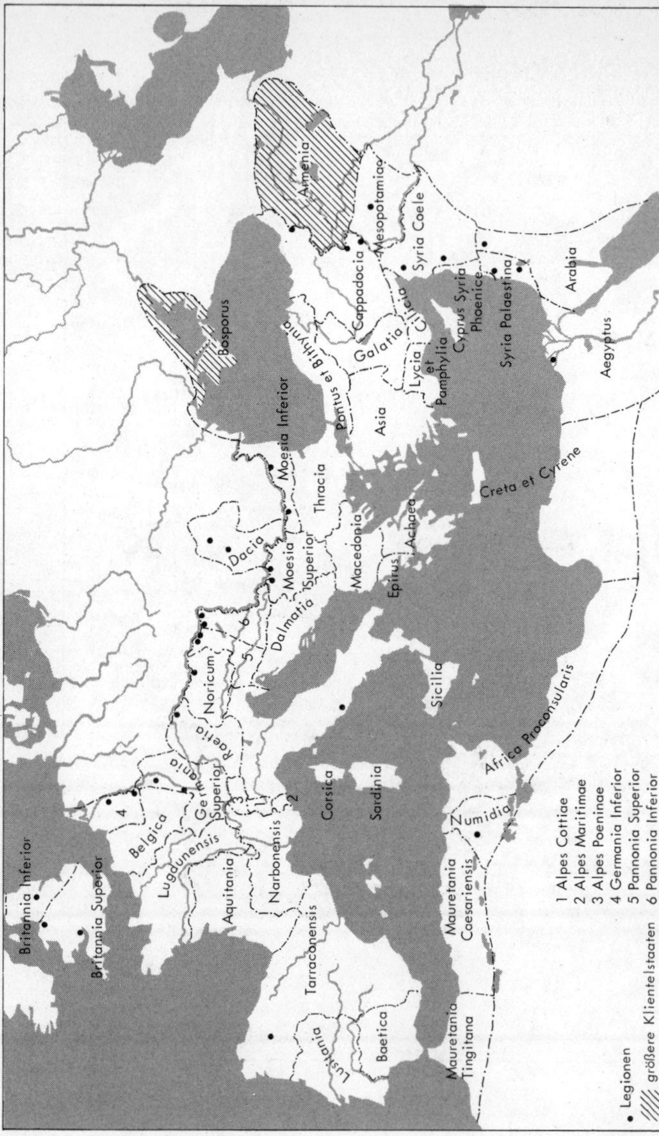

7 Das Römische Reich im Jahr 214 v. Chr.

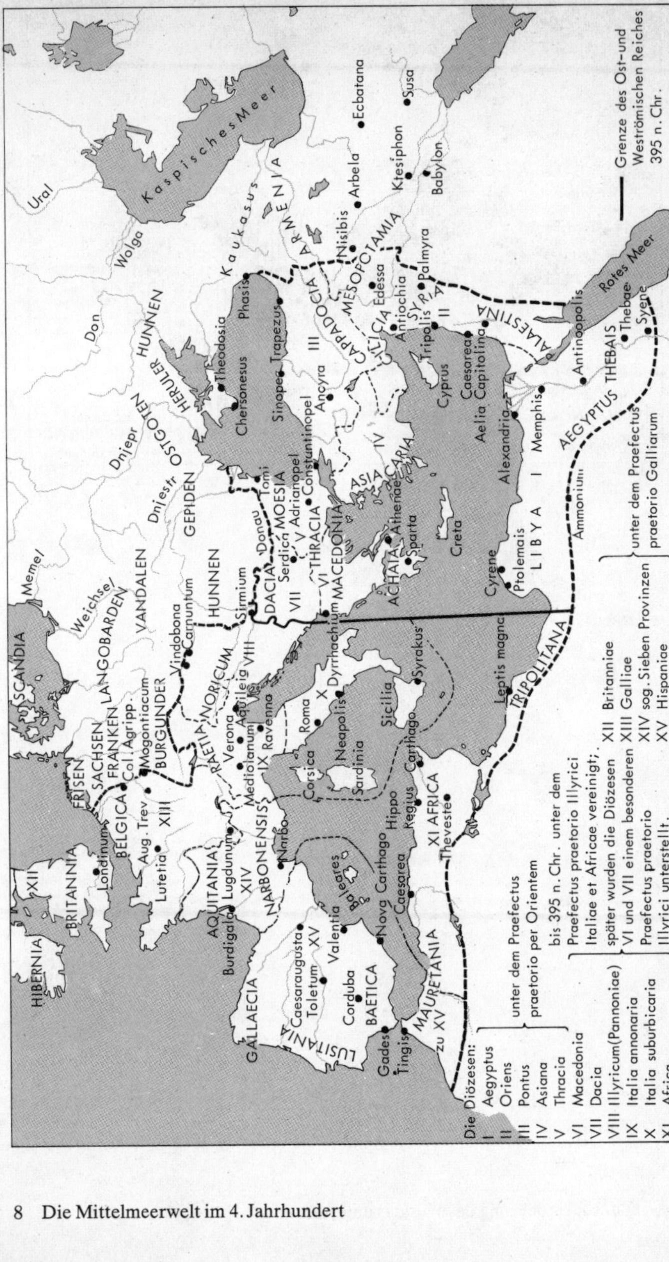

8 Die Mittelmeerwelt im 4. Jahrhundert

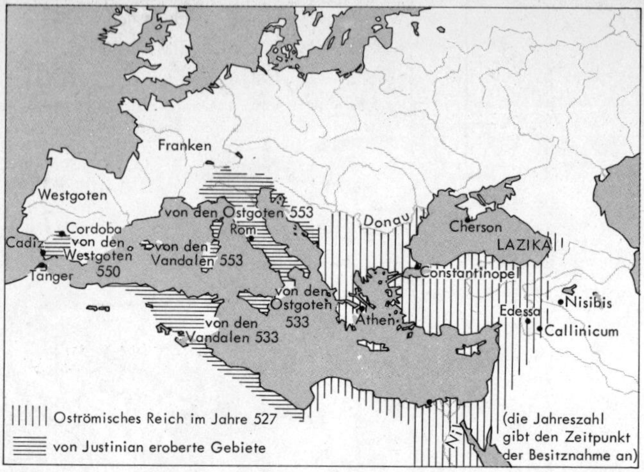

9 Die Rückeroberung des Westens unter Justinian

Register